LA VIDA PÚBLICA DE JESÚS

LA VIDA PÚBLICA DE JESÚS

Según las visiones de la beata
ANA CATALINA EMMERICK
recogidas por Clemens Brentano

bajo la dirección de
Paola Giovetti

EDICIONES CRISTIANDAD

Traducción del italiano:
Lázaro Sanz

Diseño de portada:
Macarena Kindelán

www.edicionescristiandad.es
info@edicionescristiandad.es

ISBN: 978-84-7057-605-8
Depósito legal: M. 1411-2015

Printed in Spain

PRESENTACIÓN

Este libro constituye una síntesis de los tres volúmenes dedicados respectivamente al primero, segundo y tercer año de enseñanza de Jesús, según las visiones de la monja estigmatizada Ana Catalina Emmerick, recogidas y ordenadas por el poeta Clemens Brentano. Comprenden en total más de 1700 páginas: aquí se ofrecen las partes esenciales[1].

Los tres volúmenes que narran los años de enseñanza de Jesús son una obra extraordinaria que enriquece los evangelios, que a menudo solo ofrecen los detalles fundamentales, y nos presenta la persona de Cristo en todos los aspectos de su divinidad y humanidad.

La parte inicial está dedicada a episodios que preceden a los tres años de enseñanza real: la vida de Jesús, María y

---

[1] De la colaboración entre la monja y el poeta se han extraído, además de los citados antes (títulos originales: *Das erste Lehrjahr Jesu, Das zweite Lehrjahr Jesu, Das dritte Lehrjahr Jesu,* de los diarios de C. Brentano, bajo la dirección de K. E. Schmöger, 1858-1860), otros tres volúmenes: *La passione del Signore nelle visioni di Ana Catalina Emmerick (Das bittere Leiden unseres Herrn Jesus Christus,* 1833*)* [trad. esp., *La amarga pasión de Cristo* (Planeta, Barcelona 2004)], *Vita della santa Vergine Maria (Das Leben der heiligen Jungfrau Maria,* 1825) —editados ambos por Edizioni San Paolo en 2004 con sucesivas reediciones— y *Geheimnisse des Alten und des Neuen Bundes,* 1869; («Misteri dell'Antico e del Nuovo Testamento», no traducido todavía al italiano). Las seis obras han recibido el *Imprimatur.* Para mayor información sobre la vida y las relaciones entre A. C. Emmerick y C. Brentano véase: P. Giovetti, *La monaca e il poeta* (San Paolo, Cinisello Balsamo 2000).

José a la vuelta de Egipto, Jesús que a los doce años asombra a los sumos sacerdotes en el Templo por su sabiduría y conocimiento, la muerte de José, el Redentor que se prepara poco a poco para comenzar su enseñanza pública... Y después, entrando en el núcleo de la narración, Jesús que habla a la gente, que manda a los elementos, expulsa a los demonios, cura a los enfermos, resucita a los muertos; Jesús bautizado por Juan, que elige a los apóstoles y a los discípulos, los instruye y los prepara para su futura tarea. Jesús en sus relaciones atentas y afectuosas con su Madre y con todas las mujeres, Jesús que bendice a los niños y abre los brazos a los paganos y a los pecadores, Jesús en su vida diaria, como hombre que aprecia la amistad, la hospitalidad y la convivencia, y Jesús Hijo de Dios, Mesías anunciado por los profetas. Jesús que viaja incansablemente por Tierra Santa hablando a las muchedumbres y con gran solicitud prepara a los apóstoles y discípulos y los envía por todas partes a convertir y bautizar; Jesús que se enfrenta a los fariseos y a los sumos sacerdotes, reprochándoles sin miedo su hipocresía, su falta de caridad, la devoción solo aparente («sepulcros blanqueados»), el obtuso y obstinado culto del sábado, la honorabilidad no basada en virtudes auténticas, la insensibilidad, la adhesión solo de fachada a la Ley, el inmovilismo psicológico y espiritual.

El Jesús amable y misericordioso, amado y seguido por la gente sencilla, y el Jesús «incómodo» que es condenado a muerte.

Como todos los judíos, también los fariseos esperaban al Mesías prometido, pero no lo querían reconocer en Jesús, que les parecía demasiado humilde, demasiado pobre y modesto para esta misión. Y como era incómodo, lo mataron del modo más infame. Además, también los amigos de Jesús —los textos de la monja lo subrayan con claridad— pensaban en un rey terrenal que los liberase del yugo romano y restableciese el reino de los judíos, y a menudo se sentían a disgusto porque sus comportamientos y sus palabras no confirmaban sus expectativas. Esta era la realidad a pesar de que Jesús explicaba los pasajes de las Escrituras en los que se anunciaba su venida, y se presentaba como aquel que hacía realidad la espera mesiánica.

El lector ve con estupor cómo pasan delante de sus ojos los paisajes de Palestina con los ríos, los lagos, los desiertos y las montañas, los pequeños pueblos, los castillos, las fortificaciones y las ciudades: una geografía que la monja, que no se había movido nunca de su pueblecito de la Alemania septentrional y casi no sabía leer ni escribir, demuestra conocer con precisión; ve cómo se mueven y actúan innumerables personajes con sus costumbres, sus casas, sus vestimentas, sus comidas. Asistimos a las celebraciones del Templo, a bodas, viajes, funerales y a muchos otros acontecimientos de la vida cotidiana.

Hay, además, en las visiones de la monja una profundización del carácter, de la psicología, de las circunstancias vitales de muchos personajes que fueron testigos y actores de la extraordinaria historia humana y divina de Jesús y que conocemos por los evangelios: el Bautista y su relación con Herodes, Herodías y su hija Salomé; Magdalena, que en las visiones de la monja Emmerick es la hermana de Lázaro, Marta y María; Dina la Samaritana, a la que Jesús pide de beber; Judas, del que se describen la familia y la vida que llevó hasta el encuentro con Jesús y se explica el porqué de la traición; la familia de los esposos de Caná, que tenía amistad con la de Jesús, y el motivo del milagro del agua transformada en vino; la relación de Jesús con los esenios, sus viajes a Chipre y a la tierra de los Reyes Magos, de los que no hablan los evangelios; la solicitud materna de María, que vemos seguir de cerca la actividad de su Hijo y las atenciones de él para con ella; las dudas de Pedro que, aun teniendo fe, se sentía indigno y no comprendía del todo la misión que Jesús le encomendaba. Y muchos otros personajes y situaciones.

Además, el Evangelio de Juan se cierra con estas palabras: «Hay, además, otras muchas cosas que hizo Jesús. Si se escribieran una por una, pienso que ni todo el mundo bastaría para contener los libros que se escribieran». ¿Por qué excluir que algunas de las «otras muchas cosas» hechas por Jesús puedan haber sido reveladas a la monja estigmatizada Ana Catalina Emmerick?

Un descubrimiento excepcional da testimonio de la credibilidad de sus visiones: el de la casa de Éfeso en la que la Virgen vivió después de la ascensión de Jesús al cielo. Se había perdido completamente el rastro de esta casa, preparada para la Madre de Dios por el apóstol Juan. En 1881 un sacerdote, el padre francés Julien Gouyet, siguiendo el libro sobre la *Vida de la santa Virgen María* editado por Brentano y traducido inmediatamente al francés, fue a Palestina y al cercano Oriente encontrando confirmaciones sorprendentes de lo que la monja había contado, sin haberse movido nunca de su lecho de enferma. Fue a Egipto en busca de los lugares en los que vivió la Sagrada Familia durante la huida provocada por Herodes el Grande y constató que eran tales como Ana Catalina los había descrito. Lo mismo ocurrió con Jerusalén, Hebrón, Cafarnaún, Nazaret y el monte Tabor. Animado por estas confirmaciones, el padre Gouyet partió para Éfeso a la búsqueda de la casa de María y después de muchos intentos consiguió localizar lo que quedaba: cada detalle correspondía a lo que Emmerick había dicho. Pasaron algunos años antes de que la casa de María se convirtiese, como lo es hoy, en un lugar de peregrinación internacional: dificultades de toda índole, resistencias por parte del gobierno turco, las dos guerras mundiales y otras cosas más lo impidieron. Hoy, sin embargo, la «casa de María» es un lugar venerado por cristianos, judíos y musulmanes, y una placa puesta en el exterior da testimonio de que fue encontrada gracias a las visiones de la monja estigmatizada Ana Catalina Emmerick[2].

Pero para comprender mejor los textos trascritos y ordenados por Clemens Brentano a partir de las visiones de la monja es oportuno conocer la historia de estos dos personajes.

Ana Catalina Emmerick nació en Coesfeld, una pequeña ciudad de Westfalia (Alemania septentrional) el 8 de septiembre de 1774, quinta de nueve hijos, en una modestísima familia de campesinos que cultivaban una finca propiedad de unos parientes. El padre, Bernhard Emmerick, y la madre, Anna Hillers, eran muy religiosos y educaron a sus hijos en la fe católica. La educación impartida a los niños fue severa pero cuidadosa y afectuosa. Los Emmerick eran pobres pero no indigentes: el fatigoso trabajo de los campos bastaba para alimentar a la familia.

Ana Catalina era la hija mayor y muy pronto tuvo que habituarse a trabajar en casa y en los campos; aunque de

---

2 Cfr. D. Carroll, *La casa di Maria. Una storia meravigliosa: come fu scoperta a Efeso l'abitazione della Vergine Maria* (San Paolo, Cinisello Balsamo 2008).

salud débil, realizó todo tipo de trabajos y después tuvo que sufrir durante toda su vida las consecuencias del raquitismo contraído de pequeña. Hábil y generosa, fue bien pronto una ayuda muy válida para la madre. Por este motivo solo pudo frecuentar la escuela durante unos pocos meses, aprendiendo apenas a leer y escribir, aunque el maestro repetía a los padres que la niña era inteligente y dotada para los estudios.

Una visita a los lugares donde nació y vivió Ana Catalina Emmerick deja una impresión imborrable. La casa, amplia y con un gran tejado vertiente, era compartida por los Emmerick y otros aparceros. En el interior había una única habitación grande en la cual, separados por una reja, vivían también antes los animales, vacas y ovejas. En el centro, el fogón para calentarse y preparar la comida. El único recinto separado era la habitación de los padres: una habitación muy pequeña con una modesta cama. Aquí nacieron los nueve hijos del matrimonio Emmerick. Los niños dormían encima de la paja en el altillo que dominaba la zona destinada a los animales. El padre, Bernhard, construyó otro pequeño recinto en un segundo momento para permitir que Ana Catalina llevase a cabo tranquilamente su trabajo de costurera.

El poeta Clemens Brentano describe así en su diario la primera visita a la casa natal de Ana Catalina Emmerick: «He ido estos días a visitar la casa paterna de Emmerick. Quería ver el lugar en que había nacido y la que había sido su cuna. Encontré un henil ruinoso, con las paredes de barro y el suelo cubierto de paja[3]. Aquí, en este lugar pobre y oscuro, había nacido y crecido esta criatura delicada, pura, ligera,

---

[3] La casa de la familia Emmerick ha sido restaurada y es accesible hoy a los visitantes.

luminosa, espiritual; aquí y en ninguna otra parte cultivó sus pensamientos, sus palabras y sus obras angelicales. No pude menos de pensar en la gruta de Belén...»

La vida religiosa de Ana Catalina fue muy precoz e intensa: oraba mucho y era feliz cuando podía frecuentar la iglesia y participar en las celebraciones. A los doce años hizo la primera comunión y ese mismo año fue enviada a trabajar a casa de los parientes Emmerick, que vivían en una granja grande no lejos de la casa donde habitaban sus padres y hermanos. En ella permaneció tres años, realizando todo tipo de trabajos en casa, en el establo y en los campos. A continuación, dada su frágil constitución, se pensó encontrarle un quehacer menos gravoso y así, durante dos años, aprendió a coser. Dominado el oficio, trabajó durante largo tiempo de costurera; en primer lugar por cuenta ajena, después por cuenta propia en su casa.

Desde la más tierna edad Ana Catalina había comenzado a tener visiones de las historias del Antiguo y del Nuevo Testamento y hablaba de ellas en familia. Su padre la sentaba a menudo en las rodillas y le pedía que le contase algo; ella le contaba alguna historia de la Biblia y se conmovía hasta llorar. Creyendo que todos veían las mismas cosas, Ana Catalina hablaba de ello con los demás niños, que se burlaban de ella; incluso el maestro, en el poco tiempo que Ana Catalina frecuentó la escuela, demostró poca comprensión. Así fue como Ana Catalina se dio cuenta de que poseía un don particular, una virtud única que la hacía diferente a todos los demás. Durante toda su vida vivió, pues, entre dos mundos: el cotidiano, como hija devota, sirvienta en casa de sus parientes y costurera después en su propia casa y fuera, y el visionario, que la transportaba a Tierra Santa para asistir a la historia de la salvación.

Mientras tanto la vocación de Ana Catalina iba madurando: su gran deseo era hacerse monja. El padre, sin embargo, era contrario y, además, no disponía de la dote necesaria para que la hija pudiese ser acogida en el convento.

Después de muchas renuncias y superando infinitas dificultades, a los veintiocho años Ana Catalina consiguió finalmente ser aceptada en el pequeño convento de Agnetenberg de Dülmen, un pueblecito a pocos kilómetros de Coesfeld, en el que vivían solo ocho monjas. Al no haber llevado dote, Ana Catalina debió realizar las tareas más humildes y fatigosas, a pesar de que sus condiciones de salud eran bastante precarias; ella, sin embargo, era feliz como no lo había sido nunca.

Durante los nueve años que Ana Catalina pasó en el convento tuvo comienzo su extraordinaria vida mística: una noche se le apareció Jesús, que le ofreció una corona de rosas y otra de espinas: ella eligió la de espinas y Jesús se la puso en la cabeza. Inmediatamente aparecieron en su frente los primeros estigmas.

Más tarde, después de otras apariciones de Jesús, se manifestaron otras heridas en las manos, en los pies y en el costado, que Ana Catalina trató de mantener ocultas durante largo tiempo; sin embargo, el hecho fue muy conocido, y se convirtió en un motivo de estupor y de incredulidad en todo el país. Mientras tanto su salud, minada por las vigilias, los ayunos, por el pesado trabajo desarrollado desde la infancia, por los sufrimientos provocados por los estigmas, se debilitaba cada vez más.

El convento fue cerrado en diciembre de 1811, como consecuencia de la secularización del periodo napoleónico. Como Ana Catalina estaba enferma, se le permitió quedarse en él unos meses más; después se trasladó con el padre Lambert, sacerdote francés que vivía cerca del convento y que desde hacía años era su director espiritual, a una modesta casa donde, en la medida en que lo permitían sus condiciones de salud, desarrolló las funciones de gobernanta del anciano religioso. Después, al empeorar su situación hasta el punto de verse obligada a permanecer en cama, Ana Catalina fue trasladada a una pobre habitación en casa de una familia del lugar, asistida por una arisca y caprichosa hermana.

La humildísima habitación en la que Ana Catalina vivió los últimos años de su vida y donde contó a Clemens Brentano sus visiones, ha sido reconstruida en Dülmen en un pequeño museo dedicado a ella. Dos metros por tres, totalmente revestida de madera, la pequeña habitación contiene los modestos decorados del tiempo; la cama de junco, casi una cuna, las labores de costurera de Ana Catalina, que trabajaba incansablemente para los niños pobres, los hábitos monacales, las vajillas de casa, los retratos de la monja y de Brentano realizados por contemporáneos.

Mientras tanto la fenomenología mística de Ana Catalina se hacía cada vez más importante y difícil de ocultar. Los estigmas fueron confirmados más allá de toda duda por el doctor Franz Wilhelm Wesener, un médico primeramente escéptico y después devoto amigo de la vidente, al que debemos un diario muy detallado de la vida de Ana Catalina; y después también por una comisión eclesiástica y por otra estatal. Esta última, con métodos bastante brutales, controló durante muchas semanas los estigmas y el ayuno de Ana Catalina, y no consiguió poner en evidencia engaño alguno.

A partir de diciembre de 1811 Ana Catalina dejó de alimentarse gradualmente: alguna gota de agua o zumo de fruta y la hostia consagrada que le llevaban cada día le bastaron para mantenerse con vida durante años. Esto es lo que escribió a este propósito el doctor Wesener en su diario: «En cuanto a la alimentación me dijeron que no comía nada. He podido constatar que en veinticuatro horas ha bebido dos veces agua pura y por la tarde ha comido un cuarto de manzana cocida, echando todas las fibras. Después dejó de comer también la manzana y durante tres años la he visto vivir solo de agua de la fuente. Todos mis intentos de descubrir un engaño han fracasado. Quien no quiera creerlo, es muy libre de hacerlo; yo, sin embargo, garantizo ante Dios que lo creo y que soy un hombre honesto, que ama y busca la verdad»[4].

Fueron extraordinarios los fenómenos de videncia de Ana Catalina, relativos tanto a la historia sagrada como a los acontecimientos del tiempo: vio detalladamente, por ejemplo, toda la Revolución francesa.

Mientras tanto la fama de la vidente estigmatizada se difundía y numerosas personalidades quisieron conocerla. Entre estas estaba el poeta Clemens Brentano, una de las figuras más importantes y representativas del romanticismo alemán.

Clemens Brentano (1778-1842) tenía entonces cuarenta años, cuatro menos que Ana Catalina (había nacido el mismo día que ella, el 8 de septiembre, día en que se celebra la natividad de la Virgen María) y una vida azarosa y bastante borrascosa a las espaldas.

Al contrario que Ana Catalina, Brentano pertenecía a una familia importante por riqueza, nobleza y cultura. Su

---

[4] F. W. Wesener, *Tagebuch ueber die Augustinerin Ana Catalina Emmerick* (Pattloch Verlag, Aschaffenburg 1973).

padre, Peter Anton Brentano, un rico comerciante de origen italiano, era viudo y padre de seis hijos cuando, para ascender en la escala social, pidió matrimonio a Maximiliane La Roche de diecisiete años, veintidós años menos que él y perteneciente a una rica familia de nobleza pero no de patrimonio. Maximiliane era una chica graciosa, vivaz, culta; natural de Frankfurt, como J. W. Goethe, inmediatamente antes de ser dada como esposa a Brentano había flirteado brevemente con el gran poeta, que en esa época tenía poco más de veinte años. En diecinueve años de matrimonio Maximiliane dio al marido doce hijos, entre los cuales estaban Clemens y Bettina, esta también poetisa; la muerte precoz cerró el ciclo de su vida poco feliz.

Clemens tuvo una infancia desordenada y difícil, a menudo lejos de la madre implicada en continuos embarazos: fue educado primero por una tía y después frecuentó un instituto. El padre quería que practicase el comercio, actividad que no le gustaba en absoluto, y le hizo frecuentar una escuela comercial; además, después de la muerte de la madre, el padre se volvió a casar de nuevo con una chica de familia noble de apenas veinticuatro años (él tenía treinta y seis más) de la que tuvo otro hijo; Peter Antón murió, sin embargo, de repente poco antes del nacimiento del niño. En este momento Clemens pudo interrumpir los odiados estudios comerciales y dedicarse a la literatura. Gracias a la herencia paterna tuvo la posibilidad de vivir sin trabajar, quejándose no obstante siempre por no tener un verdadero trabajo que lo anclase en la realidad cotidiana.

De aspecto bello, inquieto y variable de carácter, genial y muy dotado artísticamente, estudió en varias universidades sin llegar a conseguir títulos. Idealista, generoso, anhelante de paz sin lograr encontrarla, virtuoso de la palabra, sin domicilio fijo, Brentano es el perfecto ejemplo del poeta romántico. En Jena encontró otros jóvenes inquietos como él que veían en el arte y en la literatura un medio de realización: estuvo muy unido a los hermanos Schlegel, críticos de arte, a los poetas Ludwig Tieck y Novalis, al filósofo F. W. Schelling, importantes representantes del mundo romántico. De este periodo son los primeros ensayos poéticos de Brentano, que algún año después publicó, junto al amigo y después cuñado Achim von Armin, *Des Knaben Wunderhorn* (*El cuerno mágico del muchacho*), colección sistemática de antiguos cantos populares alemanes que tuvo un éxito enorme e hizo célebres a los dos autores.

Brentano se casó dos veces; el primer matrimonio acabó a los tres años debido a la muerte de la mujer al dar a luz un hijo que nació sin vida; de la segunda jovencísima mujer se separó pocos meses después. Siguieron años de vagabundeo y aventuras, encuentros siempre equivocados.

En 1814 Brentano se estableció en Berlín donde frecuentó los salones elegantes y los ambientes literarios, y publicó nuevas obras de éxito. Pero está interiormente inquieto, no sabe qué dirección dar a su vida. Y en este momento es cuando tiene lugar el encuentro con Ana Catalina Emmerick.

En aquel tiempo Ana Catalina Emmerick era conocida por la opinión pública: la investigación médica y la eclesiástica concluyeron de manera absolutamente positiva y habían aparecido en varias revistas teológicas artículos sobre ella que suscitaron el interés general.

En abril de 1817 Christian, hermano menor de Clemens, que era médico, fue a Dülmen; estuvo allí algunos meses y a la vuelta, conmovido y entusiasmado por lo que había visto y oído, visitó a Clemens en Berlín y le pidió que fuera a conocer a la monja. Después de muchas dudas Clemens emprendió el viaje a Dülmen, con la intención de estar pocos días. Le asombró de tal manera la personalidad de la monja que se estableció allí y permaneció hasta la muerte de ella. Un encuentro providencial, que cambió radicalmente la vida del poeta y salvó para la posteridad un inestimable tesoro de visiones.

Durante casi seis años Clemens Brentano anotó día tras día lo que Ana Catalina le contaba: el resultado fueron diecisiete mil páginas que, ampliando las narraciones de los evangelios, describen detalladamente la vida de Jesús, la de la Santísima Virgen María y episodios del Antiguo y del Nuevo Testamento. Brentano llegó a Dülmen el 24 de septiembre de 1818. En una carta a su amiga, la poetisa Luise Hensel, describió así el primer encuentro con Ana Catalina: «El jueves 24 de septiembre, a las diez y media, llegué a Dülmen, una sencilla ciudad de campo llena de gente buena que trabaja las tierras; aquí vive la joya más extraordinaria, la sencilla, enfermísima, cordial, espiritual hija de campesinos cuyo cuerpo ha sido marcado por Jesús con sus heridas. Su médico, persona buena y espiritual con una mujer afectuosa e hijos cariñosos, me acogió cordialmente como hermano de Christian, al que todos quieren muchísimo... El médico me llevó a casa de Emmerick, a la que había advertido ya de mi visita. Atravesamos un granero en el que se trabaja el lino, después subimos una escalera y a través de una pequeña cocina entramos en una minúscula habitación enjalbegada. Aquí yace el alma querida, el rostro más amable, cordial, sereno, puro, vivaz que se pueda imaginar, con los ojos negros, fieles, profundos, llenos de vida y de fuego, de infinitos matices. Ella me tendió felizmente las manos heridas y dijo con palabras rápidas y cordiales: "¡Salve! ¡Mira, mira, cómo se parece al hermano, lo habría reconocido entre mil!"»

En una carta a su hermano Christian, escrita algún día después, Clemens Brentano da otros detalles: «La hermana de Ana Catalina me llevó a la pequeña habitación del rincón en que ella vivía, para llegar a la cual era preciso atravesar la cocina. Su rostro puro e inocente me conmovió, lo mismo que sus palabras sencillas, totalmente distendidas y mesuradas. Lo que dice no se parece en modo alguno a una predicación, sino que está inspirado por la dulzura. Cada palabra suya es breve, sencilla, natural, llena de amor, de profundidad, de vida. Me sentí de inmediato en casa».

Brentano quedó profundamente afectado por el encuentro con la monja, también porque ella lo reconoció: en efecto, lo había visto en sus visiones. En el primer encuentro no le dijo nada, pero cuando se estableció entre ellos una relación de confianza y confidencia le reveló que había reconocido inmediatamente en él al hombre destinado por Dios para poner por escrito lo que desde su primerísima infancia veía en su interior y de lo que, con gran pena para ella, hasta aquel momento ninguno de sus amigos quiso ocuparse, ni siquiera el párroco y los demás sacerdotes que había frecuentado y la visitaban. En sus visiones había visto, en efecto, un hombre moreno, de color oscuro, sentado al lado de su cama, pendiente de escribir. Clemens Brentano, como hemos dicho ya, era de origen italiano y la descripción le correspondía perfectamente. Ana Catalina le dijo también que estaba convencida de que, si había vivido hasta aquel momento, había sido solo para esperarlo a él. Estas palabras confirmaron a Brentano la decisión que había tomado ya: poner su mano y su genio al servicio de la que consideraba ya una misión, a saber, poner por escrito todo lo que la monja estigmatizada decía.

Así fue como el aclamado poeta romántico, el hombre rico, famoso y buscado por las mujeres, habituado al éxito literario y social en una gran ciudad como Berlín, dejó de lado toda aspiración y se retiró a vivir —prácticamente solo— en un pequeño pueblo como Dülmen con tal de no perder una sola palabra de la vidente. Poco tiempo después de haber conocido a Ana Catalina Emmerick escribió: «Siento que aquí estoy en mi casa e intuyo que no puedo abandonar a esta criatura maravillosa antes de su muerte. Esta es la tarea de mi vida: Dios ha escuchado mi oración al indicarme una en su honor, adaptada a mis posibilidades y a mis fuerzas. Quiero hacer lo posible para custodiar y proteger el tesoro de gracias que he encontrado aquí».

Clemens Brentano, que durante años había estado lejos de Dios, pero no había dejado de buscarlo, reencontró la fe gracias a Ana Catalina Emmerick. En su diario leemos estas palabras significativas que contribuyen a explicar la fascinación que la monja estigmatizada ejerció desde el primer momento sobre el poeta: «En sus visiones ella vio al escritor siempre con la vestimenta de un peregrino que, en viaje hacia la patria, dependiendo de su estado de ánimo siente bendición, ayuda y salvación, o impedimentos, hostilidad, errores, peligros, incluso abandono».

Durante casi seis años hubo entre los dos una colaboración estrecha, que tenía lugar de este modo: de noche Ana Catalina hacía sus «viajes» que la llevaban a Tierra Santa, donde asistía a los episodios evangélicos como si estuvieran sucediendo en ese momento delante de sus ojos. A la mañana siguiente se los describía a Brentano, que tomaba nota de todo lo que decía y con preguntas apropiadas trataba de hacer que la vidente recordase todo con detalle. Después, en casa, daba forma adecuada a lo que Ana Catalina le había contado en *plattdeutsch*, el dialecto de Alemania septentrional, y por la tarde volvía a ella para leerle cuanto había elaborado, corregirlo y obtener su aprobación.

A propósito de esto es interesante leer cuanto escribió en sus *Recuerdos* la poetisa Luise Hensel, gran amiga de Clemens Brentano, que a través de él se hizo también amiga y confidente de Ana Catalina: «Clemens Brentano solía ir a casa de ella por la mañana entre las nueve y las diez, y anotaba en un folio lo que ella le contaba. Yo estaba presente de vez en cuando, ocupada en trabajos de costura. Después, en casa, a lo largo de la mañana, él trascribía más detalladamente lo que le había contado y por la tarde volvía para leerle el texto, que ella a veces corregía. Una vez se mostró muy contrariada y protestó, diciendo que él había escrito una cosa totalmente diferente a la que ella le había dicho; desgraciadamente no recuerdo ya el tema. Exclamó: "¡No! ¡No! ¡No he dicho eso!" y amenazó con no contarle más si no modificaba lo escrito: y él tuvo que cancelar todo»[5].

Texto este muy elocuente, que nos explica con precisión de qué modo trabajaban Brentano y Ana Catalina y nos aporta información preciosa acerca de los contenidos: la monja no era en absoluto dócil y condescendiente, apre-

---

[5] L. Hensel, *Erinnerungen an A. K. Emmerick,* 1959, en W. Humpfert, *Akten der kirchlichen Untersuchung,* p. 385.

ciaba muchísimo la exactitud de lo que había dicho y si notaba discordancias exigía que el texto fuese modificado o cancelado. Y a propósito de esto hay que decir también lo siguiente: se ha constatado que los textos dados a la imprenta por Brentano corresponden exactamente a los manuscritos de Dülmen, custodiados en Frankfurt en la Fundación *Freie Deutsche Hochstift*, que tiene su sede en la casa de Goethe, por lo que no debería haber dudas sobre el origen de los escritos y sobre los papeles desempeñados por los dos protagonistas: ella contaba lo que había visto en las visiones nocturnas, él daba la forma correcta, legible y literariamente adecuada a cuanto ella expresaba en su dialecto habitual, única lengua que conocía.

Como ya hemos dicho, Ana Catalina reconoció inmediatamente en Clemens Brentano al hombre destinado a trascribir sus visiones. Desde hacía mucho tiempo ella deseaba que eso ocurriera: «Las informaciones tan maravillosas que he tenido por la bondad de Dios no me han sido dadas solo para instrucción mía, ya que muchas cosas no las podía comprender, sino para que las transmitiese a otros. Es más, a menudo se me ha ordenado hacerlo», dijo a Thomas Wegener, su amigo y biógrafo[6].

La tarea de Brentano tuvo, por lo demás, la aprobación de los amigos de la monja, muchos de los cuales eran personajes relevantes: el obispo de Münster, la ciudad de la que depende Dülmen; el padre espiritual Overberg; el teólogo Johann Michael Sailer, consejero de Ana Catalina, y también el obispo de Regensburg, que le pidió que comunicase diligentemente todas sus visiones a Brentano.

---

[6] Th. Wegener, *Ana Catalina Emmerick* (Christiana Verlag, Stein am Rhein 1990).

Además, sabemos perfectamente que Ana Catalina había tenido sus visiones mucho tiempo antes de conocer a Brentano, es decir, desde la infancia. De ello da testimonio el diario del doctor Franz Wesener, en el que se lee que en 1813, es decir, cinco años antes de la llegada de Brentano, ella conocía detalladamente la vida de Jesús y de la Virgen María, como si hubiese asistido personalmente a todo. Y como Wesener se lamentaba de que los evangelios diesen pocas informaciones sobre los primeros años de la vida de Jesús, le dijo que conocía muchas cosas, y en muchas ocasiones le contó lo que había visto.

Wesener escribió en su diario las palabras de la monja y se ha constatado que estos textos coinciden con cuanto después fue trascrito por Brentano.

Es innegable que sin Brentano, que con gran paciencia, amor y dedicación puso por escrito las visiones y les dio una estructura orgánica, todo se habría perdido y Ana Catalina Emmerick sería hoy, quizá, una figura olvidada.

Sobre la dedicación de Brentano a lo que había reconocido ser la tarea de su vida, y sobre su enorme respeto por lo que la monja le contaba día tras día, no puede haber dudas: «Muchas noches lloré y rogué a Dios que me diese de nuevo algo, solo algo a lo que agarrarme. Llegó después la extraordinaria circunstancia en la que conocí a Emmerick», escribió cuando concluyó su aventura mística.

Y, sintetizando su experiencia, escribió lo siguiente en el *Perfil biográfico* publicado como presentación de *La amarga Pasión de Cristo*, el primer libro publicado: «Acogido afectuosamente, quien escribe estas páginas la visitó por primera vez en septiembre de 1818. Ella le permitió pasar cada día varias horas junto a ella y le demostró con conmovedora sinceridad una candorosa confianza de la que no había gozado nunca con ninguna otra persona. Ella sabía ciertamente que le estaba haciendo un favor espiritual al revelarle sin reticencia todas sus experiencias, alegrías y dolores, desde cuando era niña hasta hoy, con alegre acogida, sin sentirse turbada en su humildad por el temor del exagerado estupor de él. Le hizo entrega de su interioridad con serena dulzura, del mismo modo que un beato eremita ofrece cada mañana los frutos y las flores de su jardín, que vuelven a crecer después durante la noche, a un mísero viandante que se ha perdido en el desierto y ha acabado en su cabaña, para que se reponga. El escritor trascribió cada día lo que observaba en ella y lo que le contaba sobre su vida interior y exterior, todo ello con candorosa ingenuidad o sorprendiéndolo por su gran profundidad... El escritor permaneció hasta enero y volvió a casa de ella en mayo de 1819, donde con pocas interrupciones prosiguió sus observaciones hasta la muerte de ella».

La misma Ana Catalina dijo sobre su labor con Clemens Brentano: «Muy pronto se me ordenó contar todo, aunque el mundo me considerase loca; pero nadie había querido escucharme, y las santísimas cosas que veía y vivía eran escuchadas tan sarcásticamente que por temor a estropearlas ocultaba todo dentro de mí. A continuación me fue mostrada a menudo en lejanía la imagen de un hombre, que no conocía, que venía hasta mí y escribía muy cerca de mí; he reconocido a este hombre en el peregrino»[7].

Como se recordará, Ana Catalina Emmerick llamaba a Brentano *der Pilger*, el peregrino. Sabemos que Brentano se preparaba para escuchar las palabras de la monja

---

[7] Citado por K. E. Schmoeger en su Introducción a *Das zweite Lehrjahr Jesu*, (Christiana Verlag, Stein am Rhein 1998) 44.

participando diariamente en la misa, con la oración y la comunión.

Los últimos años de la vida de la monja estuvieron marcados por continuos sufrimientos debidos a los estigmas y a sus cada vez más precarias condiciones de salud. Mantuvo, sin embargo, plenamente hasta el final su disponibilidad hacia el prójimo, su capacidad de escuchar y consolar, su trabajo de costurera para los niños pobres; incluso las visiones continuaron sin interrupción.

La monja era ya un crucifijo viviente: su existencia física parecía un milagro, solo el alma vivía una vida intensa y riquísima. «Su pobre cuerpo predicaba a Cristo»: estas palabras escritas por Brentano para el *Perfil biográfico* expresan de manera clara la situación.

Constituye una fuente preciosa sobre los últimos tiempos de Ana Catalina Emmerick el ya citado diario del doctor Wesener, médico de cabecera y amigo de la monja, en el que leemos este testimonio: «En la relación con los demás y en el diálogo fue siempre absolutamente sencilla y natural, sin huella alguna de mojigatería, puerilidad y excesiva sensibilidad, como les ocurre a menudo a las viejas solteronas; era por el contrario extremadamente compasiva y afectuosa para con el prójimo. Nadie se iba de su casa sin haber recibido consuelo y yo mismo encontré siempre en ella a una amiga capaz de una auténtica comunicación, que a menudo mitigaba con palabras afectuosas y oraciones mi carga henchida de una tendencia natural a la melancolía. Su muerte fue como su vida, es decir, verdaderamente heroica. Quien conoció su verdadera situación, debió asombrarse y llorar de compasión. No había manera de cambiar su estado, porque apenas se la liberaba de una cruz, se le echaban encima dos. Solo en los últimos dos años de su vida comprendí hasta el fondo este mágico sufrimiento suyo. La mayoría de las enfermedades eran en efecto asunción voluntaria de los sufrimientos de los amigos que le revelaban sus problemas y confiaban en sus oraciones. En sus éxtasis hablaba de ellas, en general cuando habían acabado. Como siempre, cuando se despertaba no recordaba nada de lo que había dicho»[8].

Ana Catalina Emmerick murió el 9 de febrero de 1824. Tenemos también una descripción precisa de este supremo acontecimiento gracias al testimonio escrito del doctor Wesener, que siguió siempre a la enferma con gran cuidado e implicación: «Ella había previsto su final varias semanas antes; se despidió conmovedoramente de sus parientes, los consoló con la confianza de volverse a ver con seguridad y les rogó a todos que no vinieran más a verla. En los últimos catorce días apenas habló a no ser con su confesor; su débil vida estaba dedicada a la contemplación y a la oración interior; sin embargo, hasta el final mantuvo su carácter afable»[9].

Así fue el último día: «Por la mañana la encontré en condiciones penosas», leemos también en el mismo diario, «la espiración estaba bloqueada, por la noche se había desarrollado una nueva pleuritis. Luchó con sufrimientos indecibles hasta las cuatro de la tarde; después su batalla pareció concluida, el pulso se hizo inestable y apenas perceptible, el rostro se relajó y se puso serena, hasta que a las ocho de la tarde, plenamente consciente, entregó el espíritu».

---

[8] F. Wesener, *op. cit.*, p. 258.

[9] *Ibidem*, p. 257.

Clemens Brentano estaba presente en el momento de la muerte de Ana Catalina, la mujer que había cambiado radicalmente su vida, y escribió lo siguiente en términos profundamente conmovedores en su *Perfil biográfico de Ana Catalina Emmerick*: «Ella estaba un poco echada del lado izquierdo sobre los cojines, la expresión de su rostro era de sublime seriedad, su mano derecha reposaba sobre la manta, esa maravillosa mano a la que Dios había concedido el inaudito don de reconocer todo lo que era sagrado y bendecido por la Iglesia. Un don que quizá no había sido concedido nunca a nadie de igual manera... Estreché por última vez aquella mano marcada por el símbolo más noble de la suprema compasión, aquel instrumento espiritual estaba frío y ya no vivía, estaba muerta, aquella humilde, benéfica, laboriosa mano que había alimentado a tantos hambrientos, vestido a tantos desnudos. Una gran gracia había dejado la tierra, la voluntad de Dios nos había quitado la mano testigo de la verdad y del sufrimiento de su esposa, y ella parecía haber puesto al morir la mano sobre la manta en un gesto cargado de significado, símbolo de una fuerza superior que la gracia de Dios le había dado...»

Después de la muerte de Ana Catalina, le quedaron a Brentano dieciocho años de vida, que dedicó a la elaboración del ingente material recogido: diecisiete mil páginas que en los años de Dülmen no había tenido tiempo ni modo de estructurar, sobre todo porque la monja no seguía en la narración un hilo temporal, sino que contaba sus visiones tal como aparecían: a veces seguían el calendario litúrgico, a veces se presentaban según otros criterios.

Una vez dejado Dülmen, Brentano retomó su vida errabunda: Bonn, Wiesbaden, Frankfurt, Coblenza. Desde esta última ciudad escribió en julio de 1825, más de un año después de la muerte de Ana Catalina: «Estoy solo todo el día y clasifico el inmenso tesoro de las comunicaciones de la difunta Emmerick, para darme cuenta del material que he recogido y poderlo elaborar después del modo que Dios quiera. No me atrevo todavía a tomar decisión alguna».

Clemens Brentano temía incluso no estar a la altura de la situación: él, que era maestro de la palabra, sentía dolorosamente su propia incompetencia para poner por escrito temas tan elevados. O quizá se preguntaba hasta qué punto era justo hacerlo. Significativas son al respecto estas palabras del diario: «Me aflige una tristeza solitaria, que nadie podrá comprender nunca y que se me ha dado a fin de que la soporte como castigo por haber pecado buscando expresar lo inexpresable». Una tristeza que es el fruto de la conciencia de la pequeñez humana respecto a lo sublime.

Pero la exigencia de dar a conocer las visiones prevalece al final sobre todo, y una vez puesta a punto la estructura de la obra Brentano se pone al trabajo: un trabajo enorme, al que el poeta se dedica con extraordinaria pasión, ocupándose al mismo tiempo de la biografía de la monja que servirá de preliminar al primer libro publicado, el dedicado a la pasión de Cristo. El volumen saldrá en 1833 y tendrá un enorme éxito: seis ediciones antes de la muerte de Brentano.

Mientras tanto Clemens se traslada a Munich, donde pasará los últimos años de su vida. Aquí trabaja en el segundo libro, el dedicado a la vida de la Virgen María, sin conseguir completar la obra, que aparecerá diez años después bajo la dirección de su hermano Christian y contribuirá ampliamente a la difusión del culto mariano en Europa.

Brentano prestó mucha atención también a los *Años de enseñanza de Jesús*: la obra fue acabada después de su muerte, a partir de sus apuntes, por el padre redentorista Karl Erhard Schmoeger (1819-1883), rector de la casa madre de Gars, y publicada en tres volúmenes entre 1858 y 1860.

Basándose siempre en anotaciones, proyectos y fragmentos de Clemens Brentano, el padre Schmoeger publicó en 1869 el último volumen, *Misterios del Antiguo y del Nuevo Testamento*, que contiene visiones de ángeles, la historia de la caída, Noé, la Torre de Babel, Job, Abrahán, Jacob, el Arca de la Alianza, el rey-sacerdote Melquisedec y otros muchos episodios.

Clemens Brentano murió el 28 de julio de 1842 en Aschaffenburg, en casa de su hermano Christian, y está sepultado en el cementerio de esta ciudad.

El peregrino había llegado finalmente a la patria celestial: comenzaba el camino del monumento literario erigido por él a la monja estigmatizada.

Clemens Brentano ha salvado para nosotros un patrimonio extraordinario, que ha fascinado a personajes como Paul Claudel y Jean Guitton. Sobre la monja de Dülmen este último escribió un texto iluminador que lleva por título *La actualidad de Ana Catalina Emmerick*, que fue publicado como epílogo a una colección de textos extraídos de las obras trascritas por Brentano, donde se lee, entre otras cosas: «Con su don de videncia ella escribió nuevamente el Evangelio, que es tan pobre en detalles, incluso el de Marcos; y al mismo tiempo diseminó en él pequeños acontecimientos y lo iluminó a través de símbolos. Si se leen sus textos, se podría creer que ella tomó parte en la pasión de Cristo como si hubiese visto una película. Su relato de la pasión (que contribuyó a la conversión de Paul Claudel) es más desconcertante que la lectura de los textos evangélicos o que la escucha de la *Pasión según san Juan* de Bach... Es evidente que Ana Catalina Emmerick debería interesar a todos los que, después de Kant y Einstein, se preguntan qué significan las palabras "espacio" y "tiempo"»[10].

Sin Brentano, que con paciencia y amor trascribió y estructuró las visiones, todo se habría pedido.

Ana Catalina Emmerick fue beatificada en el 2004.

El proceso de canonización, comenzado en 1892, casi setenta años después de la muerte de la monja, ha tenido una larga incoación por muchos motivos. El espíritu del tiempo, hostil a la Iglesia y a la veneración de los santos, fue el que obstaculizó inicialmente las cosas: entre otras, en la Prusia protestante, los católicos de Renania y de Westfalia no estaban ciertamente en posición favorable. Una vez iniciado el proceso informativo, fueron escuchados 130 testigos y las copias de las actas fueron enviadas a Roma. Se examinaron después los escritos y aquí las cosas se complicaron porque quien se ocupó de la cuestión quiso estudiar también los textos originales: por lo que los protocolos de Brentano, miles de páginas, fueron enviados a Roma. Resultó difícil establecer qué contenidos debían ser atribuidos a la monja y cuáles a Brentano. Mientas tanto pasaban los años: llegados a 1927 se decidió traducir todo el material al italiano, operación que requirió otros tantos años. La causa, mientras tanto, se estancaba. Vino el tiempo de la guerra, con Alemania entre sangre y fuego, y los documentos todavía en los archivos romanos.

---

[10] J. Guitton, *A. K. Emmerick Aktualität* («Attualità di A. K. Emmerick»), en A. K. Emmerick, *Jesus mitten unter der Seinen* («Gesú tra i suoi»), textos trascritos por C. Brentano (Verlag Butzon und Bercker, Kevelaer, Germania 1981) 307.

Después, en 1973, gracias a las muchas peticiones de los fieles, se formuló la demanda de reapertura del proceso: los tiempos eran propicios también porque al año siguiente se celebraba el segundo centenario del nacimiento de la monja y los ciento cincuenta años de su muerte. Fue el papa Pablo VI el que puso las cosas en marcha y el que hizo posible un nuevo examen de todo el material. Se exigieron nuevos estudios y documentos. Otras peticiones por parte de los fieles y de los obispos produjeron finalmente el efecto deseado, y finalmente en 2004 Ana Catalina Emmerick fue beatificada por el papa Juan Pablo II. Para la canonización es necesario ahora otro milagro.

Queda la vieja cuestión Emmerick-Brentano que ha traído tanta polémica, que dará todavía más que discutir y de la que hemos hablado también aquí: la paternidad real de los textos. Personalmente, al reflexionar sobre las circunstancias y los testimonios del tiempo y sobre el papel del poeta, estoy de acuerdo con el estudioso francés Arnold Guillet, que con ocasión de un congreso sobre Emmerick, que tuvo lugar en Münster en la primavera de 1990, planteó a los presentes la siguiente pregunta: «¿En el lugar de Dios, a quién habría confiado la tarea de poner por escrito las visiones de Ana Catalina Emmerick?»[11]

Paola Giovetti

[11] El texto está publicado como epílogo a *Das bittere Leiden unseres Herrn Jesus Christus (La dolorosa passione di nostro Signor Gesù Cristo)* (Christiana Verlag, Stein am Rhein 1996) 363.

PRIMER AÑO
DE ENSEÑANZA DE JESÚS

1. La Sagrada Familia en Nazaret después de la vuelta de Egipto

Entre el décimo y el vigésimo año de la vida de Jesús vi a la Sagrada Familia vivir en Nazaret con otras personas en una casa alquilada. Del vigésimo al trigésimo la vi vivir en una casa en la que estaba sola.

En esta casa había tres habitaciones separadas. La de la Madre de Dios era la más grande y confortable; en ella era donde se reunían para rezar. Cuando rezaban, tenían los brazos cruzados sobre el pecho y recitaban las oraciones en voz alta. A veces rezaban a la luz de una lámpara con muchos brazos. Jesús estaba a menudo solo en su habitación, meditando sobre su futura enseñanza. José hacía su trabajo de carpintero y Jesús, ya de mayor, lo ayudaba. María estaba ocupada en labores de costura; hacía punto con pequeñas agujas y tenía a su lado un pequeño cesto con los hilos. Cada uno dormía solo en su habitación y la cama consistía simplemente en una estera que por la mañana se enrollaba y se ponía aparte.

Vi a Jesús prestar toda clase de servicio a sus padres hasta los doce años; era amable con todos y siempre estaba dispuesto a ayudar. En los años de niñez era un modelo para todos los niños de Nazaret. Todos lo querían y tenían miedo de hacer alguna cosa que pudiera desagradarlo. Cuando sus compañeros hacían algo equivocado, los padres les decían: «¿Qué diría el hijo de José si se lo contase? ¡Le desagradaría mucho!» Y a veces pedían a Jesús que dijese a sus hijos cómo debían comportarse. Jesús aceptaba este papel casi como un juego y pedía con amor a sus amigos que hiciesen determinadas cosas; también rezaba con ellos y los invitaba a pedir al Padre celestial que fuesen mejores.

El Salvador era ágil y delicado, tenía una cara delgada y expresiva, la frente alta y amplia, su aspecto era sano pero la cara era pálida. Los cabellos rubios tendentes al rojo le llegaban hasta la espalda. Llevaba una túnica larga de color marrón-gris con las mangas más bien anchas.

2. Pascua en el Templo

Jesús fue por primera vez al Templo con sus padres, a la fiesta de la Pascua, cuando tenía ocho años, y volvió en los años siguientes. Desde los primeros viajes a Jerusalén, Jesús había llamado la atención no solo a los amigos con los que viajaba sino también a los sacerdotes y a los maestros del Templo. Hablaban a menudo de ese niño devoto e inteligente, el maravilloso hijo de José, que de vez en cuando volvía a Jerusalén.

Y así, cuando a los doce años Jesús llegó a Jerusalén con sus padres, los amigos y sus hijos, muchos ya lo conocían. Los padres tenían la costumbre de hacer el viaje con sus conocidos y sabían que Jesús, que era el quinto viaje que hacía a Jerusalén, caminaba con los chicos de Nazaret. Esta vez, sin embargo, a la vuelta, en la zona del monte de los Olivos se había separado de sus compañeros. José y María pensaban que iba delante con los chicos de Nazaret, que a su vez creían que iba detrás con los padres.

Cuando los padres llegaron a Gofna y vieron que Jesús no estaba con los compañeros, se asustaron y volvieron inmediatamente a Jerusalén preguntando en todas partes por él.

Él se había unido a otros jóvenes y había visitado dos escuelas de la ciudad: una escuela el primer día y la otra el segundo. El tercer día estuvo por la mañana en la tercera escuela del Templo y por la tarde en el Templo mismo, donde sus padres lo encontraron. Estas escuelas eran diferentes, es decir, no en todas se enseñaba la Ley; en ellas se enseñaban también otras ciencias. La última de estas escuelas se encontraba en las cercanías del Templo y de ella salían los levitas y los sacerdotes.

Con sus preguntas y respuestas Jesús suscitó tal estupor e incluso incomodidad en los maestros y en los rabinos que estos, en la tarde del tercer día, se habían propuesto humillar a aquel chiquillo en el Templo mismo, en el lugar de enseñanza pública de los rabinos más eminentes y cultivados. Inicialmente se habían alegrado de los conocimientos de Jesús, pero después se enfadaron.

El encuentro con los rabinos tuvo lugar en el centro del atrio del Templo, delante del santuario, donde Jesús enseñaría después. Vi a Jesús sentado en una silla alta, rodeado por un considerable número de ancianos, algunos de los cuales llevaban puestas las vestiduras sacerdotales. Estos escuchaban con atención y parecían muy contrariados, tanto que temí que pudieran hacerle daño.

Como en las diversas escuelas Jesús recurrió, en sus respuestas y explicaciones, a ejemplos de todo tipo tomados de la naturaleza, de las artes y de las ciencias, ahora en el Templo habían hecho venir maestros de todas estas materias, y cuando estos comenzaron a discutir con Jesús sobre cada uno de los temas, él dijo que no eran cosas para discutir en el Templo, pero que les respondería, porque era voluntad de su Padre que lo hiciese. Hablaba de su Padre celestial, pero ellos creían que era José el que le ordenaba mostrar toda su sabiduría.

Jesús respondió y habló de medicina describiendo todo el cuerpo humano como ni siquiera los cultos lo conocían; habló también de astronomía, de agricultura, del arte de medir y hacer cálculo, de legislación y de muchas otras cosas, para llegar después a la Ley, a las profecías, al Templo y a los ministerios del servicio y de las ofrendas, de tal modo que algunos quedaban atemorizados, otros asombrados y admirados, y otros, además, contrariados; pero al final estaban casi todos irritados porque oían cosas que no sabían y ni siquiera comprendían a fondo.

Jesús llevaba enseñando un par de horas cuando llegaron María y José al Templo y preguntaron por su hijo a algunos levitas que conocían. Les respondieron que se encontraba con los escribas y los sacerdotes en el lugar dedicado a la enseñanza. Al tratarse de una zona donde la gente común no podía entrar, María y José pidieron a los levitas que llamaran a Jesús. Pero Jesús mandó a decirles que primero quería terminar lo que estaba haciendo. María se turbó mucho porque Jesús no viniera enseguida: era la primera vez que hacía comprender a sus padres que debía obedecer órdenes que no eran las suyas.

Jesús enseñó una hora más y cuando respondió a todos —algunos tuvieron que callar, muchos se sintieron humillados y no pocos irritados— los dejó y se unió a sus padres. José estaba cohibido y estupefacto, pero no dijo nada; María, sin embargo, se acercó a él y dijo: «Hijo, ¿por qué nos has hecho esto? Mira, tu padre y yo, angustiados, te andábamos buscando».

Pero Jesús estaba todavía muy serio y respondió con calma: «Y ¿por qué me buscabais? ¿No sabíais que yo debía estar en la casa de mi Padre?»

Ellos no comprendieron y emprendieron de inmediato el camino de vuelta con él.

3. Fiesta en casa de Ana

Cuando Jesús volvió a Nazaret, vi en la casa de Ana una fiesta en la que participaban todos los hijos e hijas de los parientes y de los amigos. No sé si había sido organizada para festejar el reencuentro con Jesús, o si era una fiesta habitual al retorno de la Pascua, o una fiesta por haber alcanzado los doce años de edad. Lo cierto es que Jesús era el centro de todo. La mesa estaba adornada con sarmientos de vid y espigas y los niños recibieron racimos de uvas y pequeños panes.

Aquel día había treinta y tres niños, muchos de los cuales se hicieron después discípulos de Jesús; este número fue para mí una referencia a los años de la vida de Jesús. Jesús contó la historia maravillosa de una fiesta de bodas en la que el agua se transformaría en vino; habló también de otras bodas en las que el vino se transformaría en sangre y el pan se convertiría en carne, y esto significaría fuerza, consuelo y unión vital hasta el final de los tiempos.

Jesús dijo a un jovencillo de nombre Natanael: «Yo estaré en tus bodas».

Desde los doce años en adelante, Jesús enseñó siempre a sus compañeros. A menudo estaba sentado con ellos, contaba muchas cosas y caminaba con ellos por los campos. Ayudaba también a José en sus trabajos.

4. Muerte de José. María y Jesús se trasladan a Cafarnaún

Hacia el trigésimo año de la vida de Jesús, José se iba debilitando cada vez más y Jesús y María pasaban mucho tiempo con él. María se sentaba a menudo en el suelo junto a la cama.

Cuando José murió, María estaba sentada a su cabecera y lo tenía entre los brazos. Jesús estaba al lado, a la altura del pecho. Vi que la habitación se llenaba de luz y de ángeles. Con los brazos cruzados sobre el pecho, José fue envuelto en una sábana blanca, puesto en un estrecho ataúd y colocado en un bello sepulcro excavado en la roca, don de una persona devota. Solo pocos, además de Jesús y María, participaron en sus exequias; vi a José resplandeciente, acompañado de los ángeles. Su cuerpo incorrupto fue llevado después por los cristianos a un sepulcro de Belén.

José debía morir antes que Jesús, porque no habría sobrevivido a la crucifixión. Era demasiado débil y demasiado afable. Ya había sufrido mucho por las persecuciones que el Salvador, desde los veinte a los treinta años, había tenido que soportar por parte de los judíos, que no lo podían ver y, llenos de envidia, decían que el hijo del carpintero pretendía saber más que ellos y tenía siempre a su alrededor muchos jóvenes que lo seguían.

María sufrió muchísimo a causa de estas persecuciones. Es indescriptible el amor con que Jesús soportó desde chico esta animadversión de los judíos.

Desde muy joven, Jesús tuvo muchos seguidores entre los jóvenes de Nazaret; caminaba con ellos por los campos y los pueblos e iba a Jerusalén a las fiestas; la familia de Lázaro, que vivía en Betania[1], era también amiga de la Sagrada Familia.

Los fariseos de Nazaret llamaban a Jesús vagabundo y no tenían simpatía por él.

Antes de la muerte de José vi que Jesús se movía siempre en las cercanías de Nazaret, sin alejarse demasiado. Después de la muerte de José, vi a Jesús y a María irse a las cercanías de Cafarnaún. La casa de Nazaret se cerró. El lugar al que se trasladaron no era propiamente la ciudad de Cafarnaún, sino un pueblecito constituido por casas individuales entre Cafarnaún y Betsaida. Jesús recibió una casa de un hombre de nombre Leví, de Cafarnaún. Este amaba mucho a la Sagrada Familia y dio voluntariamente a Jesús su casa, que estaba un poco aislada y rodeada de un foso lleno de agua. En la zona había otras casas, en las que vivían los siervos de la familia de Leví, que tenía un comercio de géneros alimenticios que eran enviados a Cafarnaún. En esta ciudad vivía también la familia del pescador Pedro.

La zona en torno al lago de Cafarnaún era muy bonita y fértil, producía cada año buenas cosechas, tenía prados verdes, fruta y flores. Muchos judíos de alto rango, entre estos estaba también Herodes, tenían en aquella zona castillos y jardines. Los judíos del tiempo de Jesús no eran como sus padres, el comercio y las relaciones con los pa-

[1] Betania es un pueblo que se encuentra en el extremo oriental del monte de los Olivos, por tanto a muy poca distancia de Jerusalén. En la toponimia árabe figura como El-Azariya, es decir, «casa de Lázaro». En medio del pueblo hay una iglesia franciscana que guarda el recuerdo de Marta y María, y sobre todo el milagro de la resurrección de Lázaro. A pocos metros de la Iglesia, hacia el monte de los Olivos, se encuentra la tumba de Lázaro, dentro de un área sepulcral.

ganos los habían enriquecido mucho y a menudo también corrompido. Las mujeres no se dejaban ver en público y ni siquiera en el trabajo de los campos, salvo alguna mujer pobre que iba a espigar. Se las veía solo cuando iban en peregrinación a Jerusalén y a otros lugares de oración. Los esclavos eran los que generalmente cultivaban los campos y hacían las compras. En la época de Jesús aquellas zonas estaban densamente pobladas.

5. Jesús da comienzo a su misión. Primeras noticias de Juan el Bautista

Jesús fue con dos compañeros a Hebrón, donde habían vivido Zacarías e Isabel y había nacido Juan. Llegados aquí se separó de sus compañeros y se dirigió hacia el desierto, el mismo al que Isabel había llevado a Juan de niño[2]. Este desierto se encuentra entre Hebrón y el mar Muerto. Más allá del desierto hay una bella llanura con muchas palmeras. Vi a Jesús en la cueva en la que también había vivido Juan; permaneció en ella solo en oración, como preparándose para su misión.

Vi después a Jesús volver del desierto a Hebrón. Por todas partes echaba una mano a las personas, ayudándolas en sus actividades. Nadie lograba saber quién era, puesto que no llevaba una vestimenta que lo caracterizase; pero todo su ser era tan maravillosamente amable y digno que conmovía.

---

[2] Para la historia de Juan y su estancia en el desierto para huir de Herodes, véase, A. K. Emmerick, *Vita della santa Vergine Maria. Testo raccolto da Clemens Brentano* (San Paolo, Cinisello Balsamo 2004: 20126) 168 ss.

Desde el primer momento pensaron que era Juan, que ya se encontraba en el Jordán, pero muy pronto se dieron cuenta de que no podía ser él, porque Juan tenía el pelo más oscuro y un cuerpo más robusto. Jesús pasó la Pascua en Hebrón: fue a las casas de los enfermos, los consoló, les impuso las manos, los ayudó de muchas maneras; sin embargo no lo vi realizar curaciones. Su presencia era benéfica para todos. Vi cómo se acercaba a los endemoniados, que al estar junto a él se tranquilizaban; pero no expulsó demonios. Por todos los sitios por los que pasaba, ayudaba; donde había necesidades, estaba presente.

El sábado por la tarde dejó Hebrón y a la mañana siguiente llegó rápido a la desembocadura del Jordán en el mar Muerto. Desde aquí se dirigió en una barca a Galilea.

Vi a Jesús, a María y a otras veinte personas dejar Nazaret y dirigirse a Cafarnaún. Llevaban consigo asnos cargados de hatillos.

En los días siguientes vi a Jesús y María en la casa entre Cafarnaún y Betsaida. Jesús está de nuevo en camino y en una sinagoga habla de Juan el Bautista, de la próxima venida del Mesías y de la necesidad de hacer penitencia. La gente murmura y dice: «Hace tres lunas que su padre, el carpintero, vivía todavía y trabajaban juntos; después ha estado de viaje un tiempo y ahora ha vuelto y quiere enseñarnos lo que ha aprendido». Y yo sonreí, pensando que ellos creían que había estado de viaje, cuando en realidad había estado en el desierto preparándose para su misión.

En los días siguientes Jesús visita los lugares por los que también ha pasado Juan. Va a las sinagogas y enseña, consuela a los enfermos y los ayuda. Va también a Caná, donde tiene parientes, los visita y les habla de muchas cosas.

Hoy he visto que cuatro hombres, que habían sido compañeros de infancia de Jesús, lo esperaban en un lugar umbroso en una zona entre Samaría y Nazaret. Él llega con un compañero, los cuatro van a su encuentro y le cuentan que han sido bautizados por Juan, que habla de la próxima venida del Mesías[3]. Estos hombres prosiguen el camino con Jesús. Pronto encuentran a otros seis hombres que vienen del lugar donde Juan bautiza; estas personas conocían a Jesús porque habían oído hablar de él e intuían que él podía ser el que Juan anunciaba, pero no estaban seguros. Hablaron de Juan e incluso de Lázaro y de sus hermanas; hablaron finalmente de María Magdalena diciendo que vivía en un castillo y que debía tener un diablo en el cuerpo. Estos hombres se unieron a Jesús, cuya palabra admiraban.

Los que iban de Galilea a ver a Juan para recibir el bautismo, le contaban lo que sabían de Jesús y lo que había dicho; los que iban a ver a Jesús desde Enón, el lugar donde Juan bautizaba, le hablaban de Juan.

He tenido imágenes simbólicas de Juan: él era el que preparaba, el que liberaba a las personas de lo que tenían de rudo y vulgar. Lo veía fuerte y sólido, aunque vestido solo con una piel de oveja; veía cómo caían escamas del

---

[3] El bautismo es un rito que fue practicado en muchas religiones antiguas, por ejemplo, en los cultos mistéricos, en el antiguo Egipto y en otras religiones del Medio Oriente. El término deriva del griego *baptizò,* que significa «lavar», «sumergir» en el agua, y simboliza la muerte del «hombre viejo» y el renacer al «hombre nuevo» (cfr. Ef 4, 22.24; Rm 6, 6) En el cristianismo es el primero de los sacramentos. Juan el Bautista, en línea con los profetas del antiguo Israel, invitaba a recibir el bautismo como signo de conversión para prepararse a recibir al Mesías, que bautizaría «en Espíritu santo y fuego» (Mt 3, 11).

cuerpo de los bautizados o cómo se desprendían de sus ojos nubes de polvo oscuro, mientras nubes luminosas descendían sobre ellos.

Vi a Jesús que iba solo a un lugar cerrado por una cerca donde se reunían los pescadores y donde había cinco barcas. A la orilla se alzaban muchas cabañas para los pescadores. Pedro era el propietario de este lugar y estaba con Andrés en una cabaña. Juan y Santiago y su padre Zebedeo y otros varios estaban en las barcas. En la barca central estaba el padre de la mujer de Pedro y sus tres hijos. Al padre lo llamaban Zelota, porque una vez había tenido una discusión con los romanos por el derecho de navegación sobre el lago y había ganado; por eso le habían puesto ese nombre[4]. En las barcas se encontraban unos treinta hombres.

Jesús anduvo entre las cabañas y las barcas y habló con Andrés y con los demás, no sé si habló también con Pedro. Ellos no lo conocían todavía. Habló de Juan y de la venida del Mesías. Andrés ya había sido bautizado y era discípulo de Juan. Jesús dijo que volvería para hablar de nuevo con todos ellos.

En aquel tiempo muchos pensaban que Juan era el Mesías, otros, en cambio, pensaban que el Mesías era aquel del que hablaba Juan.

Jesús, mientras tanto, recorría la región en torno al lago y más allá, casi hasta el Líbano; lo acompañaban de seis a doce compañeros, cuyo número aumentaba o disminuía

---

[4] En el tiempo de la dominación romana se llamaban zelotes a los adeptos de una asociación político-religiosa («celantes» de la Ley judía), cuyos ideales eran la estricta observancia de la Ley y la obtención de la independencia política incluso a mano armada. La asociación provocó siempre nuevas insurrecciones anti-romanas, que con el tiempo desembocaron en la guerra que llevó a la destrucción de Jerusalén y del Templo (70 d. C.).

a medida que iban caminando. Jesús no estaba particularmente ligado a ninguno: en realidad estaba solo, pero sembraba y preparaba el terreno.

Vi a Jesús caminar hacia Nazaret: quiere quedarse alguna semana y después ir donde Juan y bautizarse.

María, Madre de Jesús, María de Cleofás y otras dos mujeres están también en camino hacia Nazaret. Otras mujeres están yendo también a Nazaret desde Jerusalén; van a casa de María, la conocen por los viajes que hace cada año a Jerusalén.

Vi después que desde el sanedrín de Jerusalén habían enviado mensajeros con cartas a todas las localidades principales de Palestina donde hay escuelas para los jóvenes, dirigidas a sus directores. En estas cartas se recomienda prestar mucha atención a aquel del que el Bautista decía que era el que había de llegar y que iría a bautizarse: si era verdaderamente el Mesías —así estaba escrito en las cartas— no tenía ninguna necesidad de que Juan lo bautizase. Había mucha confusión, porque se decía que era la misma persona que de niño había enseñado en el Templo, y muchas otras cosas.

Mientras tanto las santas mujeres se han reunido en Nazaret y Jesús va camino de esta ciudad. Vi también a Jesús en la casa de su Madre mientras estaba con ella.

En Nazaret Jesús enseñaba en las sinagogas y pedía que fuesen a recibir el bautismo de manos de Juan. En las grandes sinagogas había fariseos que murmuraban contra él; en las pequeñas sinagogas, por el contrario, Jesús era acogido amistosamente.

La gente decía que Jesús tenía la fuerza de los antiguos profetas.

6. Jesús visita a los esenios en Nazaret

Esta mañana vi a la Santísima Virgen que iba al encuentro de Jesús, que la cogió de la mano. Su actitud hacia ella era cariñosa, muy serena y tranquila. Ella estaba preocupada y le rogó que fuera prudente porque los fariseos, que lo habían oído hablar en la sinagoga, estaban muy irritados con él. Jesús le dijo que esperaría allí a los compañeros con los que iría a ver a Juan, y que se iría pronto. Aquel día habló mucho con ella, le dijo también que iría a Jerusalén cuatro veces para celebrar la Pascua y que la última vez ella se sentiría muy consternada.

En Nazaret vivían en aquel tiempo muchos esenios[5] que eran amigos de la Sagrada Familia. Se habían establecido bajo las bóvedas de los antiguos muros derruidos: vivían aislados, hombres y algunas mujeres, y no estaban casados. Para ganarse la vida tejían y cultivaban pequeños huertos. Los hombres llevaban largos vestidos blancos y las mujeres mantos. Anteriormente habían vivido en el valle de Zabulón, cerca del castillo de Herodes, pero por amistad hacia la Sagrada Familia habían venido a Nazaret. Se instalaron a los pies de un monte separado de la ciudad por un valle. Vivían en silencio y frecuentaban la sinagoga de Nazaret. Se encargaban del cuidado de la casa de María cuando estaba ausente.

Jesús fue con cinco compañeros hasta los esenios y buscó a Eliud, un noble anciano de larga barba. Era viudo y estaba atendido por una hija. Era hermano de Zacarías

---

[5] Esenios: «los puros». Secta religiosa judía cuyos miembros observaban escrupulosamente la Ley judía y rechazaban el culto practicado en el Templo; en general no se casaban, vivían en comunidad compartiendo los pocos bienes que poseían. Es famosa la comunidad de Qumram en las cercanías del Mar Muerto.

[padre de Juan]. Los esenios lo veneraban como a su jefe y cada día se reunían en oración en torno a él.

A la mañana siguiente los cinco compañeros de Jesús volvieron a Nazaret con sus padres y amigos; Jesús, sin embargo, permaneció junto a Eliud, rezó con él y se hablaron con gran confianza. Este hombre sencillo y santo conocía muchos secretos.

Durante todo el día vi a Jesús conversando confidencialmente con Eliud. Este le preguntó por su misión y Jesús le reveló todo. Le dijo que era el Mesías y le habló de todo su linaje humano y del misterio del Arca de la Alianza, que se había transmitido de generación en generación.

Dijo también que María se había convertido con su nacimiento en Arca de la Alianza. Eliud, que a menudo abría rollos y mostraba pasajes de los escritos de los profetas, preguntó a Jesús por qué no había venido antes. Jesús le respondió que solo podía nacer de una mujer concebida sin pecado original y llena de gracia, y que ninguna pareja humana había sido jamás pura como Ana y Joaquín[6]. Explicó todo detalladamente y le habló de todos los impedimentos anteriores y de las dificultades que habían retrasado la salvación. Dijo también que para redimir a los hombres había sido enviado en la debilidad de la naturaleza humana, que sentía y vivía en todo como un ser humano; dijo cuánta tristeza sentía frente al mal en el mundo y qué ingratos serían los hombres con él.

Eliud hacía preguntas sencillas y fervientes, pero comprendía mucho mejor que lo que comprendieron al comien-

---

[6] A propósito de los antepasados de María, de la vida de Joaquín y Ana y del nacimiento de la Virgen véase el ya citado libro de A. C. Emmerick, *Vita della santa Vergine Maria,* pp. 31 ss.

zo los apóstoles; comprendía en el espíritu, pero no podía comprender del todo lo que iba a suceder. Preguntó a Jesús dónde instituiría su reino: ¿en Jerusalén, en Jericó o en Engadí? Jesús respondió que su reino estaba donde estaba él mismo, no sería un reino semejante a los de este mundo.

El viejo hablaba con naturalidad y sencillez con Jesús y le contó muchas cosas de su Madre, como si Jesús no las supiese; Jesús lo escuchaba amablemente. Habló de María niña en el Templo: su maestra Noemí, que tenía alrededor de cincuenta años, era pariente de Lázaro y esta mujer, como todas las demás mujeres que servían en el Templo, era esenia. Vi que María aprendía de ella a coser y desde niña estaba con ella cuando Noemí limpiaba los recipientes de la sangre de los sacrificios y recibía parte de la carne de los animales sacrificados y la cocinaba para los sacerdotes y para las siervas del Templo. Posteriormente vi a la Santísima Virgen ayudar a hacer todas estas cosas.

Jesús y Eliud hablaron también de la concepción de Cristo, y Eliud se refirió a la visita de María a Isabel. Recordó también que María había encontrado allí un manantial; vi, en efecto, que la Santísima Virgen, junto a Isabel, Zacarías y José, fue desde la casa de Zacarías a una pequeña finca en la que no había agua. La Santísima Virgen caminaba sola por el jardín con un bastoncillo en la mano. Había rezado, y cuando tocó la tierra con el bastoncillo salió un chorro de agua. Después intervinieron Zacarías y José que, excavando con una azada y una pala, encontraron una buena corriente de agua, de tal manera que tuvieron un agradable manantial. Zacarías vivía al suroeste de Jerusalén, a cinco horas de camino.

Jesús y Eliud pasaban el tiempo hablando de estas cosas confidencialmente.

Por la tarde vi que Jesús iba con Eliud hacia Nazaret. Delante de los muros de la ciudad vivían varias personas buenas y pobres, conocidas de José, cuyos hijos habían sido compañeros de Jesús. Eliud llevó a Jesús hasta estas personas. Ofrecieron a los huéspedes pan y agua fresca: el agua de Nazaret era particularmente buena. Jesús estaba sentado en tierra en medio de estas personas y las invitaba a ir a Juan para bautizarse. Pero ellos estaban un poco cohibidos y desconcertados respecto a Jesús, que conocían desde hacía tiempo como uno semejante a ellos, y ahora era presentado con tanta seriedad por Eliud, al que estimaban mucho y cuyo consejo y consuelo buscaban a menudo. Habían oído hablar del Mesías, pero no podían creer que era aquel que había sido su compañero de juegos.

A la mañana siguiente Jesús dejó Nazaret con Eliud, en dirección a Jerusalén, a lo largo del valle llamado Esdrelón. Después de haber caminado dos horas y haber superado el torrente Quisón, llegaron a un lugar donde había algunas casas, una posada y la sinagoga. Creo que era un suburbio de la ciudad de Endor. Jesús entró en la posada. Aquí las personas eran frías y antipáticas, si no hostiles. Eliud no las tenía en gran estima porque estaban muy ligadas a los fariseos. Jesús dijo que quería enseñar en la sinagoga y le respondieron que a los forasteros no les estaba permitido. Jesús explicó que tenía derecho porque era un maestro; fue y habló del Mesías, cuyo reino —dijo— no es de este mundo, y del bautismo de Juan. Los sacerdotes de la sinagoga no lo acogieron con agrado. Sin embargo, Jesús mandó que le entregaran los rollos de las Escrituras, los abrió y explicó muchas cosas dichas por los profetas.

Jesús y Eliud pernoctaron en la posada cerca de la sinagoga y siguieron hablando confidencialmente: Jesús era consciente de su misión y del misterio profundo de su persona. Eliud le contó con gran naturalidad muchas cosas de su juventud, cosas de las que se enteró en el Templo por Ana; por ejemplo, lo que había ocurrido al retorno de la Sagrada Familia de Egipto. Después Jesús expuso algunas cosas que Eliud no sabía, sacando a la luz nuevas relaciones, y todo era muy natural y sencillo: un coloquio entre un hombre anciano y su joven amigo.

Finalmente Jesús dijo a Eliud que iría donde Juan para bautizarse, pero primero tenía que ir a Betania a hablar con Lázaro. Lázaro era mayor que Jesús, tenía cerca de ocho años más, era muy rico, poseía una gran hacienda con muchos siervos, terrenos y huertos. Lázaro tenía tres hermanas: Marta, la mayor; María Magdalena, la más joven, y la del medio, que se llamaba también María y vivía aislada, en el silencio y en la soledad. Jesús dijo a Eliud que Marta era devota y lo seguiría con su hermano. De la hermana del medio dijo: «Esta tiene un gran espíritu y una gran inteligencia; no es, sin embargo, para este mundo, no comete pecados; no vivirá mucho después de que Lázaro y las hermanas me sigan. Magdalena, la hermana más joven, lleva una vida desordenada, pero se corregirá y será superior a Marta». Jesús dijo que Lázaro y sus hermanas pondrían todo al servicio de la salvación.

Después Eliud habló también del primo de Jesús, Juan el Bautista; él no lo había visto todavía y no se había bautizado.

Jesús visitó junto a Eliud otros lugares enseñando en las sinagogas, después volvió con él a Nazaret, a la casa de Eliud, en la que se habían reunido otros esenios, los cinco compañeros de Jesús y otras personas. Todos querían ir donde Juan para bautizarse. Más tarde, mientras Jesús enseñaba, vinieron dos fariseos de Nazaret y lo invitaron muy cordialmente a enseñar en la escuela de Nazaret: dijeron que habían oído hablar mucho de él y le pidieron que les hablase también a ellos y les explicara las Escrituras y las palabras de los profetas. Jesús los siguió con sus cinco compañeros y ellos lo condujeron a la casa de un fariseo en la que se habían reunido muchas otras personas.

Todos estaban en muy buena disposición hacia Jesús, que habló y contó muchas parábolas bellas, de tal forma que sintieron una gran alegría y lo llevaron a la sinagoga. También en ella se habían reunido muchas personas. Jesús habló de Moisés y explicó las profecías relativas al Mesías. Cuando dejó intuir que él mismo podía ser el Mesías, se irritaron; sin embargo, le ofrecieron una comida en la casa de un fariseo. Jesús y sus compañeros durmieron en una posada cerca de la escuela.

Al día siguiente vi a Jesús enseñar a un grupo de publicanos que iban al bautismo. Después predicó de nuevo en la sinagoga hablando del Reino de Dios, que es como la semilla de trigo que se siembra en la tierra y, mientras el sembrador duerme, germina, crece, se forma el tallo y después la espiga llena de granos; o como la semilla de la mostaza, que es la más pequeña de todas, pero, después de echada en tierra, germina y produce un árbol grande entre cuyas ramas los pájaros encuentran refugio. El reino de los cielos, dijo además Jesús, se puede comparar a la levadura que una mujer echa en la harina, para que fermente. Es precioso como un tesoro escondido en un campo; un hombre lo encuentra y lo esconde de nuevo: después, lleno de alegría, vende todo lo que tiene y compra aquel campo.

Los fariseos lo escuchaban con estupor, y muy pronto se irritaron de nuevo con él y repitieron el discurso del hijo del carpintero José. Le reprocharon la relación con los publicanos y los pecadores, y él replicó con seguridad y decisión. Dijeron que los esenios eran unos hipócritas porque no vivían según la Ley. Jesús les dijo que los esenios seguían la Ley más y mejor que los fariseos y dijo también que los hipócritas eran ellos.

A continuación vi a Jesús y a Eliud de nuevo en camino; a veces juntos, a veces separados. Eliud iba detrás de Jesús y alabó su cuerpo fuerte y esbelto. Pero Jesús le dijo: «Si vieras este cuerpo dentro de algún tiempo, no encontrarías en él nada bello y armonioso, porque será maltratado y despreciado». Eliud no lo entendió; y, además, no podía comprender cuando Jesús hablaba de su reino ya presente: pensaba que serían necesarios diez o veinte años para que Jesús pudiese fundar este reino, que imaginaba en todo y por todo como un reino terrenal. Después Jesús dijo a Eliud que se acercara porque quería mostrarle quién era, cómo era su cuerpo y cómo era su reino.

Eliud se acercó y Jesús se dirigió al cielo rezando. Y he aquí que una nube descendió del cielo sobre ellos, haciéndoles invisibles al exterior; estaban iluminados por una luz y sobre ellos vi una ciudad rodeada de muros centelleantes, la Jerusalén celeste. Vi también la figura de Dios Padre y Jesús estaba unido a él por la luz. Ahora Jesús estaba hecho como de luz y era transparente. Eliud desde el principio miraba hacia lo alto, como en éxtasis, finalmente cayó de rodillas con la cabeza en tierra hasta que la luz y toda la visión desaparecieron. Jesús continuó entonces el camino y Eliud lo siguió en silencio, reflexionando en su interior sobre lo que había visto. Era algo semejante a la transfiguración, pero Jesús no se había levantado del suelo.

Creo que Eliud no vivía ya cuando Jesús fue crucificado. Jesús tenía más confianza con él que con los apóstoles, porque sabía muchas cosas y conocía muchos secretos de su familia.

Vi después a Jesús y a Eliud llegar a un campo en el que se encontraban unos pastores. Estaba atardeciendo, los pastores guardaban su ganado delante de sus chozos. Fueron al encuentro de Jesús, al que ya conocían, se echaron a tierra delante de él y los llevaron a él y a Eliud a las cabañas, les lavaron los pies, prepararon una cama y les ofrecieron comida.

Al día siguiente Jesús dijo a Eliud que se volviera: este se puso de rodillas delante y Jesús le dio la bendición y le dijo que debía acabar sus días en paz, porque el camino que Jesús estaba destinado a recorrer era demasiado duro para él. Había trabajado ya para la viña del Señor, y ahora debía recibir el premio en el reino. Eliud estaba conmovido y silencioso; acompañó a Jesús todavía un tramo de camino, después el Señor lo abrazó y él se alejó lleno de emoción.

7. Jesús habla en una sinagoga, condena el adulterio de Herodes, después se dirige hacia Betania

Por la mañana Jesús fue a una escuela en la que se habían reunido muchas personas. Habló, como siempre, del bautismo y de la próxima venida del Mesías, y dijo que ellos no lo reconocerían. Les reprochó también su obstinada adhesión a antiguas costumbres carentes de sentido. Estas personas, sencillas y buenas en el fondo, acogieron el reproche sin ofenderse. Los responsables de la sinagoga llevaron después a Jesús una decena de enfermos, pero no curó a ninguno: había dicho a Eliud y a sus cinco compañeros que antes del bautismo no realizaría curaciones. Eran hidrópicos en su mayor parte, enfermos de gota y mujeres enfermas. Les habló uno a uno y les dijo lo que debían hacer desde el punto de vista espiritual, porque sus enfermedades eran en parte consecuencia de sus pecados. Les aconsejó que se purificasen y se bautizasen.

Jesús se encontró después con un grupo de hombres que se habían reunido en una posada para una cena; hablaban de Herodes [Antipas] y de su unión pecaminosa y preguntaron a Jesús qué pensaba. Jesús condenó indudablemente este adulterio, dijo que no bastaba condenar a los demás, era necesario comportarse también personalmente de modo recto y habló muy severamente contra ese tipo de pecado.

En aquel lugar había varios pecadores y Jesús habló con ellos y les reprochó su vida adúltera. Les reveló uno a uno sus pecados secretos, de tal forma que todos quedaron desconcertados y prometieron hacer penitencia.

Jesús se dirigió después a Betania, que distaba aproximadamente seis millas, y llegó de nuevo cerca de las montañas. En esta época allí es invierno, hay niebla y mal tiempo y de noche escarcha alguna vez. Jesús se protegía la cabeza con un manto. Ahora va hacia oriente. Vi también a la Virgen María y a cuatro santas mujeres caminando en la zona de Tiberíades. Se dirigían también a Betania, caminaban una detrás de otra a distancia de dos pasos, probablemente porque el sendero va a menudo entre montes y es estrecho. Con ellas iban dos siervos, uno caminaba delante de todas y el otro detrás, y llevaban el equipaje, un saco delante y otro a la espalda. Las mujeres caminaban de prisa, con decisión y seguridad; están acostumbradas desde la infancia a hacer largos viajes a pie. Se han recogido las faldas hasta la mitad de la pantorrilla y tienen sandalias sólidas. El hombre que las precedía preparaba el camino, separaba los setos, quitaba de en medio las piedras, hacía puentes; cuando era preciso, se preocupaba también de buscar alojamiento. El hombre que las seguía volvía a poner todo en su sitio.

8. Jesús anuncia en Betania el comienzo de su misión. La familia y los amigos de Lázaro. María la silenciosa

Jesús llegó a Betania de noche, después de haber atravesado una región montañosa. Lázaro había estado algunos días en sus posesiones de Jerusalén, al oeste del monte Sión, de la parte del monte Calvario, pero volvió a Betania porque los discípulos le habían informado de la próxima venida de Jesús. El castillo de Betania pertenecía en realidad a Marta, pero a Lázaro le gustaba mucho estar allí y vivían juntos.

Esperaban a Jesús y habían preparado una cena. En la casa tenían invitados: algunas mujeres, una de las cuales de niña estuvo con María en el Templo. Nicodemo, Juan Marcos, un hijo de Simeón, un hombre anciano de nombre Obed. Eran todos amigos secretos de Jesús, lo eran en parte a través de Juan el Bautista, en parte a través de relaciones familiares y las profecías de Simeón y Ana en el Templo. Todos estaban bautizados y habían venido por invitación de Lázaro. Nicodemo era un hombre culto y reflexivo, que tenía puestas muchas esperanzas en Jesús. Después estuvo siempre secretamente a su lado.

Lázaro envió algunos siervos al encuentro de Jesús y, a una media hora de Betania, su viejo y fiel siervo, que después se convirtió en discípulo, se encontró con él. Se echó a sus pies y dijo: «Soy el siervo de Lázaro. Sígueme, Señor mío, hasta su casa». Jesús le dijo que se levantase y lo siguió. Era cordial pero siempre muy serio y atento a todo. Y precisamente esto era lo que fascinaba a las personas, que amaban al hombre y sentían a Dios. El siervo guió a Jesús a una fuente en el atrio del castillo, donde todo estaba listo: le lavó los pies y le dio sandalias nuevas. Después desempolvó y arregló sus vestidos. Apenas había acabado cuando llegó Lázaro con sus amigos. Jesús lo abrazó y saludó a los otros con un apretón de manos. Lázaro condujo inmediatamente a Jesús hasta Marta: las mujeres que estaban con ella se cubrieron con el velo y se echaron a tierra. Jesús dio la mano a Marta, la hizo levantar y le dijo que pronto llegaría su Madre.

Después fue a cenar con Lázaro. Habían asado un cordero y algunas palomas; había miel, fruta, verdura y pan. Las mujeres comían en el atrio. Antes de la cena Jesús rezó y bendijo los alimentos. Estaba serio, casi turbado. Durante la comida dijo que se acercaba un tiempo difícil y que iba a comenzar un camino fatigoso que concluiría de un modo amargo. Los invitó, a ellos que eran sus amigos, a ser fuertes y a resistir, porque sufrirían mucho por su causa. Habló de modo tan conmovedor que a todos se les saltaron las lágrimas; sin embargo no lo comprendieron del todo, no sabían que era Dios. Para ellos él era el hijo José, y María era su Madre: ninguno imaginaba que ella fuese virgen porque no sabían nada de su concepción ocurrida de un modo sobrenatural. Los fariseos, que conocían las profecías de Simeón y habían oído sus maravillosas enseñanzas en el Templo cuando era niño, eran tercos y obstinados; se habían informado sobre su familia: según ellos él era exageradamente modesto, demasiado pobre y despreciable. Ellos querían un Mesías grandioso.

Lázaro, Nicodemo y muchos otros pensaban, individualmente, que Jesús estaba destinado a tomar posesión de Jerusalén con sus seguidores, a liberarlos del yugo romano y a restablecer el reino judío. No sabían que el único reino capaz de salvar no es de este mundo. No se atrevían, sin embargo, a hablar de ello con Jesús y se sentían a disgusto porque en ninguno de sus gestos y comportamientos, en ninguna de sus palabras, reconocían las condiciones de sus expectativas.

Después de la cena se reunieron en un lugar tranquilo y Jesús pronunció una oración de acción de gracias: comenzarían, pues, su tiempo y su misión. Todos estaban profundamente conmovidos. Las mujeres estaban al fondo de la sala. Recitaron juntos una oración, después Jesús los bendijo y Lázaro lo condujo al lugar en el que iban a dormir. Las camas estaban en espacios separados en un lugar grande, donde todos los hombres dormían juntos; todo era más bello que en las casas comunes. El lecho de Jesús no estaba enrollado por tierra como de costumbre, estaba más alto, tenía mantas y estaba adornado de borlas. Al lado de la cama había un taburete que hacía las veces de mesilla y en una cavidad de la pared una jofaina para lavarse, encima una jarra de agua y una toalla para secarse. Había una lámpara sujeta a la pared. Lázaro la encendió, se echó a los pies de Jesús, que lo bendijo una vez más, y se separaron.

No vi a María, la hermana silenciosa de Lázaro: no se dejaba ver y no hablaba delante de los hombres. Sin embargo cuando estaba sola en una habitación o en el jardín, desarrollaba toda clase de actividades, se ocupaba de sus vestidos, tenía todo en orden y hablaba en voz alta consigo misma y con todos los objetos que estaban a su alrededor. Para ella era como si las cosas tuvieran vida; solo con los seres humanos no hablaba, delante de las personas no se movía y mantenía los ojos bajos; sin embargo se inclinaba para saludar y era muy educada, pero silenciosa. Era muy devota, pero no iba nunca a la sinagoga, rezaba en su habitación. Creo que tenía visiones y apariciones, con las que hablaba. Amaba muchísimo a sus hermanos, especialmente a Magdalena. Había sido siempre así desde niña.

De Magdalena no se había dicho todavía nada en presencia de Jesús. Ella vivía ahora en Magdala y estaba en el momento de máximo esplendor.

En la noche en que Jesús llegó a casa de Lázaro, vi a la Santísima Virgen María y a las santas mujeres que pernoctaban en una posada entre el desierto de Guibeá y el desierto de Efraín, a unas cinco horas de Betania. Dormían bajo un cobertizo cerrado por todas partes por paredes finas y dividido en dos zonas: la parte anterior estaba subdividida a su vez en dos filas de camas, que fueron ocupadas por las santas mujeres; el espacio posterior era una cocina. Delante de esta casa había una cabaña abierta en la que ardía un fuego; allí durmieron sus acompañantes, haciendo la guardia por turno. La habitación del propietario de la posada se encontraba en las cercanías.

Mañana hacia el mediodía llegarán a Betania.

Vi a Jesús en casa de Lázaro junto a él y a sus amigos de Jerusalén. Aquel día no fue a la ciudad, sino que permaneció en el patio y en los jardines del castillo de la familia de Lázaro. Habló y enseñó, serio, amable, digno, sin pronunciar nunca una palabra vana. Todos lo amaban, lo seguían, y sin embargo todos estaban como cohibidos. Lázaro era el que tenía más confianza con él, los demás hombres lo admiraban y mostraban una actitud reservada. Acompañado por Lázaro, Jesús fue donde las mujeres y Marta lo condujo hasta su silenciosa hermana María con la que él quería hablar. Desde el gran patio, pasando a través de una puerta en el muro, entraron en un jardín más pequeño rodeado de muros donde se encontraba la casa de María. El jardín era muy agradable, en el centro había una palmera de dátiles y en los parterres toda clase de plantas aromáticas y frutales. Había también una fuente con una gran piedra al lado sobre la que la silenciosa María solía sentarse. Marta fue hacia ella y le dijo que viniera al jardín, que alguien la estaba esperando. María era muy obediente, se puso la esclavina y salió sin decir una palabra; Marta se alejó.

María era alta y bella, tenía unos treinta años, miraba en general al cielo y de vez en cuando volvía la mirada de perfil hacia Jesús. Lo hacía como si mirase lejos. No dirigió la palabra a Jesús y no se echó a sus pies. Jesús fue el primero en hablar, después caminaron arriba y abajo por el jardín; no conversaron. La silenciosa María miraba siempre hacia lo alto y hablaba de cosas celestiales, como si las viese. Jesús habló también del mismo modo; habló de su Padre y con su Padre; ella no lo miró nunca a la cara, solo alguna vez habló girándose hacia él. Más que una conversación, sus palabras eran una oración, un canto de alabanza, una contemplación, una revelación de secretos. María parecía no vivir, su alma estaba en otro mundo y su cuerpo, por el contrario, estaba aquí.

De sus discursos recuerdo que, mirando hacia lo alto, habló de la encarnación de Cristo, como si viese la acción de la Santísima Trinidad. Dijo: «El Padre dice al Hijo que debe ir a los hombres y que una Virgen lo concebirá». Después describió la alegría de los ángeles y al arcángel Gabriel enviado a una Virgen. Habló después de todo lo sucedido y, al llegar al momento presente, dijo: «Ahora has emprendido un camino amargo y difícil». Al decir esto, aunque sabía que el Señor estaba a su lado, se comportaba siempre como si estuviese sola. Jesús la interrumpía con oraciones y acciones de gracias a Dios; alababa al Padre e intercedía por los hombres. Todo su encuentro fue indeciblemente maravilloso y conmovedor.

Jesús la dejó y ella permaneció tranquila e inmóvil como antes; después se retiró a su casa.

Cuando Jesús volvió con Lázaro y Marta, les dijo: «Su espíritu no está turbado, pero ella no es de este mundo, no lo ve y no lo comprende. Es feliz, no comete pecados».

María la silenciosa, siempre inmersa en su estado contemplativo, no sabía lo que sucedía en torno a ella y parecía siempre como ausente. No había hablado con nadie como con Jesús; con todos los demás callaba, pero no porque fueses cerrada y orgullosa; no hablaba porque las otras personas no estaban en relación con lo que ella veía, con las cosas celestiales y con la redención. Los que la conocían la consideraban perturbada mentalmente, porque quería o debía estar sola: en efecto, su alma no participaba en el tiempo presente. Se ocupaba de su jardín y realizaba para el Templo trabajos de costura que Marta le procuraba. Era muy hábil en estos trabajos y los hacía inmersa en sus pensamientos y en sus contemplaciones. Rezaba devotamente y sufría por los pecados del prójimo, hasta tal punto que a menudo estaba en tal estado de sufrimiento que parecía que llevaba sobre sus espaldas el mundo entero. Cuando sus hermanos se hicieron seguidores de Jesús, ella murió de dolor por la inmensidad de los sufrimientos que sabía —en espíritu— que él tendría que afrontar.

Marta habló también a Jesús de Magdalena y de su gran preocupación por ella, y Jesús la consoló diciendo que ciertamente vendría a verlo; ellos, entre tanto, debían hablarle y rezar por ella.

9. La Virgen María llega a Betania con las santas mujeres. Jesús anuncia su misión a su Madre

Poco después de mediodía llegó la Santísima Virgen María con sus compañeras. Uno de los dos acompañantes había ido delante para anunciar la llegada, por lo que Marta y otras mujeres fueron a su encuentro y las recibieron en el mismo atrio en el que el día anterior Lázaro había acogido a Jesús. Les dieron la bienvenida, lavaron sus pies, les ofrecieron vestidos frescos y sandalias nuevas. Después de un pequeño descanso fueron a la casa de Marta. Vinieron Jesús y los hombres a saludarlas y Jesús se apartó con la Santísima Virgen y habló con ella. Con seriedad y amabilidad le dijo que su misión iba a comenzar: iría donde Juan a bautizarse; después volvería a ella durante un breve periodo; a continuación iría al desierto en el que permanecería durante cuarenta días.

Cuando María oyó hablar del desierto se sintió muy turbada y con lágrimas en los ojos le imploró que no fuera a aquel lugar horrible. Jesús le dijo que de ahora en adelante no debería retenerlo más con su solicitud materna; él hacía lo que era su deber y daba comienzo a un camino difícil: sus amigos sufrirían con él. Él comenzaba su misión y ella debía sacrificar todas sus aspiraciones personales. La amaría como siempre, pero desde este momento actuaba para todos los hombres. Ella debía hacer lo que él dijera, y el Padre celestial la recompensaría. Jesús, en efecto, daba ahora comienzo a lo que Simeón había anunciado de que una espada le traspasaría el corazón. La Santísima Virgen estaba muy consternada y triste, pero era fuerte y confiaba en Dios porque él, su Hijo, era santo y amable.

Más tarde hubo un gran banquete en casa de Lázaro y entre los invitados se encontraban también algunos fariseos. Las mujeres comían en un local contiguo separado por una barandilla, de tal forma que podían oír las enseñanzas de Jesús. Jesús habló de fe, esperanza, amor y obediencia; los que querían seguirlo no debían volver la vista atrás, sino hacer lo que él enseñaba y sufrir las consecuencias: él no los abandonaría. Habló también del difícil camino que iba a iniciar y anunció que sería maltratado y perseguido, y sus amigos sufrirían. Todos lo escuchaban con emoción y estupor, pero cuando hablaba de los grandes sufrimientos no comprendían y no le creían del todo. Pensaban que era un modo de expresarse característico de los profetas; no había que entenderlo al pie de la letra. Para los fariseos presentes los discursos de Jesús no eran disparatados, aunque fuesen más reacios a comprender que los demás. Sin embargo, Jesús medía muy bien las palabras.

10. Jesús y Lázaro se ponen en camino para recibir el bautismo

Después de este banquete y un poco de reposo, Jesús se puso en camino con Lázaro hacia Jericó para ir a recibir el bautismo. Un siervo de Lázaro los precedía con una antorcha porque se había hecho de noche. Después de media hora de camino llegaron a una posada que pertenecía a Lázaro; en ella se alojarían después a menudo los discípulos de Jesús.

Cuando estuvieron cerca de la posada, Jesús se quitó las sandalias y caminó descalzo. Lázaro le pidió que no lo hiciera porque el sendero era áspero y escabroso, pero Jesús le dijo con rostro serio: «¡Déjame hacer lo que debo!», y continuó el camino. Lloré de compasión por el Señor. El desierto se alarga durante cinco horas por quebradas estrechas en dirección a Jericó, a continuación se extiende el fértil valle de Jericó durante dos horas, aunque en este se intercalan algunas zonas salvajes. Desde aquí hacían faltan todavía dos horas para llegar al lugar en el que Juan bautizaba. Jesús caminaba mucho más rápidamente que Lázaro y a menudo lo precedía una hora entera.

11. Juan el Bautista. Terminación de los relatos anteriores[7]. Estancia de Juan en el desierto. Primeros avisos a Herodes

Vi a Juan crecer en el desierto y mortificarse de muchas maneras. Dormía al aire libre sobre duras rocas, an-

[7] De Juan el Bautista se habla ampliamente en el libro de A. C. Emmerick, *Vita della santa Vergine Maria,* pp. 168 ss.

daba sobre piedras afiladas y arbustos espinosos, se flagelaba con las espinas, rezaba largo tiempo de rodillas. Vi a menudo figuras luminosas en torno a él. Cuando tuvo diecisiete años lo vi ir, sin que nadie lo viese, a casa de sus padres.

Zacarías había muerto, pero Isabel vivía todavía. Después de esta visita Juan se adentró aun más en el desierto, en dirección entre este y norte, llegando a la zona donde muchos años después vi a Juan evangelista escribir bajo un árbol muy alto. Allí había árboles de tronco alto bajo los que crecían arbustos con bayas, y él las comía. Lo vi comer también una hierba que tenía cinco hojas redondas como las del trébol y flores blancas. Entre nosotros, cerca de casa, había también hierbas de ese tipo, pero más pequeñas, y las hojitas tenían un sabor amargo. De niña comía muchas cuando estaba sola y cuidaba el ganado, porque ya entonces había visto que Juan las comía[8].

Lo vi coger del hueco de los árboles trozos de una materia oscura que comía: creo que era miel salvaje. La piel que llevaba consigo de casa se había roto en pedazos con el tiempo y se quedó sin vestido hasta que consiguió tejerse él solo una manta oscura y tosca que se ató a la espalda. En aquella zona habitaban muchos animales que estaban cerca de él, libres y pacíficos: camellos de pelo largo en torno al cuello, que eran amigos suyos y dejaban que se lo arrancase. De este pelo Juan sacó hilos con los que se tejió la manta que todavía llevaba cuando volvió entre los hombres y comenzó a bautizar. En este desierto lo vi mor-

[8] A. C. Emmerick había comenzado a tener visiones desde niña, pero ninguna de las personas que vivían a su alrededor había tomado nota de ellas. Solo cuando A. C. conoció a C. Brentano las visiones fueron finalmente puestas por escrito.

tificarse y castigarse y rezar cada vez más tiempo y cada vez con más fervor.

En toda su vida Juan se encontró con el Salvador solo tres veces. La primera vez en el desierto, cuando la Sagrada Familia durante la huida a Egipto pasó cerca de su casa. Vi más veces la conmovedora escena de Juan que, movido por el Espíritu Santo, corría a saludar a su Maestro, al que había dado la bienvenida ya cuando estaba en el seno materno. Sentía la cercanía de su Salvador y sabía que tenía sed. Entonces el niño Juan rezó, excavó la tierra con un bastón y surgió un rico manantial. Juan dirigió el curso del agua hacia el lugar por donde pasaba Jesús con María y José, que así pudieron saciar su sed.

La segunda vez Juan vio a Jesús en el bautismo; la tercera vez lo vio atravesar el Jordán y dio testimonio de él. Oí una vez al Salvador hablar con sus apóstoles de la gran capacidad de autodominio de Juan: hasta el bautismo se había limitado a un comportamiento reservado, pero solemne, aunque su corazón explotaba de amor y de júbilo. Después se mantuvo humildemente lejos de Jesús en lugar de ceder al deseo de manifestarle su amor.

Sin embargo, Juan veía continuamente al Señor en su espíritu, porque estaba siempre en estado profético. Veía en Jesús el cumplimiento de su misión, la realización de su llamada profética. Para él Jesús no era un contemporáneo, no era una persona como las demás: era el Redentor del mundo, el Hijo de Dios hecho hombre, el Eterno que se había manifestado en el tiempo. Por eso no podía siquiera imaginar juntarse con él. Juan no se consideraba siquiera a sí mismo como una persona que vive en el tiempo como las demás. Ya en el seno materno había sido tocado por el

Eterno y vinculado por el Espíritu Santo a su Redentor en una relación intemporal. Desde niño había sido apartado del mundo[9] y aquí, en la naturaleza invadida por el Espíritu divino, había recibido una educación de muy altas exigencias.

Sin pensar en otra cosa que en su Redentor, se mantuvo extraño a su tiempo y en profundo aislamiento en la naturaleza salvaje, hasta que salió como quien nace de nuevo para dar comienzo a su misión con seriedad, valor, entusiasmo, fuerza y sin preocuparse de otra cosa.

En el desierto, en el que creció, había entrado en comunicación con fuentes, rocas, árboles y animales, convivió con ellos y con ellos había hablado; y ahora, sin pensar en sí mismo, veía, sabía y hablaba solo con Jesús. Su palabra era: «¡Él viene! ¡Preparad el camino, haced penitencia, recibid el bautismo! ¡Este es el Cordero de Dios que quita el pecado del mundo!»

En el desierto Juan se mantuvo puro y sin culpas como un niño en el seno de la madre. «Es puro como un ángel —oí al Señor decir a los apóstoles—. Ninguna palabra impura ha salido de sus labios, no ha cometido pecado alguno, de su boca no ha salido nunca una mentira».

Juan tuvo una revelación respecto al bautismo y en consecuencia, poco antes de su salida del desierto, construyó una fuente bastante cerca de los lugares habitados. Durmiendo soñó que golpeaba con un bastón la tierra, de la que salía agua abundante. En cuanto se despertó, comenzó a excavar y encontró agua. Cercó la fuente con piedras, dando al conjunto una forma amplia y redonda,

---

[9] De niño, Juan fue llevado por su madre Isabel al desierto para huir de Herodes, y había crecido allí.

y en torno plantó árboles; preparó incluso un sendero que a través del boscaje llevaba a la fuente. Trabajó durante varias semanas. Esta fuente fue muy utilizada más tarde; incluso después de la ascensión de Jesús, cuando los cristianos huían a causa de las persecuciones, muchos enfermos y viajeros fueron allí bautizados. En el tiempo del apóstol Pedro la fuente fue rodeada por un muro de protección.

Poco después de terminar la fuente bautismal vi a Juan salir del desierto, llegar al Jordán y volver entre los hombres.

La impresión que suscitaba era maravillosa. Alto, delgado por los ayunos y las mortificaciones de la carne, pero fuerte y musculoso, tenía un aspecto extraordinariamente noble, puro y sencillo; caminaba derecho y seguro. Era oscuro de tez, el rostro delgado, serio y severo, los cabellos castaño-rojizos y rizados, una barba corta. A la cintura había anudado una tela que descendía hasta las rodillas, sobre las espaldas un tosco manto marrón. Brazos y pecho estaban desnudos y libres. El pecho era rudo y cubierto de un vello del mismo color que el manto. Llevaba un bastón doblado como el de los pastores.

Lo vi ir directamente al encuentro de la gente y hablar de la necesidad de hacer penitencia por la venida del Señor. Todos estaban asombrados y se ponían serios cuando llegaba. Su voz era fuerte, segura y cortante como una espada, y sin embargo amable. Iba por todas partes con decisión, nada podía pararlo, no se distraía y nunca tenía necesidad de nada.

Lo vi andar a través de bosques y desiertos, y todos a su vista quedaban admirados y estupefactos; no se paraba en ninguna parte, estaba continuamente en movimiento de un lugar a otro: en las orillas del lago de Galilea, a lo largo del Jordán, y más tarde cerca de Jerusalén, donde no había estado nunca en su vida. Completamente poseído por su misión, serio, severo, sencillo, entusiasta, anunciando siempre lo mismo: ¡Arrepentíos, preparaos, viene el Salvador!

Después, a través del valle de los pastores, Juan fue hacia su casa. Sus padres habían muerto; hubo, sin embargo, algunos jóvenes, parientes de la parte de Zacarías, que se convirtieron en sus primeros discípulos. Cuando pasó por Betsaida, Cafarnaún y Nazaret, la Santísima Virgen no lo vio porque después de la muerte de José salía poco de casa; pero algunos hombres de su familia oyeron sus advertencias y lo acompañaron durante un tramo del camino.

El modo de caminar de Juan era muy impetuoso, se movía sin tregua. No era un proceder tranquilo como el del Salvador. Juan iba a las casas, a los lugares de enseñanza, reunía al pueblo en las plazas y por los caminos. Vi a los sacerdotes y a las autoridades pararlo y hablar con él, pero después siempre lo dejaban ir libre, con estupor y admiración.

Lo vi también indicar a menudo el lugar donde se encontraba Jesús, pero no lo vi nunca unirse a él, aunque a veces sus caminos distasen menos de una hora. Repetía a todos que él no era la salvación anunciada: él solo debía preparar el terreno; e indicaba a todos el lugar donde se encontraba el Señor.

Juan bautizó en diversos lugares. Al principio cerca de Enón, en la zona de Salim, después en el lado occidental del Jordán, no lejos de Jericó, donde en pocas semanas también estaría Jesús para recibir el bautismo. El tercer lugar de bautismo era al este del Jordán, un par de horas más al norte del segundo. Al final bautizó de nuevo en Enón, y precisamente allí fue arrestado.

El río a lo largo del cual Juan bautiza es como una rama del Jordán; en algunos puntos es tan estrecho que se puede atravesar de un salto: en otras partes, sin embargo, es más ancho. La zona del Jordán comprende también pequeños remansos y fuentes que reciben agua del río.

Uno de estos remansos, situado en una depresión un poco distante del cauce, era el lugar que Juan había elegido para bautizar. El bautizando estaba en la orilla del remanso, Juan cogía agua con un recipiente y se la echaba sobre la cabeza; de frente estaba un bautizado que tenía la mano sobre las espaldas del bautizando, al que Juan mismo imponía la mano.

Los bautizandos debían llevar un manto blanco que solo dejaba libre la espalda. Allí al lado Juan había construido una cabaña donde las personas se desvestían y se volvían a vestir. No vi mujeres en el bautismo. Cuando bautiza, Juan lleva una larga vestidura blanca. El lugar del bautismo es muy agradable y abundante en agua; en aquella zona hay mucho ganado en libertad, muchos asnos pastando en verdes prados. Juan había construido aquí una cabaña para él.

Juan llevaba ya aquí un par de semanas cuando vi llegar a él algunos mensajeros de Herodes. Este habitaba en un castillo al lado oriental del Mar Muerto, una zona donde hay muchos baños y fuentes calientes. Herodes quería que Juan fuese hasta él, pero Juan dijo a sus mensajeros que tenía mucho que hacer, por tanto si Herodes quería hablar con él podía venir él mismo a verle. Después vi a Herodes rodeado de soldados en un carro de ruedas bajas pero provisto de un asiento muy alto, semejante a un trono cubierto desde el que podía verlo todo, llegar desde el sur a una pequeña ciudad que dista cinco horas de Enón; desde allí mandó llamar a Juan.

Juan se acercó a cierta distancia de aquella localidad, esperó en una cabaña, y Herodes fue a él sin escolta. Recuerdo solo un breve diálogo: Herodes le preguntó cómo vivía en una cabaña tan mísera, él habría mandado construir una casa para él. A lo que Juan respondió que no tenía necesidad de casa alguna, tenía lo que le hacía falta y hacía la voluntad de Uno que era mucho más grande que él. Habló con seriedad y severidad y se dio la vuelta. Durante todo el diálogo permaneció en pie delante de Herodes, a una cierta distancia, y habló poco.

Vi también muchas autoridades y sacerdotes de las localidades vecinas y de Jerusalén ir a Juan y preguntarle quién era, quién lo había mandado, qué enseñaba y muchas otras cosas, y él respondía con gran seriedad y valor, anunciando la próxima venida del Mesías y reprochándoles su hipocresía y su incapacidad de arrepentirse y hacer penitencia.

La multitud de personas que se acercaba a Juan para el bautismo era cada vez mayor. Juan no bautizaba todos los días, enseñaba a menudo con fuerza y decisión. Grandes masas de judíos, samaritanos y paganos estaban, separadas entre ellas, en las colinas en torno al lugar donde Juan enseñaba y lo escuchaban. Venían a escuchar su palabra y a bautizarse. Después regresaban a sus casas.

En Jerusalén, en el sanedrín, tuvo lugar un consejo sobre Juan. Nueve hombres fueron enviados a él, entre ellos José de Arimatea y un sacerdote encargado de observar el rito del bautismo. Estos debían interrogar a Juan, preguntarle quién era e invitarlo a ir a Jerusalén. Si su misión era justa, debía anunciarse en el Templo. Los escandalizaba su vestimenta y el hecho de que bautizase a los judíos, ya que entonces solo se solía bautizar a los paganos. Algunos creían que era Elías vuelto del más allá.

Le reprocharon que actuara autónomamente, y le dijeron que debía presentarse en Jerusalén y no debía vestir de una manera tan tosca. Juan respondió de manera breve y seca a las preguntas de los enviados del sanedrín. Cuando los emisarios se marcharon, José de Arimatea y su hermano menor permanecieron con Juan y recibieron de él el bautismo. Estaban presentes muchas otras personas que Juan no había querido bautizar: estos se habían dirigido a los enviados del sanedrín acusando a Juan de parcialidad.

Después del bautismo muchos, al volver a sus casas, hablaban de Juan y prestaban mayor atención a Jesús: comenzaban a intuir su misión a través de las enseñanzas de Juan.

Andrés y Juan, futuro evangelista, están cerca del Bautista. Con él han estado ya muchos futuros apóstoles y discípulos de Jesús, excepto Pedro y Judas, el traidor, que sin embargo ha ido a visitar a los pescadores en la zona de Betsaida y se ha informado sobre Jesús y Juan.

12. Juan y Herodes

Vi a Juan bautizar a muchos enfermos y también a muchos paganos, tanto cerca del Jordán como cerca de Jericó. La gente venía de todas partes, cada vez más numerosa. En torno al lugar donde bautiza se forma en seguida un pequeño pueblo de cabañas y tiendas. Juan dice a todos que deben apresurarse, pronto vendría el que lo había enviado. Y señalaba a Jesús con toda claridad: nació en Belén, había crecido en Nazaret, tuvo que huir a Egipto; pero él no lo había visto nunca.

Herodes manda a menudo personas a verlo y escucharlo.

Herodes había venido a Jerusalén con la mujer de su hermano, con la que quería casarse; ella llevaba consigo una hija de diecisiete años, de nombre Salomé. Herodes pidió permiso al sanedrín para contraer matrimonio, pero inútilmente, y por eso había surgido una discrepancia con el sanedrín. Herodes temía al pueblo que le era contrario y deseaba apaciguarlo enjuiciando al profeta Juan. Creía que, para conquistar su favor, Juan satisfaría sus deseos.

Vi a Herodes ir hacia el Jordán con Herodías, con la hija de esta, Salomé, sus esclavas y con cerca de treinta acompañantes. Juan, sin embargo, no quería que fuese al lugar del bautismo: era, en efecto, un hombre que con su enjambre de mujeres y su séquito contaminaba aquel gesto sagrado. Dejó, pues, de bautizar, se fue con sus discípulos a un lugar en el que acostumbraba a enseñar y habló muy severamente de lo que Herodes quería de él. Dijo también que no bautizaría mucho tiempo porque debía ceder el paso a aquel a quien anunciaba.

Habló con Herodes de tal manera que se dio cuenta de que conocía bien su intención. Le hizo llegar un grueso rollo que contenía los términos de su propuesta. El rollo fue abierto delante de Juan, que no quiso tocarlo para no manchar con aquel contacto la mano que bautizaba. Inmediatamente después vi a Herodes abandonar el lugar de mal humor. Había dejado junto a Juan a algunas personas de su séquito con el escrito para solicitarle que lo confirmase, pero todo fue inútil. Juan no satisfizo sus deseos y volvió al lugar donde solía bautizar.

Después de algún tiempo Herodes volvió junto a Juan. Vino cabalgando un mulo con algunos servidores de séquito. Con él estaba la mujer de su hermano, también ella a lomos de un mulo, orgullosa e insolente, vestida impúdicamente y cubierta de joyas. Una vez llegados a las cercanías del lugar del bautismo, Herodes bajó de su cabalgadura mientras la mujer se quedaba a una cierta distancia. Herodes se acercó y comenzó a hablar con Juan. Hubo una discusión, porque Herodes propuso de nuevo a Juan el escrito en defensa de su matrimonio ilícito, pero Juan negó de nuevo su conformidad. Juan, además, excluyó a Herodes de la participación en el bautismo y de la salvación que llegaría con el Mesías si no renunciaba a aquella escandalosa relación. Herodes preguntó a Juan si conocía a un tal Jesús de Nazaret del que se hablaba mucho, si recibía mensajes de él y si Jesús era verdaderamente aquel del que él, Juan, hablaba. Deseaba saberlo porque quería dirigirse a él por su problema. Juan le respondió que Jesús lo escucharía como también él lo había escuchado: Herodes, sin embargo, era y seguiría siendo un adúltero. Cuando Herodes le preguntó por qué no se acercaba a él y le hablaba siempre de lejos, Juan dijo: «Tú estás ciego y con tu adulterio te has hecho aún más ciego; cuanto más me acerco, más ciego te haces: cuando esté en tu poder, harás cosas de las que deberás arrepentirte».

Era una profecía de la propia muerte. Herodes y la mujer dejaron a Juan muy amargados. A continuación vi a Juan bastante turbado, era como si supiese que tenía las horas contadas, se sentía asediado. Venían personas tanto de Jericó como de Jerusalén, y de parte de Herodes para echarlo del lugar en el que bautizaba. Vi también soldados de Herodes tratando de echar a la gente que quería recibir el bautismo. Juan estaba cabizbajo y deseaba ardientemente que Jesús viniese a bautizarse; hablaba de esto con sus discípulos y decía que se iría más allá del río y, después, no estaría mucho tiempo entre ellos. Sus discípulos estaban muy desconcertados y no querían que los dejase.

En este periodo llegaron a Juan muchas personas que Jesús había invitado al bautismo. Vi a Juan en una tienda intentando hablar con algunas de Jesús, que por medio de ellas le anunciaba que vendría pronto a recibir el bautismo; por otra parte, Juan estaba tan lleno de amor por Jesús que estaba impaciente y se asombraba de que todavía no dijese abiertamente que era el Mesías. Desde este momento vi a Juan indescriptiblemente feliz y lleno de deseo: miraba continuamente el horizonte para escrutar la llegada del Mesías.

13. El bautismo de Jesús

Jesús, más rápido que Lázaro, llegó casi dos horas antes que él al lugar en que Juan bautizaba. Atardecía cuando alcanzó a un grupo numeroso de personas que iban también al bautismo. Estos no lo conocían y Jesús prosiguió el camino con ellos; pero todos lo notaron, porque su presencia llamaba la atención. Llegaron por la mañana temprano. Se había reunido una gran muchedumbre en torno a Juan, que con gran entusiasmo hablaba de la próxima venida del Mesías, de la necesidad de hacer penitencia y de su ya inminente salida de escena. Jesús se mezcló con los oyentes, pero Juan se dio cuenta de su presencia, lo vio y se mostró extraordinariamente feliz y lleno de entusiasmo; sin embargo no interrumpió el discurso y cuando acabó comenzó a bautizar.

Había bautizado ya a muchas personas y eran cerca de las diez cuando le llegó el turno a Jesús. Juan se inclinó hacia él y le dijo: «Soy yo el que necesita ser bautizado por ti, ¿y tú vienes a mí?» Jesús le respondió: «Déjame ahora, pues conviene que así cumplamos toda justicia».

Entonces Jesús se quitó el manto y la túnica amarilla de lana, después la camisa de color moreno; tenía todavía a la cintura una tela que se envolvía a cada una de las piernas hasta la rodilla. Los vestidos de Jesús fueron recogidos por Saturnino, discípulo de Juan, que se los dio a Lázaro, que acababa de llegar.

Jesús entró después en el agua, que le llegaba hasta el pecho. Juan tenía en las manos un recipiente cuyo borde tenía tres hendiduras. Se dobló, cogió agua y la echó sobre la cabeza del Señor. Un chorro bañó la nuca, otro cayó en el centro de la cabeza, el tercero resbaló sobre la frente y el rostro.

No recuerdo con precisión las palabras que Juan pronunció mientras bautizaba, pero eran más o menos estas: «Que a través de los querubines y serafines el Señor Adonai derrame su bendición sobre ti con sabiduría, inteligencia y fuerza». Tres dones para el espíritu, el alma y el cuerpo.

Después Jesús salió del agua y Saturnino le ofreció una tela para secarse, y le hizo ponerse una túnica bautismal blanca mientras Juan le ponía una mano en la cabeza. Y he aquí que se oyó la voz del Señor: desde el cielo descendió como un trueno y todos los presentes temblaron y miraron hacia arriba. Una suave nube blanca y luminosa descendió sobre Jesús y vi una figura alada hecha de luz que derramaba sobre él como un torrente. Era como si el cielo se hubiese abierto: vi la imagen del Padre celestial y oí estas palabas: «Este es mi Hijo amado, en quien me complazco».

Jesús estaba penetrado de luz, hasta el punto de que era difícil sostener su mirada. Su figura era transparente.

A cierta distancia del Jordán vi también a Satanás, una figura negra semejante a una densa nube: era como si todo el mal, todos los pecados, todo el veneno se hubieran hecho visibles en aquella figura oscura. Era horrible, pero mientras tanto crecieron también el indescriptible esplendor, la alegría y la pureza que emanaban del Señor. Todo estaba como transfigurado.

Después Jesús fue a la tienda que estaba al lado del lugar del bautismo y Saturnino le llevó sus vestidos, que Lázaro había custodiado, para que se revistiese. Juan, mientras tanto, lleno de alegría y de entusiasmo, daba testimonio a todos de Jesús, diciendo que era el Hijo de Dios, el Mesías prometido, el que habían anunciado los profetas. Todos habían oído la voz del Dios y visto la nube luminosa y la transfiguración de Jesús.

Mientras tanto habían llegado muchas otras personas y también amigos de Jesús: Nicodemo, Obed, José de Arimatea, Juan Marcos y otros. Delante de ellos Jesús confirmó las palabras de Juan: ahora se alejaría un tiempo breve, después los enfermos y oprimidos vendrían a él, que los consolaría y los ayudaría, pero desde ahora debían prepararse mediante la penitencia y las buenas obras. Ahora tenía que alejarse, después ejercería el poder que el Padre celestial le había dado. Dijo estas cosas en forma de parábola, como si fuera un hijo de rey que antes de subir al trono debe retirarse, separarse del padre y recogerse.

Entre los presentes estaban también algunos fariseos que se rieron de estas palabras. Dijeron: «Quizá no es hijo del carpintero José, sino el hijo secreto de un rey y ahora se dará a conocer, reunirá a su gente y marchará sobre Jerusalén». Todo esto les parecía extraño y temerario.

Después Jesús dejó el lugar del bautismo con sus discípulos y algunos otros se unieron a él. Todos los presentes se echaron a los pies de Jesús, pidiéndole que se quedase con ellos; él prometió que volvería pronto, y se alejó.

Durante algunos días Jesús se movió con sus compañeros de un pueblo a otro, enseñando en las sinagogas mientras se dirigía al desierto. También los fariseos estaban inicialmente en buena disposición hacia el nuevo profeta, pero cuando oían que era hijo del carpintero José comenzaban a criticarlo.

Jesús explicó a sus compañeros el significado de las palabras «Este es mi Hijo amado» que se habían oído durante su bautismo: el Padre celestial, dijo, las dirigió a todos los que reciben sin pecado el bautismo del Espíritu Santo.

En los días siguientes Lázaro volvió a casa y lo mismo hicieron los amigos de Jerusalén.

Vi a Jesús andar por el camino que sus padres habían recorrido en su huida a Egipto, encontrarse con los enfermos, confortarlos y quedarse con los pastores; visitaba sus casas y enseñaba[10]. Incluso los apóstoles iban a las casas particulares y explicaban lo que había ocurrido en el bau-

---

[10] A propósito de la huida a Egipto véase también el ya citado libro de A. C. Emmerick, *Vita della santa Vergine Maria,* pp. 165 ss.

tismo de Jesús. Saturnino bautizó a varios ancianos que no podían ir donde Juan: había llevado consigo un poco de agua del Jordán cogida durante el bautismo de Jesús, la vertió en la pila de una fuente y allí acogía a quien quería ser bautizado.

En general, Jesús pasaba las noches en lugares elevados, en oración. Dijo a los discípulos que, después de haber descansado con los pastores, recorrería él solo todo el camino de sus padres durante la huida, para que ningún lugar visitado por ellos quedara sin bendición: curaría a los enfermos y convertiría a los pecadores. Buscaría a todos los que les habían dado hospitalidad y amor y los conduciría a la salvación. Y, en efecto, visitó todos los lugares en los que la Sagrada Familia había estado, orando, enseñando y curando a los enfermos. Estos lugares se encontraban al límite del territorio de Herodes.

Mientras tanto en el sanedrín de Jerusalén se entablaban grandes discusiones sobre Jesús, del que se oían contar muchas cosas. El sanedrín, compuesto de setenta y un sacerdotes y sabios, había enviado hombres para que siguieran a Jesús e informasen. Debatieron, estudiaron los registros y no pudieron negar que José y María eran de la estirpe de David, y la madre de María de la estirpe de Aarón. La familia había venido a menos y Jesús se dejaba ver con los mendigos, publicanos, paganos y esclavos. Existía el peligro de que con esta gente organizase una revuelta. Algunos pensaban que era un niño adoptado, que un día se haría pasar por el hijo de un rey. No comprendían sus parábolas, sospechaban que recibía enseñanzas secretas, quizá del demonio; en efecto, se retiraba a menudo y pasaba las noches en las colinas o en las arboledas.

14. Jesús ayuna durante cuarenta días y es tentado por Satanás

Antes de retirarse al desierto, Jesús volvió a Betania a casa de Lázaro. Allí encontró a Nicodemo, José de Arimatea, Obed, Juan Marcos y Simón, un fariseo de Betania amigo de Lázaro. Jesús les habló del bautismo de Juan y del Mesías; y como ellos habían llevado de Jerusalén algunos rollos con las Escrituras, Jesús dio muchas explicaciones, mostrando los pasajes en los que los profetas hablaban del Mesías.

José de Arimatea y los otros amigos explicaron a Jesús lo que estaba sucediendo en Jerusalén y le aconsejaron que no fuese allí.

Antes del sábado, Jesús, acompañado por Lázaro, se puso en camino hacia el desierto. Le dijo que volvería después de cuarenta días. Pernoctaron en una posada propiedad de Lázaro y al día siguiente Jesús prosiguió descalzo y solo en dirección a Jericó[11]. A una hora de la ciudad subió a la montaña[12] y entró en una amplia gruta. Aquí dio comienzo su ayuno.

Desde el pico de este monte se goza de una vista muy amplia. El cerro está en parte cubierto de baja vegetación, en parte está seco y desierto. No es tan alto como la colina sobre la que se levanta Jerusalén[13], pero se alza solitario en medio de una depresión.

---

[11] Jericó es una de las ciudades más antiguas del mundo. Se encuentra en la depresión septentrional del Mar Muerto, en un área fértil en medio del desierto de Judea. Su nombre significa «ciudad de las palmeras».

[12] Está indicada en los mapas como monte de la Cuarentena (492 m. sobre el nivel del mar Muerto, que a su vez está a 395 m. bajo el nivel del mar Mediterráneo).

[13] Jerusalén se encuentra a 780 m. sobre el nivel del mar Mediterráneo.

Desde la gruta en la que Jesús se había refugiado se ve un precipicio oscuro y empinado. Toda la montaña estaba llena de oquedades y grietas peligrosas. En esta cueva vivió en secreto también un tiempo el profeta Elías, que había ampliado la cavidad. Desde aquí descendía al pueblo de vez en cuando, proclamaba la palabra de Dios y solicitaba la paz. Santa Elena[14] trasformó después las cavernas de esta zona en capillas y durante un tiempo existió aquí también un convento.

Vi a Jesús de rodillas en la gruta mientras rezaba, con los brazos abiertos, a su Padre celestial pidiéndole fuerza y apoyo para las dificultades y sufrimientos que tenía que afrontar. Vi anticipadamente todos sus sufrimientos y recé por cada uno de ellos. Vi todas las penas de Jesús hasta su muerte, y vi que recibía consuelo y fuerza para cada una de ellas. En esta cueva Jesús ofreció al Padre su ayuno, sus mortificaciones, el trabajo que tenía que afrontar, los dolores que lo esperaban. Lo vi sudar sangre durante la oración, y mientras miraba esta escena me encontré con la cabeza y el pecho bañados de sangre[15].

Después Jesús bajó del monte y fue hacia el Jordán, atravesó solo el río sobre un tronco que encontró en la orilla y llegó al borde oriental, a un lugar que no conocía. Siguió diversos caminos campestres dirigiéndose al sudeste hacia las montañas. Eran sierras muy salvajes, más salvajes todavía que el monte cercano a Jericó. Jesús ayunará aquí durante

---

14 Santa Elena era la madre del emperador Constantino, el que dio libertad de culto a los cristianos. Elena hizo edificar muchas iglesias y capillas sobre los lugares de la vida de Jesús.

15 Como se recordará, A. C. Emmerick tenía estigmas en las manos, en los pies, en el costado. En la cabeza tenía también señales de la corona de espinas.

cuarenta días. Lo vi rezar de rodillas y hablar con Dios, su Padre, en una gruta sobre los montes. Todos los pecados del mundo desde la caída del primer hombre pasaban delante de sus ojos. Veía todo lo que tendría que sufrir, lo que se ganaría y lo que se perdería. Junto a él vi a los ángeles.

Después Satanás se acercó, arrastrándose, a la cueva y se hizo notar haciendo ruido. Había asumido el semblante del hijo de una viuda que Jesús amaba mucho y pensaba que Jesús se pondría furioso por el hecho de que su discípulo lo hubiera seguido contraviniendo su orden. Pero esto era una ridiculez y una necedad por parte de Satanás, y Jesús no le dirigió siquiera la mirada.

Estuve con Jesús en la gruta. Era muy amplia, la otra vez solo vi la entrada[16]. En la cueva había una abertura a través de la cual entraba un viento gélido. En esta estación aquí hace mucho frío y a menudo hay también niebla.

La cavidad era áspera y rocosa y el suelo era desigual. Estaba hecho de una piedra de vetas variopintas, las rocas en todo el entorno aparecían cubiertas de arbustos ralos.

Cuando llegué cerca de Jesús vi que yacía con la cara vuelta a tierra. Me quedé largo tiempo junto a él y vi sus pies rojos y heridos por las piedras del camino: en efecto, había atravesado el desierto descalzo. Unas veces se alzaba, otras rezaba con el rostro a tierra. Pude ver bien todo porque estaba rodeado de luz. De repente se oyó una especie de ruido proveniente del cielo, en la gruta se derramó una gran luz y después vi llegar una fila de ángeles. Me sentía tan abrumada que me di contra la pared de la cueva.

---

[16] Las visiones de A. C. Emmerick se repetían a menudo, eran una especie de relato por capítulos.

Vi a los ángeles inclinarse delante de Jesús, honrarlo y preguntarle si podían mostrarle su misión. Le preguntaron también si su voluntad era todavía la de sufrir como hombre entre los hombres: esta había sido su voluntad cuando dejó al Padre celestial, bajó a la tierra y se encarnó en el cuerpo de la Virgen. Jesús aceptó una vez más sus sufrimientos y los ángeles erigieron delante de él una cruz, que traían consigo, con cada una de sus partes separadas. Junto a la cruz, los ángeles mostraron a Jesús todos los instrumentos de la tortura, flagelos, corona de espinas, clavos y los vestidos que le pondrían después para reírse de él. Vi también recipientes con vinagre y hiel, además de ungüentos y mirra que probablemente se referían a la sepultura.

Los ángeles mostraron todo esto a Jesús con indecible respeto y actitud solemne; y cuando hubieron mostrado todo, vi a Jesús llorar junto a los ángeles. Después los ángeles se retiraron.

Vi al Señor en la gruta mientras rezaba de rodillas. Y vi un hombre viejo y débil subir por la montaña. Le costaba mucho y me daba lástima. El hombre se acercó a la cueva y, llegado a la entrada, comenzó a gemir y se desvaneció. Me quedé desconcertada al ver que Jesús no lo ayudaba, aún más, ni siquiera lo miraba. El viejo se levantó solo y dijo a Jesús que era un esenio del monte Carmelo, había oído hablar de él y lo había seguido para morir cerca de él. Le pedía que le permitiera sentarse a su lado durante un rato y hablarle de cosas santas: sabía bien qué significa ayunar y orar, pero si dos están juntos en el nombre de Dios la devoción es mayor.

Pero Jesús dijo únicamente: «¡Vete, Satanás, no es el momento!»

Entonces me di cuenta de que el viejo era Satanás, que desapareció sonriendo maliciosamente.

Después vi al esenio Eliud llegar hasta Jesús y decirle que no sería capaz de ayunar cuarenta días. Dijo también que había ido hasta él por amor, para verlo una vez más y compartir con él la soledad.

Pero Jesús alzó las manos al cielo y dijo: «¡Padre mío del cielo, aleja de mí estas tentaciones!» Vi entonces a Satanás desaparecer con un gesto horrible.

También esa noche estuve con Jesús en la gruta y recé con él. Fue una noche difícil y dolorosa.

Hacía frío en la montaña, llovía y azotaba un fuerte viento. Vi los pecados del mundo, el triste estado de la Iglesia y la corrupción de los sacerdotes. Contemplé las indescriptibles gracias que Jesús nos ha dado e intuí lo que él hizo por nosotros con este severo ayuno en el desierto. Estaba totalmente turbada y postrada, sentía una inmensa compasión por Jesús, me sentía mísera e indigna; rogué entonces por la Iglesia y por los sacerdotes.

Vi también a Jesús rezar en la gruta. Estaba vestido como siempre, pero no tenía el cinturón y estaba descalzo. Su manto, el cinturón y un par de bolsas que solía llevar consigo estaban por tierra. No comía ni bebía; alguna vez sentía hambre. Pero los ángeles le daban de comer: se le acercaba una pequeña nube y ponía en su boca una especie de rocío.

Los cuarenta días en el desierto son un número misterioso, que se refiere a los cuarenta años de los israelitas en el desierto. Cada día Jesús reza de modo distinto, por fines diversos, cada día adquiere nuevas gracias y no vuelve nunca a la oración precedente. Sin este trabajo suyo nuestra capacidad de resistencia a las tentaciones no podrá nunca ser adecuada.

Hoy he visto a Jesús tentado: comienza a tener mucha hambre y sobre todo mucha sed. He visto alguna vez a los ángeles reconfortarlo, pero no lo he visto nunca comer ni beber. Está más delgado y muy pálido.

He visto a Satanás acercarse a él vestido como un eremita devoto y decirle: «Tengo mucha hambre, dame alguno de los frutos que están delante de la gruta; no quiero cogerlos sin el permiso del propietario. Después nos sentaremos juntos y hablaremos de cosas santas».

En efecto, fuera de la caverna había higos y frutos semejantes a nueces, pero con la cáscara tierna como los nísperos, y también bayas.

Jesús dijo: «¡Aléjate de mí! ¡Tú eres el mentiroso, llévate tus frutos!»

Y el eremita desapareció con los frutos, dejando detrás de sí humo y mal olor.

Vi a Jesús inquieto y preocupado. Sufría mucho por el hambre y la sed. Lo vi más veces fuera de la gruta. Por la tarde vi a Satanás bajo la forma de un hombre alto y robusto subir al monte; observé, además, que antes de subir había cogido dos piedras que tenían la dimensión de pequeños panes, pero eran afiladas. Mientras subía, Satanás daba a las piedras la forma de panes. Cuando se acercó a Jesús tenía una expresión malvada. En cada mano tenía una piedra y dijo a Jesús: «Tienes razón en no querer comer de los frutos: solo estimulan el apetito. Pero si eres el Hijo amado de Dios sobre el que descendió el Espíritu durante el bautismo, mira, he hecho de tal forma que estas dos piedras parezcan panes: ¡transfórmalas tú en panes de verdad!»

Jesús no miró a Satanás, pero oí que decía: «¡No solo de pan vive el hombre!...» Solo oí, o comprendí, estas palabras con claridad; en el Evangelio hay otras, que probablemente no oí. Entonces Satanás se puso furioso, alargó sus garras hacia Jesús, y me eché a reír porque debió dar marcha atrás llevando consigo sus piedras.

Al día siguiente por la tarde vi a Satanás acercarse a Jesús con el aspecto de un poderoso ángel. Estaba vestido como un guerrero, lo mismo que veo a san Miguel cuando se me aparece; pero, a pesar de tanto esplendor, había siempre sobre su rostro algo de oscuro y cruel. Se presentó a Jesús y dijo: «Quiero mostrarte quién soy y qué puedo hacer y cómo los ángeles me tienen en gran honor. ¡Mira Jerusalén! ¡Mira el Templo! Quiero llevarte al punto más alto; ¡cuando estés allí, muestra lo que sabes hacer y veremos si los ángeles te ayudan a descender!»

Jesús no le respondió y Satanás lo agarró por la espalda y lo llevó a través del aire, volando bajo, hacia Jerusalén y lo dejó en el pináculo más alto de una torre, una de las cuatro que había en los ángulos del Templo: se encontraba en el lado septentrional, enfrente de la torre Antonia. Estas torres eran como prisiones, en una de ellas se guardaban los preciosos vestidos de los sumos sacerdotes. En la parte superior eran planas y se podía caminar. En el centro, sin embargo, había un alto pináculo coronado por una gran esfera, sobre la que dos personas podían estar de pie. Desde esta posición se tenía la visión completa del Templo.

Satanás puso a Jesús, que no dijo nada, en el punto más alto de la torre. Satanás voló a tierra y dijo: «Si eres

Hijo de Dios, tírate abajo, porque está escrito: A sus ángeles te encomendará, y en sus manos te llevarán, para que no tropiece tu pie en piedra alguna». Entonces Jesús le dijo: «También está escrito: no tentarás al Señor tu Dios».

Entonces Satanás, enfurecido, lo cogió de nuevo por la espalda y voló con él sobre el desierto hasta Jericó. Esta vez volaba más lentamente, unas veces más alto, otras más bajo, balanceándose como alguien que no consigue dominar la situación. Llevó a Jesús al mismo monte en el que había comenzado el ayuno, a siete horas de Jerusalén, y lo colocó en el punto más alto del monte, sobre una roca inaccesible, mucho más alto que la gruta. Era de noche, pero cuando Satanás indicaba las localidades clareaba y se veía perfectamente en todas las direcciones.

Satanás dijo a Jesús: «¡Mira todas estas bellas regiones, estos pueblos poderosos y también la pequeña Judea! Te daré todos estos reinos si te pones de rodillas a mis pies y me adoras!» Pero Jesús le respondió únicamente: «"Al Señor tu Dios adorarás y solo a él darás culto". Apártate, Satanás».

Entonces vi a Satanás lanzarse desde la roca con un rostro terriblemente malvado y furioso, y después desaparecer como si la tierra se lo hubiese tragado.

Inmediatamente después vi una fila de ángeles acercarse a Jesús e inclinarse delante de él. Lo llevaron delicadamente en sus brazos a la cueva donde había comenzado su ayuno y prepararon una mesa con un gran cáliz encima, pequeños vasos y un plato con rebanadas de pan. Vi a Jesús verter el vino del cáliz en los vasos, mojar el pan y ofrecérselo a los ángeles.

Con este gesto la imagen desapareció.

Después Jesús dejó la gruta y se dirigió hacia el Jordán.

15. María y el Bautista durante el ayuno de Jesús

Al comienzo del periodo de ayuno de Jesús, María vivía en la casa que estaba cerca de Cafarnaún.

El mundo es siempre igual, hoy como entonces, y las debilidades de la naturaleza humana han seguido siendo las mismas. Las vecinas cotillas visitaban a la Santísima Virgen María, y con el pretexto de confortarla reprochaban a Jesús ir de un sitio para otro sin que nadie supiese dónde, de olvidarse de ella mientras su deber era proveer al mantenimiento de su Madre con su propio trabajo después de la muerte de José.

En toda la región no se hacía otra cosa que hablar de Jesús, porque había llegado a oídos de todos la noticia del hecho extraordinario ocurrido en su bautismo y también el testimonio de Juan y los relatos de los discípulos. Solo en otra circunstancia, con ocasión de la resurrección de Lázaro, el clamor fue tan grande.

La Virgen María estaba muy seria y recogida; durante la ausencia de Jesús no careció nunca de vida interior, de intuiciones y de compasión.

Al final de los cuarenta días, María se encuentra en Caná, en Galilea, en casa de los padres de la futura esposa. Estos son personas de consideración: el padre de la esposa se llama Israel, es originario de Belén y es un hombre acomodado, posee negocios, tiendas, posadas y lugares de descanso para las caravanas que pasan por el camino de los ejércitos, y tiene muchos dependientes. Los padres de la esposa tienen una bella casa casi en el centro de la ciudad, muy agradable y bien construida; poseen también otra casa en la urbe, completamente amueblada que regalarán a la hija para que viva en ella después del matrimonio. La Madre de Jesús vive ahora en esta segunda casa.

El esposo tiene más o menos la edad de Jesús. Es el hijo de una viuda de Nazaret y después de la muerte del padre se ocupa de su madre y de la dirección de la casa. Él está presente también porque se prepara para ayudar al futuro suegro en su trabajo. Estas buenas personas conducen a María a la casa de sus hijos y le muestran todo; María habla también con la esposa, una bella muchacha, que veo junto a otras personas y al novio, siempre cubierta con velo.

En esta época vi a Juan siempre dedicado a bautizar. Herodes hacía de todo para que fuese a él y también mandaba gente a vigilarlo para estar informados sobre Jesús. Juan lo trataba severamente, como había hecho siempre, y repetía su testimonio sobre Jesús.

A quien le preguntaba por Jesús, Juan respondía siempre que no lo había visto nunca antes del bautismo y que su misión consistía en prepararle el camino.

Desde que había bautizado a Jesús, Juan explicaba siempre que el bautismo de Jesús y el Espíritu Santo, que había descendido sobre él, habían purificado y santificado el agua. Jesús no habría tenido necesidad del bautismo, pero desde que lo recibió era más puro y más santo. Por esto Jesús y sus discípulos habían llevado consigo el agua del Jordán para bautizar a su vez en lugares lejanos.

16. Las bodas de Caná

A lo largo de una serie de visiones, Ana Catalina Emmerick ve a Jesús que, concluido el largo ayuno de cuarenta días, retoma su enseñanza, cruza de nuevo el Jordán y pasa cerca del lugar donde Juan bautiza. El Bautista lo ve y lo señala con las palabras: «He ahí el Cordero de Dios que quita el pecado del mundo».

Se reúnen en torno a Jesús los primeros discípulos: Andrés, Saturnino, un primo de José de Arimatea y otros devotos de Juan. Jesús les habla de su periodo de preparación en el desierto, preparación —explica— indispensable antes de afrontar cualquier misión importante.

Betharampta, Ofra, Dibón, Elalé, Silo, Cafarnaún, Betsaida y muchas otras ciudades y pueblos: Jesús enseña en las sinagogas y en los campos, cura a los enfermos, libera a los poseídos. Se acerca poco a poco a Caná, donde ya se encuentra la Virgen María.

Jesús está ahora en una casa que pertenece a la tía del esposo, una pariente de la Virgen María, con sus discípulos más asiduos, es decir, los que después serían sus apóstoles. En la ceremonia de bodas ella desempeñará el papel de madrina.

En estos días se reúnen todos los invitados; de Galilea han venido los parientes de Jesús. Él consideraba su participación en este matrimonio como un compromiso y se había hecho cargo de una parte de la fiesta; María había ido a Caná tan pronto precisamente para ayudar en los preparativos. Entre otras cosas Jesús se había encargado de que no faltara en absoluto el vino; por esto María se preocupó tanto cuando faltó el vino y se dirigió inmediatamente a él.

Jesús había visto ya al esposo en la comida en casa de Ana cuando, a los doce años, había vuelto del Templo de Jerusalén, donde estuvo enseñando, y en aquella ocasión le había dicho que un día estaría presente en su boda.

María, a través de mensajeros, hizo saber a Jesús que tenía que ir a la boda. En aquel tiempo, en la familia de Jesús y entre los conocidos se prodigaron las habladurías sobre él: se decía que María era una viuda abandonada y que él no se ocupaba de su Madre y de su familia. Jesús quería, pues, participar en la celebración y hacer honor a sus amigos. También estaban presentes Lázaro y Marta: era Lázaro —pero esto solo lo sabían por Jesús y María— quien se había hecho cargo de los gastos a los que Jesús se había comprometido. Jesús tenía gran confianza en Lázaro, aceptaba con gusto lo que viniera de él, y a Lázaro le hacía feliz dar.

Con ocasión de estas bodas, Jesús quería darse a conocer a todos sus amigos y parientes y deseaba que aquellos que hasta ahora había elegido como discípulos suyos fuesen conocidos públicamente durante la fiesta.

Las bodas comenzaron tres días después de la llegada de Jesús.

Hoy he asistido al segundo día de Jesús en Caná. Había cerca de doscientos invitados, entre los cuales estaban los padres de Santiago y Juan, los padres de Pedro y Andrés; vinieron todos los parientes de Ana con los sobrinos, María de Cleofás con sus hijos, los primos de José de Arimatea, cuatro discípulos de Juan, de nombre Santiago, Cleofás, Judas y Jafet, que habían sido compañeros de juego de Jesús.

Caná es más pequeña que Cafarnaún y que Nazaret. Es una modesta ciudad bien construida y ordenada que se encuentra en el lado septentrional de una colina: un lugar agradable y limpio. La riqueza está distribuida entre Israel, el padre de la esposa, y un par de personas más; todos los demás parece que viven trabajando para ellos.

En Caná hay una sinagoga con tres sacerdotes. Las bodas se celebrarán en un edificio destinado a las ceremonias públicas adyacente a la sinagoga. Desde la casa de la esposa a la sinagoga se han puesto flores y arcos de ramos verdes, adornados con coronas floridas y fruta. Delante de la casa hay un amplio patio en el que tendrá lugar la fiesta.

Jesús es el protagonista de la fiesta. Preside todas las diversiones y las ameniza con enseñanzas. Dice que en estas ocasiones es necesario divertirse según la costumbre y las prácticas rituales y que de la alegría hay que saber sacar enseñanzas sabias. Los invitados, hombres y mujeres por separado, están en un lugar verde y sombreado, bajo los árboles, con una corriente de agua cerca; hablan y se divierten. He visto a los hombres sentados por tierra en círculo, con un cesto lleno de toda clase de fruta en el centro que se tiraban e intercambiaban unos con otros, en una especie de juego. Jesús participaba en la diversión con una seriedad cordial. A menudo sonriendo decía una palabra sabia, que suscitaba la admiración y el estupor silencioso de todos; alguno no entendía inmediatamente el significado y pedía que se lo explicaran los más avispados. Las mujeres se sentaban solas y jugaban también con las frutas. La esposa se sentaba siempre entre María y la tía del esposo.

Por la tarde Jesús enseñó en la sinagoga, donde se habían reunido todos: habló de la alegría de la diversión lícita, de su importancia, de su seriedad y medida; del matrimonio, del hombre y de la mujer, de la castidad, de la pureza y del matrimonio espiritual. Al final de la enseñanza los esposos se encontraron, solos, con Jesús, que les impartió unas enseñanzas particulares.

Al día siguiente dieron comienzo las bodas con una comida y una danza. Bailaron también los niños, que cantaban en coro. Todos los bailarines tenían en la mano pañuelos con los que los chicos y las chicas se tocaban cuando bailaban en fila o en círculos cerrados. Sin estos pañuelos no se tocaban nunca. El esposo y la esposa tenían pañuelos negros, los demás, amarillos. Primero bailaron solos el esposo y la esposa, después bailaron todos juntos.

Las chicas llevaban velos, pero sus velos eran ligeros y abiertos en la cara, sus vestidos eran largos por detrás, pero un poco levantados y cerrados con un cinturón sobre la parte delantera para poder moverse mejor. La danza no consistía en saltos y botes como entre nosotros, sino en movimientos como paseando en todas las direcciones; al hacer esto los bailarines movían a menudo las manos, la cabeza y todo el cuerpo al ritmo de la música.

Esta danza me recordaba los movimientos de los fariseos durante la oración, pero era suave y llena de dignidad. Ninguno de los apóstoles presentes bailaba; sin embargo, bailaban Natanael, Obed, Jonatán y otros jóvenes. Las bailarinas eran solo chicas y reinaba el orden, la tranquilidad y la alegría.

Las bodas se celebraron esta mañana alrededor de las nueve. La novia había sido vestida y adornada por las madrinas, su vestido era muy semejante al de la Madre de Dios cuando se casó[17]; incluso la corona era parecida, pero adornada ricamente. Cuando estuvo lista, la novia fue presentada a la Madre de Jesús y a las otras mujeres.

El novio y la novia fueron acompañados a la sinagoga por seis niños y otras tantas niñas que llevaban guirnaldas,

---

[17] Véase a propósito de las bodas de la Virgen el ya citado libro de A. C. Emmerick, *Vita della santa Vergine Maria,* pp. 85 ss.

y de seis chicos y otras tantas chicas que tocaban los pífanos y otros instrumentos. La novia estaba acompañada también por doce jovencitas amigas suyas, y el novio por doce muchachos.

El matrimonio fue oficiado por los sacerdotes delante de la sinagoga. Los anillos que los novios intercambiaron habían sido donados por María, y Jesús los había bendecido. En este matrimonio he observado con estupor una cosa que no vi en el matrimonio de José y María. El sacerdote hirió con un instrumento puntiagudo al esposo y a la esposa en la punta del dedo anular izquierdo en el que después fue puesto el anillo. Hizo gotear en un cáliz de vino dos gotas de sangre del dedo del esposo y una gota del de la esposa, después bebieron los dos y devolvieron el cáliz. A continuación los esposos fueron llevados a la casa en la que tendría lugar la fiesta y en ella encontraron a Jesús, que los acogió.

Antes de la comida se reunieron todos en el jardín, donde hicieron diversos juegos. Después tuvo lugar la comida. Los invitados se separaron en tres salas, en cada una de las cuales ya estaban preparadas las mesas. Jesús se situó en la sala del medio, junto a Israel, el padre de la esposa, los parientes masculinos de Jesús y de la esposa, y Lázaro. Las mujeres se sentaban en mesas separadas. El esposo servía las mesas con el cocinero y algunos sirvientes; la esposa servía a las mujeres con algunas sirvientas.

Cuando llegaron los alimentos, llegó también un cordero asado, que pusieron delante de Jesús. El cordero tenía las patas atadas en cruz. El esposo llevó a Jesús un estuche que contenía los cuchillos apropiados y Jesús le preguntó si recordaba aquella comida, cuando, a los doce años, había vuelto del Templo donde fue a celebrar la Pascua: en aquella ocasión había contado una parábola sobre el matrimonio y le dijo que estaría presente en sus bodas. Hoy aquella predicción se había cumplido.

El esposo se puso serio porque había olvidado aquel episodio.

Durante toda la comida Jesús estuvo muy sereno y al mismo tiempo pródigo en enseñanzas. Habló de la alegría y de las fiestas lícitas. Después partió el cordero y distribuyó las diferentes partes.

Se sirvió después el segundo plato consistente en aves, pescado, miel, fruta y pan especial, que había llevado Verónica; Jesús partió todo, después se sentó de nuevo a la mesa. Las bebidas eran abundantes, pero el vino comenzaba a faltar.

La Santísima Virgen se dio cuenta de ello, se acercó a Jesús y le recordó que había prometido ocuparse del vino. Pero Jesús estaba impartiendo enseñanzas y le dijo: «¿Qué tengo yo contigo, mujer? Todavía no ha llegado mi hora».

No era una manera descortés de expresarse con su Madre. Le dijo «mujer» en lugar de «Madre» porque en aquel momento estaba desempeñando su papel de Mesías ante los discípulos y ante todos los parientes, y estaba invadido de fuerza divina.

María dijo entonces a los sirvientes que atendiesen las órdenes de Jesús. Al cabo de un tiempo, Jesús les mandó que le llevaran las ánforas vacías; las llevaron: eran tres ánforas para el agua y tres para el vino. Estaban todas vacías. Jesús dio la orden de llenarlas de agua y los sirvientes fueron a la fuente, que estaba cerca de la cantina y consistía en una pila de piedra con un surtidor. Las ánforas eran grandes; cuando estaban llenas se necesitaban dos hombres para transportarlas.

Las palabras de María habían sido pronunciadas en voz baja, las de Jesús en voz alta, así como la orden a los sirvientes de coger el agua. Una vez llenas de agua las seis ánforas y llevadas a la sala, Jesús se acercó, las bendijo, añadiendo: «Sacadlo ahora y llevadlo al maestresala», y volvió a su mesa.

Cuando el maestresala probó el vino, se acercó al esposo y le dijo que, normalmente, se sirve el buen vino al comienzo de la comida y después, cuando los invitados están un poco bebidos, un vino peor; él, por el contrario, había servido en último lugar el vino mejor.

También el esposo y el padre de la esposa bebieron con gran gusto y estupor, mientras los sirvientes confirmaron que habían cogido agua y con ella habían llenado los vasos que estaban en las mesas. Todos bebieron. El milagro no suscitó clamor, porque todos estaban llenos de respeto. Jesús impartió una serie de enseñanzas sobre aquel milagro. Dijo, entre otras cosas, que el mundo da en primer lugar el vino bueno y después engaña a quien ya está ebrio con vino malo. En el reino que el Padre celestial le había dado ocurre de muy distinta manera: el agua se convierte en vino precioso lo mismo que la tibieza humana se convierte en espíritu y celo: el agua de la tibieza debía transformarse en el vino del entusiasmo, cosa que acababa de ocurrir allí.

Dijo después que asistirían a milagros todavía más grandes, y que en su última Pascua el vino sería transformado en su sangre y el pan en su carne, para comunicar a los hombres la vida eterna.

Todos escuchaban con humildad y admiración, y acogían con sencillez y fe sus palabras.

Esta era la primera vez que Jesús se manifestaba en su comunidad, y este fue el primer signo que realizó para reforzar la fe de los que habían comenzado a creer en él. Por tal motivo el milagro de Caná es recordado como el primero en el orden del tiempo, mientras el prodigio de la cena fue el último y tuvo lugar cuando ya todos creían.

Las bodas han concluido, muchos invitados han partido ya, entre ellos Lázaro y Marta. Durante toda la fiesta Lázaro ha sido tratado por el padre de la esposa como una personalidad importante. Lázaro tiene modales finos, es serio y reservado, aunque muy cordial. Es tranquilo, habla poco y está siempre muy atento a Jesús.

La tarde de aquel día, el esposo y la esposa fueron acompañados a su casa por un cortejo festivo. Delante llevaban un candelero con muchas luces encendidas, los niños portaban coronas de rosas que deshojaron y esparcieron delante de la casa de los esposos, y Jesús las bendijo. Los sacerdotes estaban presentes; después del milagro de Jesús se mostraron respetuosos y le dejaron a él toda iniciativa.

17. Jesús en Cafarnaún. Aspecto de la Virgen María

Ahora han partido ya todos los demás invitados, entre los cuales estaban María y las santas mujeres; Jesús se ha parado con los discípulos todavía un poco y ha hablado en la sinagoga contando la fiesta de las bodas. En esta ocasión realizó también dos maravillosas curaciones: curó a un hombre que se había caído de una torre y se había roto varios huesos, y a una mujer diabética y con flujo ininterrumpido de sangre, que era una pecadora. Los sacerdotes lo dejaban hacer y estos dos milagros tuvieron lugar en su presencia.

Después Jesús partió con sus discípulos directamente a Cafarnaún, donde enseñó en la sinagoga y curó algunos enfermos. Visitó después otros lugares y finalmente fue donde su Madre, con la que estuvo solo. Le habló de su futura actividad, le dijo que en Pascua iría a Jerusalén, donde reuniría a sus discípulos y se manifestaría abiertamente; le explicó cómo ella y las otras mujeres tendrían parte en su misión.

María tiene todavía un aspecto muy joven, es alta y delgada. Su frente es ancha, la nariz bastante larga, ojos grandes y dulces, una bellísima boca roja, un agradable colorido moreno y mejillas rosadas. Cuando Jesús se encuentra con ella o la deja, si están solos la besa; sino le tiende la mano y se inclina delante de ella.

Al día siguiente Jesús se puso en camino en dirección al Jordán, hacia el lugar donde Juan bautizaba.

18. Primer encuentro con Magdalena y su historia

El padre de Lázaro era originario de un país hacia el que se habían dirigido los tres reyes a la vuelta de Belén. El abuelo era un príncipe de Siria que había sido depuesto. Adquirió después bienes en Jerusalén y en Galilea, se hizo judío y se casó con una judía de alto rango de descendencia farisea. La familia poseía muchos bienes. El castillo de Lázaro en Betania era muy grande, con muchos jardines, terrazas y fuentes, y estaba rodeado de un doble foso. La familia sabía de la profecía de Ana y Simeón, esperaba al Mesías, había conocido a la Sagrada Familia desde que Jesús era niño, y estaba en estrecha relación con ella, si bien la familia de Lázaro era muy acomodada y la de Jesús bastante modesta.

El padre de Lázaro había tenido quince hijos, de los cuales seis habían muerto pronto, nueve habían alcanzado la edad adulta y solo cuatro vivían en tiempos de Jesús. Estos cuatro eran: Lázaro, Marta, dos años más joven, María, llamada la «silenciosa», nacida dos años después que Marta, y María Magdalena, nacida cinco años después que María la silenciosa.

Magdalena, la hija más joven, era muy bella y precozmente alta y fuerte. Siendo todavía muy joven, se presentaba como una chica adulta, llena de ambiciones y caprichos de toda clase. Tenía siete años cuando sus padres murieron. Desde niña no los podía aguantar por sus muchos ayunos y su conducta severa.

Magdalena era increíblemente vanidosa, orgullosa, egoísta y testaruda, no mantenía nunca la palabra dada y hacía solo que lo que le agradaba. Sin embargo era generosa en los bienes materiales, tenía buen carácter y era compasiva, característica esta que le venía de la madre. La madre y las nodrizas habían consentido su hábito de estar a la ventana largo tiempo, bien vestida y adornada. Pelar la pava fue la primera causa de su ruina. Ya a los nueve años había comenzado a flirtear y a llevar una vida lujosa.

Al crecer demostró muchas dotes y capacidades y era muy admirada. Tenía muchos amigos, era culta y escribía poesías de amor sobre pequeños rollos de pergamino; sabía contar con los dedos, la vi hacerlo a menudo. Estos pergaminos los mandaba a sus enamorados y todos la admiraban y la envidiaban.

No he constatado nunca que amase verdaderamente a alguien y que fuese verdaderamente amada. Era solo vanidad, orgullo, ostentación de la propia belleza. Para sus hermanos era una preocupación; ella los despreciaba por su vida sencilla y se avergonzaba de ellos.

Cuando los hijos se repartieron los bienes, a ella le tocó por sorteo el castillo de Magdala: un castillo grande y bello. Desde niña había estado muchas veces y tuvo siempre predilección por aquel lugar. Tenía cerca de once años cuando se trasladó con un séquito de siervos y siervas, y muchos amigos la siguieron. Inicialmente sus invitados a Magdala no eran personas malas, sino más bien hombres y mujeres ricos, que vivían mundanamente. Cuando esta vida fastuosa se hizo disipada, desaparecieron y la situación empeoró cada vez más. El castillo decayó y su entorno se hizo como una selva; solo las habitaciones en las que vivía Magdalena estaban llenas de lujo y esplendor. Veo una habitación cuyas paredes y cuyo techo están totalmente cubiertos de espejos metálicos; en el interior veo muchas flores y plantas verdes.

Magdalena llevó durante catorce años una vida pecaminosa en Magdala; cuando se convirtió gracias a las enseñanzas de Jesús tenía veinticinco años.

Después de las bodas de Caná, como ya he dicho, Lázaro y Marta se pusieron en camino para volver a casa.

Algún tiempo después quisieron ver de nuevo a Jesús, que iba a hablar en un lugar no lejano de Magdala; visitaron entonces a su hermana y le sugirieron que fuese con ellos al menos a ver, si no a escuchar, al maravilloso, sabio, bellísimo Jesús, del que hablaba todo el país. Ella siguió el consejo y fue con ellos vestida muy elegantemente.

Cuando, desde la ventana de la lujosa posada en que se alojaba, vio pasar a Jesús por el camino con sus discípulos y dirigirle una mirada severa, quedó impresionada en el fondo de su alma y sintió tanta vergüenza y confusión que salió de la posada y se refugió en una casa donde estaban invitados los leprosos y los enfermos: sentía necesidad de humillarse y de castigarse por su vanidad.

Al día siguiente, Lázaro, Marta y las otras mujeres volvieron con ella a Magdala donde celebraron el sábado.

Después Jesús vio a Lázaro que quería contarle lo que se decía de él en Jerusalén. Le dijo que en Jerusalén algunos estaban irritados con él, otros mostraban curiosidad y otros, en cambio, lo despreciaban; y todos querían ver qué haría cuando fuese a Jerusalén en Pascua, es decir, si en una ciudad grande sería tan audaz y haría milagros como hacía entre el pueblo ignorante de Galilea. Le dijo también lo que opinaban los fariseos que lo habían visto en varios lugares, llevando a cabo un verdadero espionaje.

Jesús lo tranquilizó sobre todo esto y le indicó los pasajes de los profetas en los que todas estas cosas estaban predichas. Le dijo también que en ocho días estaría en el Jordán y después de nuevo en Galilea, pero que por Pascua iría a Jerusalén, donde reuniría a sus discípulos.

Jesús consoló a Lázaro en relación con Magdalena: dijo que en ella había entrado ya un destello de bien que pronto la incendiaría por completo.

19. Juan y Herodes, una vez más

En estos días vi a Herodes ir donde Juan, que lo trataba siempre con mucha severidad a causa del divorcio. Herodes sentía dentro de sí que Juan tenía razón, pero su mujer estaba siempre furiosa con el Bautista. Herodes vivía en Livias, no lejos del lugar en el que Juan bautizaba en aquella época. Quería también que Juan le diese noticias de Jesús, que le informase sobre lo que decía y hacía. Y Juan le repetía que no lo había visto nunca antes del bautismo y que su tarea era la de prepararle el camino. Juan hablaba siempre de Jesús y pedía a la gente que fuese a él.

20. Antes de Pascua en Jerusalén. Jesús expulsa del Templo a los mercaderes. Muerte de María la silenciosa

La Pascua está cerca, Jesús está de nuevo en casa de Lázaro, donde ocupa siempre la misma habitación, que es como una sinagoga y hace de lugar de oración para todos los que habitan en la casa. En el centro hay una especie de púlpito en el que están colocados los rollos para la oración y las Sagradas Escrituras. La cama de Jesús se encuentra en una habitación contigua.

En Jerusalén muchos saben ya que el nuevo profeta de Nazaret está en Betania. Unos están contentos, otros irritados. Vi también algunos fariseos situarse cerca del monte de los Olivos para escucharlo, mientras, al venir de Betania, pasaba en dirección a la ciudad. Sin embargo, ninguno le dirigió la palabra. Algunos se apartan tímidamente diciendo entre ellos: «Este es el profeta de Nazaret, el hijo del carpintero José».

Al acercarse las fiestas pascuales, muchas personas estaban trabajando en los jardines, podaban los setos, arreglaban los caminos, lo limpiaban y adornaban todo. Vi llegar de todas partes a Jerusalén judíos pobres y obreros con asnos y aparejos, personas que durante las fiestas trabajaban como jornaleros en la ciudad y en los jardines. También Simón, el que llevaría la cruz de Jesús, estaba entre estos.

Jesús anda sin ningún temor, normalmente lleva un largo vestido blanco, que es el vestido de los profetas. A menudo tiene un aspecto muy común y se le pierde de vista fácilmente, en otras ocasiones su presencia es extraordinaria, el rostro es resplandeciente, casi transfigurado. Una tarde, volviendo a Betania, encontró a algunos discípulos de Juan, entre los cuales estaba Saturnino, que lo saludaron: le hablaron de Juan y le dijeron que Herodes seguía interesándose mucho por él.

Esta mañana Jesús ha ido a Betania a casa de Simón el fariseo, que tiene una casa-posada para las fiestas. En su domicilio organizó una gran comida, en la que participaban Nicodemo, Lázaro, los discípulos de Juan y los discípulos que vivían en Jerusalén. También habían venido Marta y las mujeres de la capital. A lo largo de la comida Jesús habló de los profetas y del cumplimiento de las profecías. Habló del milagro de la concepción de Juan el Bautista, cómo Dios lo había salvado de la matanza de los niños ordenada por Herodes y cómo ahora se había manifestado preparando «el camino del Señor».

Habló también de la poca atención de los hombres al cumplimiento de los tiempos, diciendo: «Han pasado treinta años y, salvo pocas personas sencillas y devotas, ¿quién piensa ahora en los reyes, que con confianza absoluta, siguiendo una estrella, vinieron de Oriente y encontraron al Rey de los Judíos recién nacido, un pobre niño hijo de pobre gente? ¡Se pararon tres días junto a él! ¡Si hubieran ido a casa del hijo de un príncipe poderoso nadie los habría olvidado!»

¡Sin embargo no dijo que aquel niño era precisamente él!

Esta mañana Jesús, acompañado por Lázaro y Saturnino, ha ido a las casas de muchos pobres enfermos de la clase obrera y ha curado a seis o siete. Eran paralíticos, hidrópicos, deprimidos. A los enfermos les dio orden de salir de casa y sentarse al sol. En Betania no hay todavía ninguna rebelión contra él, incluso cuando realiza curaciones todo permanece tranquilo. Lázaro, que está siempre muy atento a todo, se las arregla para que la gente se comporte con tranquilidad y discreción.

Hoy Jesús ha ido al Templo con Lázaro y algunos discípulos. Había un servicio religioso y se ofrecía un macho cabrío. La aparición de Jesús en el Templo produjo una gran emoción entre los judíos presentes. Lo extraordinario, sin embargo, es que cada uno guarda dentro de sí sus sensaciones y nadie se atreve a revelar a los demás los sentimientos que la aparición de Jesús le suscita. Se me ha explicado interiormente que esto corresponde a un plan divino para dejar al Salvador el tiempo necesario para su misión. En efecto, si las personas discuten entre ellas, la hostilidad crece también. Ahora, sin embargo, algunos están divididos entre hostilidad y emoción divina; en otros hay curiosidad, deseo de conocerlo mejor, de acercarse a él para escucharlo.

Por la mañana Jesús volvió al Templo y por la tarde enseñó en casa de José de Arimatea, con los otros discípulos. La casa se encuentra algo apartada y los fariseos vienen poco por esta zona. De momento ninguno tiene escrúpulos en acercarse a Jesús porque el odio hacia él no se ha desencadenado todavía.

Jesús se muestra cada vez con mayor libertad y audacia en Jerusalén y en el Templo; entra también en la zona del Templo reservada a los sacerdotes, cosa que ha irritado un poco a los fariseos. Se mueve con mucha desenvoltura y habla con la gente por el camino.

A Jerusalén llegan muchas personas, especialmente obreros y comerciantes con alimentos. Levantan tiendas y construyen cabañas en torno a la ciudad para hospedar a todos los que llegan para la Pascua. Algunos de ellos llevan corderos y otros animales. También vienen a Jerusalén muchos paganos para las fiestas.

En Betania Jesús enseña y cura abiertamente. Ahora le llevan también enfermos de otras localidades. Hoy ha estado de nuevo en el Templo y ha comenzado a enseñar cuando, después del servicio religioso, casi todos los sacerdotes se habían ido: habla del Reino de Dios, de la Pascua, del cumplimiento de las profecías y del Cordero pascual. Habla con seriedad y severidad y los sacerdotes que se han quedado en el Templo se enfadan por el contenido de sus discursos.

Inmediatamente después Jesús volvió a Betania y desde aquí se fue de noche a Hebrón con algunos discípulos.

En el Templo, mientras tanto, se trabaja duramente para preparar todo para las fiestas pascuales: el espacio interno se modifica de forma que se pueda llegar al altar desde muchas direcciones. Todo tiene así un aspecto distinto.

En Hebrón Jesús enseña y cura sin problema alguno. Se queda allí hasta el viernes; el sábado va a Betania y después a Jerusalén.

Hoy Jesús ha vuelto al Templo con Obed y ha entrado hasta el atrio donde está el asiento desde el que enseñará a continuación. Aquí los sacerdotes y levitas están sentados en círculo en torno a la sede y escuchan una enseñanza sobre la festividad pascual. La aparición de Jesús ha provocado gran agitación entre los presentes, sobre todo porque él hace observaciones y preguntas a las que ninguno de los presentes es capaz de responder.

Entre otras cosas Jesús ha dicho que se está acercando el tiempo en que el Cordero pascual se manifestará y entonces el Templo y todos sus ritos acabarán. Dijo: «Esto que veis, llegarán días en que no quedará piedra sobre piedra que no sea derruida. Cuando veáis a Jerusalén cercada por ejércitos, sabed entonces que se acerca su desolación; caerán a filo de espada, y serán llevados cautivos a todas las naciones». Después, dirigiéndose a los discípulos, dijo: «Pero, antes de todo esto, os echarán mano y os perseguirán por mi nombre. Con vuestra perseverancia salvaréis vuestras almas».

Cuando le preguntaron cómo sabía estas cosas, respondió que se lo había dicho su Padre; no dijo, sin embargo, qué era lo que entendía con la palabra «Padre». Los fariseos, irritados pero llenos de asombro, no se atrevieron a emprender nada contra él. A los laicos no les estaba permitido entrar en aquella parte del Templo, pero Jesús había accedido como profeta.

Después del sábado Jesús fue de nuevo a Betania, pero no habló inmediatamente con María la silenciosa. Creo que su final está cerca, la he visto muy cambiada. Yace en su habitación entre mantas grises y las siervas la acunan en los brazos. Está como desvanecida, inmersa en sus contemplaciones. Ahora recobra la conciencia, sabe ciertamente que Jesús ha llegado a Betania, que el que habrá de sufrir tanto está cerca de ella.

Jesús la visita durante la noche y habla largo tiempo con ella. Ella está acostada, después se levanta y camina por la habitación. Es plenamente consciente, sabe que Jesús es el Cordero pascual y que deberá soportar terribles sufrimientos. Está indeciblemente triste y ve todo oscuro. Prevé la ingratitud de los hombres y sufre por ello. Jesús le habla del Reino de Dios y de su sufrimiento futuro, la bendice y la deja. María morirá pronto. Ahora está extraordinariamente bella, totalmente blanca y luminosa, sus manos parecen de marfil, los dedos son largos y finos.

Algunas personas han venido hoy del Templo para ver a Jesús; le preguntan quién le ha autorizado a participar en la enseñanza del Templo y a tomar la palabra. Él responde con mucha seriedad y habla una vez más de «su Padre». Los fariseos no se atreven a acercarse a él. Tienen miedo y no saben explicarse quién es.

Hoy Jesús ha enseñado de nuevo en el Templo. Por la tarde han llegado todos los discípulos de Galilea, los que estaban presentes en las bodas de Caná. También se han acercado María y las santas mujeres, todas están hospedadas en Jerusalén, en casa de María, madre de Juan Marcos. Lázaro ha mandado comprar y matar muchos corderos y los ha distribuido entre los obreros.

Jesús ha estado en el Templo con todos sus discípulos y con gran delicadeza y cordialidad ha hecho alejar a muchos mercaderes con todas sus mercancías —verdura, aves, corderos y otros alimentos— del atrio de los orantes (o de las mujeres) al de los paganos. Les ha explicado con gentileza que no estaba bien que se sintiese el balar de los corderos y los gritos de los demás animales, y con sus discípulos ayudó a los mercaderes a transportar sus mesas al lugar indicado.

Ese mismo día curó a muchos enfermos, personas que venían de fuera de Jerusalén y también pobre gente paralítica que vivía en la zona del Cenáculo en el monte Sión. En Jerusalén se ha reunido una asombrosa cantidad de gente, la ciudad está rodeada de un verdadero campamento de tiendas y cabañas. Hay grandes carpas en las que se puede adquirir y alquilar de todo. Ya semanas antes los caminos habían sido ampliados y limpiados.

Jesús volvió al Templo con sus discípulos e hizo alejar de nuevo a los mercaderes. Dado que, de cara a la próxima matanza de los corderos, todos los accesos estaban abiertos, se habían colocado de nuevo en el atrio de los orantes. Jesús los hizo alejarse llevándose sus mesas. Esta vez fue más enérgico que la primera y más decidido, ayudado siempre por sus discípulos. Entre los mercaderes, sin embargo, había gente insolente, que se rebeló y opuso resistencia, pero no pudo hacer nada: el Templo fue desalojado y todo aquello trasladado al patio más externo.

Jesús les dijo que por segunda vez los había mandado fuera por las buenas, pero que si los volvía a encontrar allí, usaría la fuerza. Entonces los más insolentes comenzaron a insultarlo, preguntándole con qué derecho él, galileo, hombre de Nazaret, los echaba: no le tenían miedo. La gente devota, sin embargo, daba la razón a Jesús y lo alababa. Alguno gritaba también: «¡El profeta de Nazaret!»

Los fariseos, a los que enojaba este comportamiento de Jesús, mandaron decir al pueblo ya desde hace algunos días que durante la fiesta no debían escuchar al forastero, no debían seguirlo y ni siquiera hablar de él. Sin embargo la gente le prestaba cada vez más atención, porque muchos habían sido curados por él o habían recibido preciosas enseñanzas. Al salir del Templo, Jesús curó a un paralítico que lo invocó, y cuando este lleno de alegría se puso a alabar a Jesús en voz alta, se produjo una gran agitación en el Templo.

Juan el Bautista no vino a Jerusalén, en realidad no es siquiera un judío de derecho. No es como los demás hombres, es una voz revestida de carne. En este tiempo muchas personas van a bautizarse porque muchos están en camino a Jerusalén.

Por la tarde todo está tranquilo en Jerusalén. La gente está en sus casas, entretenida en preparar el pan ácimo. También lo están haciendo en la casa de Lázaro sobre el monte Sión; Jesús se encuentra allí con los suyos para comer juntos el cordero pascual. Mientras tanto enseña y todo se realiza según sus indicaciones.

Hoy Jesús no ha estado en el Templo, sino que se ha quedado en Betania. Lo he comprendido porque he visto que muchos mercaderes han entrado de nuevo en el Templo y he pensado que si Jesús hubiese estado allí las cosas se hubieran puesto mal para ellos.

Por la tarde se mataron los corderos. Todo sucedió con increíble orden y habilidad. Cada uno llevaba su cordero sobre los hombros, cada uno tenía espacio suficiente, sin embargo estaban todos tan cerca que la sangre de cada cordero rociaba a la persona de al lado. Todos tenían los vestidos llenos de sangre. Los sacerdotes estaban en fila al lado del altar y los recipientes vacíos, y las vasijas llenas de sangre pasaban de mano en mano. Los matarifes se ayudaban unos a otros para desollar los corderos y todo sucedía velozmente y con pericia. Acabaron de noche, y al atardecer vi un cielo color rojo de sangre.

Lázaro y sus amigos mataron los tres corderos que comieron después durante la cena, que tuvo lugar en la casa de Lázaro, en el monte Sión. Esta casa es un edificio muy grande con dos alas. La sala donde comieron estaba muy bien adornada: sentados a la mesa con Jesús se encontraban parientes y discípulos de Galilea; con Lázaro los discípulos de Jerusalén, con Saturnino los discípulos de Juan. En total eran cerca de treinta personas.

Esta cena pascual era muy distinta de la que sería después la última. Era típicamente «judía». Todos tenían los vestidos levantados y comían deprisa. Estaban de pie y cantaban salmos. Solo después de haber comido el cordero se sentaron a la mesa. Jesús impartió muchas enseñanzas y se abandonó toda práctica farisea. Fue Jesús el que partió los tres corderos y el que sirvió la mesa. Dijo que ahora su papel era el de siervo.

Después de haber comido permanecieron juntos hasta pasada la noche, cantando y orando.

Esta tarde en Jerusalén ha estado todo muy tranquilo. Las personas no implicadas en la matanza de los corderos permanecieron en sus casas, que habían sido adornadas con guirlandas de hojas verdes, y se dedicaron a distintas actividades para preparar la fiesta. Muchos de los corderos sacrificados fueron asados para ser distribuidos entre los numerosos extranjeros acampados fuera de la ciudad.

Jesús y sus discípulos pasaron la noche en la casa de Lázaro, en el monte Sión, generalmente en oración, durmiendo muy poco. Cuando se hizo de día, fueron al Templo, en el que brillaban muchas lámparas. La gente llegaba de todas partes con las ofrendas; Jesús enseñaba desde uno de los atrios, acompañado de sus discípulos.

Se habían reunido de nuevo muchos mercaderes que con sus artículos llegaban hasta el atrio de los orantes: solo a pocos pasos de las personas que oraban. Como estaban llegando otros, Jesús los hizo retroceder y ordenó a los que ya se encontraban dentro que se fuesen. Ellos se opusieron y llamaron en su ayuda a los guardias del Templo, que apelaron al sanedrín, porque no se atrevían a tomar una decisión. Pero intimó con firmeza a los mercaderes a que se fuesen, y como se negaban, sacó de su vestido un cordón hecho de juncos y de pequeños ramos de sauce enrollados, y se sirvió de él como un látigo. Así se presentó a los mercaderes, tiró por tierra sus mesas y alejó a los recalcitrantes; los discípulos se pusieron a su lado y lo ayudaron a echar fuera a todos. Del sanedrín llegó un grupo de sacerdotes que le preguntaron quién le daba el derecho de comportarse de aquel modo. Jesús respondió que el Templo era un lugar santo, lugar de oración para muchos justos, y no un lugar de bajo comercio, embrollo y usura. Habiendo dicho también que su Padre le había mandado actuar así, los sacerdotes le preguntaron quién era su Padre, y él respondió que no tenía tiempo de darles la explicación, que ellos, por lo demás, no comprenderían. Después se volvió y siguió expulsando a los mercaderes.

Así, Jesús y los discípulos echaron a los mercaderes obligándoles a salir del Templo; dejaron estar, sin embargo, a los que estaban humildemente en el patio externo con palomas, pan y otra clase de alimento.

Podían ser alrededor de las siete o las ocho de la mañana.

Por la tarde Jesús curó en el atrio del Templo a una decena de paralíticos y mudos, causando gran sensación porque estos llenaron el Templo con sus gritos de alegría. La gente estaba entusiasmada con él. Escuchó después con los discípulos una lección dada por un sacerdote sobre el libro de Moisés e hizo muchas observaciones, porque aquella era un tipo de escuela en la que se podía discutir; sin embargo, él hizo callar a todos al dar una interpretación completamente distinta de la habitual de los sacerdotes.

En todos estos días Jesús no estuvo nunca con su Madre, que con una continua preocupación derramaba lágrimas y alzaba oraciones con motivo del clamor que Jesús suscitaba. Vi que María no lo sabía todo, pero intuía muchas cosas.

Jesús pasó el sábado en Betania, en casa de Lázaro, donde se había retirado a causa del revuelo levantado por sus curaciones. Después del sábado los fariseos lo buscaron en casa de María de Marcos, en Jerusalén, para arrestarlo. A él no lo encontraron, solo a María y a algunas santas mujeres, y las mandaron, con palabras muy duras, a que dejaran la ciudad.

Entonces María y las santas mujeres se asustaron y se dirigieron hacia Betania llorando. Vi a María llegar sollozando a la habitación en que Marta estaba asistiendo a su hermana enferma, María la silenciosa. La Virgen María se desvaneció por la angustia y María la silenciosa, que en su corazón veía todo lo que sucedería, no logró soportar la pena y expiró. Fue sepultada en una tumba nueva no lejos de la casa de Lázaro.

Advertido por Nicodemo, Jesús llegó antes del alba a la casa de Lázaro en Jerusalén, donde lo alcanzó también José de Arimatea. Jesús habló con él y con Lázaro, que prometieron serle fieles siempre. Jesús les pidió que fueran prudentes y reservados. Cuando fue de día Lázaro condujo a la Madre de Jesús a una posada de Betania; desde aquí María fue a Nazaret y de allí a Cafarnaún, a su casa.

21. Jesús después de la Pascua en Jerusalén. Juan Bautista es arrestado

Después de haber pasado la Pascua en Jerusalén y haber suscitado mucha admiración por sus milagros y sus enseñanzas, Jesús se alejó y retomó su vida nómada. Ana Catalina Emmerick describió una larga serie de viajes y estancias en muchas localidades: Ono, Tiro, Cabul, Adamá, Seleucia, Sicar, Libna, Cafarnaún y otras pequeñas ciudades. Mientras tanto Jesús reúne en torno a sí a los que serán los futuros apóstoles: Pedro, Andrés, Santiago el Menor, Tadeo, Natanael y otros. Por todas partes consuela, enseña, realiza curaciones. La gente acude cada vez más numerosa en torno a él. Por parte de los fariseos hay una actitud sospechosa y, a veces, incluso abierta hostilidad.

Mientras tanto el cerco se estrecha en torno a Juan que, por instigación de Herodías, es arrestado una primera vez por un breve periodo de tiempo: Herodes, que lo estima y lo teme, quiere tenerlo preso durante algún tiempo para ver si deja de oponerse a su boda. Juan es llevado al castillo de Herodes, que tiene frecuentes conversaciones con él para convencerlo de que deje de tratarlo de adúltero. Juan permanece prisionero seis semanas, después Herodes le devuelve la libertad. Juan continúa su predicación sin temor alguno.

Hoy he estado en casa de Juan, que bautiza en un lugar distinto y está siempre rodeado de muchas personas.

He visto a Herodes con Herodías en viaje más allá del Jordán, con un gran séquito de soldados, encaminándose al lugar donde Juan bautiza. Desde el castillo de Livias era un viaje de doce horas, muy fatigoso. Herodes viajaba en un carro largo y estrecho, en el que cabían varias personas. El carro era tirado por asnos y tenía ruedas gruesas y bajas, sin radios. Detrás del carro iban colgadas otras ruedas más grandes, porque el terreno era a menudo tan empinado y desigual que era necesario poner ruedas bajas por unas zonas y altas por otras.

Herodías viajaba con sus siervas en un carro idéntico. Los carros iban precedidos y seguidos por soldados.

Herodes había decidido hacer este viaje porque ahora Juan enseñaba con más fuerza y decisión que nunca; a Herodes le gustaba oírlo y además quería oír si hablaba todavía contra él. Esperaba que habiéndolo tenido prisionero algún tiempo le había hecho cambiar de idea; lo había liberado por temor a las grandes muchedumbres que se reunían para pedir su libertad.

Me di cuenta de que la mujer de Herodes estaba buscando una ocasión para empujarlo a encarcelar de nuevo a Juan; aparentemente era tranquila y gentil, pero en realidad incubaba odio y deseo de venganza.

Un motivo secreto del viaje de Herodes era también este: había sabido que Areta, un rey árabe, padre de su primera mujer, a la que había repudiado, fue a ver a Juan y se encontraba entre sus discípulos; Herodes quería estar seguro de que no maquinaba con el pueblo algo contra él.

La primera mujer era bella y buena. Volvió con su padre, que había oído hablar de Juan y de lo que decía contra Herodes, y quería escucharlo personalmente para consuelo propio. Areta era un hombre que no llamaba la atención, vestía muy sencillamente y estaba entre los discípulos de Juan como si fuera uno de ellos.

En torno a Juan se reunió una gran muchedumbre; se levantaron tiendas y cabañas para la gente; habían llegado de Arabia caravanas enteras con asnos y camellos, y centenares de personas de Jerusalén y de Judea, hombres y mujeres. Los discípulos de Juan mantienen el orden: judíos y paganos están separados, como también los hombres y las mujeres.

Desde que ha sido liberado de la prisión, Juan parece arder con un fuego nuevo. Su voz es amable y al mismo tiempo potente y clara, todos comprenden muy bien cada palabra suya. Lo escuchan cerca de dos mil personas. De nuevo anda cubierto solo de pieles de animales, mientras que antes llevaba a menudo un largo vestido. Habla de Jesús, recuerda cómo lo han perseguido en Jerusalén y dice que ahora se encuentra en la Alta Galilea, donde enseña y cura. Pronto —añade— volverá, sus perseguidores no podrán hacer nada contra él mientras no se cumpla su misión.

Herodes lo oía desde una cierta distancia, su mujer estaba al lado sentada sobre bellos cojines y protegida por una tienda, rodeada de guardias y de siervas. Juan le dijo al pueblo gritando que no se enojase por la convivencia de Herodes, era el rey y se le debía rendir honor, pero no había que imitarlo. Estas palabras alegraron y al mismo tiempo irritaron a Herodes.

Hoy he vuelto al lugar en que bautiza Juan. Está enseñando con más ardor que ayer. Es indescriptible la fuerza con la que habla, su voz es potente como el trueno, pero está también lleno de amor y es muy compasivo. Creo que pronto lo arrestarán nuevamente; se comporta como si estuviese realizando sus últimos actos. A los discípulos les ha dicho ya que su tiempo llega al final; ellos, sin embargo, no lo han de abandonar, sino que deben visitarlo en prisión. Desde hace tres días no come ni bebe, y sigue enseñando y hablando de Jesús.

Hoy Juan ha reprochado una vez más a Herodes su divorcio; los discípulos le piden que descanse y coma, pero él no los escucha y sigue hablando con gran fervor.

Juan está en prisión. Los soldados de Herodes han ido a prenderlo y se lo han llevado a la cárcel. He gritado y me he puesto a correr, quería decir a sus discípulos aterrorizados dónde se encontraba, ellos no lo sabían, pero no me comprendían, corrían de una parte a otra como si no me vieran. ¡Ha sido una cosa terrible, he llorado mucho!

En realidad Juan sabía que su arresto estaba cerca, por eso en los días precedentes estuvo enseñando con tanta pasión y se había despedido. Anunció a Jesús con mayor entusiasmo de lo acostumbrado: decía que Jesús se estaba manifestando, que su tarea era preparar el camino al Señor, pero ahora debía ponerse a un lado; de ahora en adelante ellos debían seguir a Jesús. El día antes del arresto afirmó que su trabajo había sido difícil porque se dirigió a un pueblo de corazón duro y pesado como una roca, áspero como la corteza de un árbol, a un pueblo testarudo y tosco.

Cuando acabó la enseñanza, la gente se dispersó en todas las direcciones, incluso los venidos de Arabia, incluso Areta se marchó. También Herodes partió después de haberse despedido de Juan.

Por la tarde se reunieron en torno a Juan varios discípulos; después los despidió y se retiró a su tienda, quería descansar y recogerse en oración. Cuando oscureció y los discípulos se alejaron, vi acercarse a los soldados de Herodes. Eran cerca de veinte hombres: rodearon la tienda y pusieron guardias por todos lados. Primero entró un soldado y habló con Juan, después entraron otros soldados. Juan les dijo que los seguiría tranquilamente, sabía que su tiempo había acabado y que él debía dejar el puesto a Jesús. No era necesario que lo atasen, los seguiría voluntariamente. Y de esta manera los veinte hombres se movieron con él a paso veloz. Juan tenía solo un manto de oveja y su bastón. Algunos discípulos, cuando vieron que se lo llevaban, se acercaron; él se despidió con una mirada y les dijo que lo visitaran en prisión.

Los discípulos difundieron por todas partes la noticia del arresto de Juan, lloraron y se lamentaron. Yo, por el contrario, corrí hacia Jesús y lo encontré en camino hacia Cafarnaún, después lo perdí de vista.

Vi que Juan era llevado por los soldados a la torre de un castillo casi abandonado de Chesbon. Delante del castillo había pequeños lagos y algunos caminos con árboles. Caminaron toda la noche y al amanecer vinieron a su encuentro otros soldados de la fortaleza. Mientras tanto se difundió la noticia de que Juan había sido encarcelado y la gente estaba acudiendo. Los soldados que acompañaban a Juan no eran soldados comunes: parecían ser guardaespaldas de Herodes, porque llevaban yelmo, escudo, armadura y largas lanzas.

Vi a la muchedumbre reunirse delante de la prisión de Juan y a los guardias tratando de dispersarla. La prisión tenía, sin embargo, aberturas y Juan hablaba desde la prisión y la gente podía escucharlo: decía que había preparado el camino a Jesús y que ahora todos debían dirigirse a él. Cuando llega el Señor, dijo, los que le han preparado el camino deben apartarse; él no era digno de desatarle las sandalias. Jesús era la luz, la verdad y el Hijo del Padre. Juan pedía a los discípulos que lo visitaran en prisión; ninguno había osado alzar la mano sobre él, porque su tiempo no se había cumplido todavía. Hablaba y enseñaba en voz alta como si estuviera todavía en el lugar donde habitualmente se dirigía a su gente.

Los guardias alejaban a las personas, pero llegaban otras. La cosa se repitió más veces, incluso el día después. Por la tarde vi que Juan, acompañado por algunos soldados, subía a un carro cubierto, bajo y estrecho, y dejaba el castillo; el carro era tirado por asnos.

A la mañana siguiente el carro llegó a la prisión situada en Maqueronte, que se encuentra sobre un monte en un lugar muy agradable. Maqueronte es una fortaleza rodeada de muros. Los soldados hicieron entrar a Juan por una puerta que daba a un largo corredor que descendía bajo el edificio, hasta un local en el que entraba el aire por aberturas en el techo. El ambiente era limpio, pero no había ningún tipo de comodidad.

Vi a Herodes [Antipas] en un castillo que había sido construido por el viejo Herodes [el Grande, su padre]; el castillo se llamaba Herodium. Herodes se había escondido aquí por desesperación, no quería ver a nadie y como muchos se hacían anunciar para protestar contra el encarcelamiento de Juan, he visto a Herodes andar asustado por las habitaciones y tratando de esconderse. Su mujer no estaba con él.

22. Magdalena en Magdala

Es la fiesta de Magdalena, por eso he dejado a Juan y he ido a su casa en Magdala, atravesando el Jordán.

He encontrado invitados con ella. En una sala donde hay espejos y guirnaldas de hojas verdes, los invitados estaban en torno a una mesa, la comida en un extremo. Había una docena de hombres, judíos y paganos. Uno parecía vivir allí y era tratado por los demás como el amo de casa o el marido de Magdalena. Era, sin embargo, un amante que desde hacía algún tiempo se había establecido allí y vivía con ella; los demás eran compañeros suyos, forasteros de paso y oficiales destinados en aquella zona. Entre ellos había también romanos. No era gente de consideración, sino artistas, oficiales y aventureros, y parecía más bien que la reputación de Magdalena había caído, aunque era todavía muy bella.

No estaba vestida de modo muy aparatoso y no llevaba velo. Todos los días había invitados en su casa, porque era muy generosa y no se preocupaba de los gastos.

Al comienzo Magdalena estaba presente en la comida y yo la oí hablar a los hombres de cosas sagradas: hablaba con respeto y emoción secreta de Jesús, que había visto una vez en Izreel. Después habló de Verónica, una mujer distinguida que visitó ocho días antes y que estuvo en casa de María y era muy devota de Jesús.

Los hombres tomaron entonces la palabra y, sin considerar que ellos mismos eran una mala compañía, en parte paganos y en parte judíos que infringían la Ley, le preguntaron cómo podía defender a aquel hombre y a sus devotos seguidores; la mujer de la que hablaba, dijeron, debía estar completamente cegada por frecuentar a gente semejante. La familia de Jesús había decaído y él mismo andaba de un sitio para otro sin calzado, como un loco. Cuando su padre murió, en lugar de ponerse a trabajar para mantener a su Madre, la había abandonado y daba vueltas por el país instigando a la gente; encontró en Galilea una buena compañía de ignorantes y de pescadores perezosos, que dejaron a sus familias e iban detrás de él en lugar de trabajar. ¡Ahora habían comprendido quién era y qué hacía! Fue expulsado de Jerusalén durante la Pascua por sus falsas enseñanzas y el desorden que creaba, y también su Madre había sido enviada a casa. En lugar de sacar lecciones de estas advertencias, ahora daba vueltas por la Alta Galilea y hacía enloquecer a la gente creando por todas partes confusión y agitación.

Algunos romanos del grupo dijeron que era extraordinario el séquito que se había creado aquel hombre; ¡hasta en Roma tenía amigos! Léntulo, una persona de rango, era entusiasta de él y pedía a menudo informaciones por su cuenta, y cuando llegaban naves de Judea corría a recibir noticias de Jesús y de su actividad.

Mientras los hombres comentaban estas cosas, vi que los sentimientos de Magdalena se enfriaban y que parecía prestar oídos a todas aquellas habladurías. Cuando las críticas se hicieron más fuertes, se fue a otra habitación, en la que solía estar.

La vulgaridad de aquellas personas despertó su orgullo: sentía que había caído muy bajo, mientras que anteriormente estaba acostumbrada a compañías más distinguidas. Se dio cuenta de la propia esclavitud: pensó en las palabras de Verónica, en los vestidos de sus hermanos, se dio cuenta de la propia miseria; y como el hombre que parecía más unido a ella —un hombre muy guapo— la había seguido para preguntarle qué le pasaba, estalló en llanto y quiso quedarse sola. Sus siervas estaban cerca de ella; tenía dos, una no valía nada, la otra era buena y contaba siempre a la familia lo que hacía y cómo estaba Magdalena.

Vi claramente la situación de Magdalena: daba verdaderamente pena. En Izreel había quedado muy impresionada por Jesús, pero después lo olvidó, empeorando aún más su situación; sin embargo el recuerdo del anterior esplendor de su vida pecaminosa logró abrir nuevamente en ella la vía a la conmoción. Luchaba consigo misma.

Cuando Verónica iba a visitar a Marta, pernoctaba siempre en su casa. Era muy amiga de su familia y trataba de influir positivamente en ella. Los amigos que venían en busca de Magdalena no iban nunca a la parte del castillo en que ella vivía; iban a un ala que se encontraba en la parte opuesta y allí se reunía con ellos pasando bajo un arco.

Vi también a Santiago el Mayor ir a casa de Magdalena en Magdala para convencerla de que escuchase a Jesús; esto ocurrió antes de que Lázaro y Marta la invitasen a hacerlo: lo he visto a menudo en su casa. Ella no lo recibía en su castillo, sino en un edificio adyacente. Santiago era una persona que la agradaba, era de aspecto distinguido, hablaba con sabiduría y sabía ser agradable y convincente.

Ella le había dado permiso para visitarla cada vez que se encontrase en la zona, pero mantenía en secreto aquellas visitas. El hombre con el que vivía no supo nunca de sus encuentros con Santiago, que no la recriminaba, sino que le hablaba con respeto y cordialidad. Alababa su inteligencia y le pedía que escuchase una vez más a Jesús: no era posible oír nada más espiritual e instructivo, tenía que aprender mucho de él. No era preciso que se comportase como los devotos de Jesús, ella podía presentarse con los vestidos y los ornamentos a los que estaba acostumbrada.

Magdalena aceptaba con gusto sus palabras y prometía que reflexionaría sobre ellas. Estaba ya, pues, preparada cuando Marta le pidió que fuera a ver a Jesús.

Hoy he ido a Magdala a casa de Magdalena. La tarde estaba avanzada y había una fiesta por el cumpleaños del hombre con el que ella vivía y que yo ya conocía. Era un soldado judío, destinado en la guarnición de Magdala.

He visto una danza de unas veinte o treinta parejas en un salón grande y espléndido, al lado del comedor. Los bailarines podían verse en los espejos. En un lado había un amplio asiento, colocado un poco en alto y lleno de cojines y cortinas. Aquí se sentaba Magdalena y de vez en cuando iba de uno a otro. No la he visto bailar.

Ella no se preocupaba mucho de los invitados, ni ellos se preocupaban de ella; parecía que la fiesta era un asunto solo de su hombre, y los invitados parecían perfectamente a su gusto, encontrarse allí era para ellos una cosa habitual. La compañía estaba formada por gente fácil, mujeres y chicas que vivían según el mundo y sus costumbres, oficiales y empleados de Magdala y aventureros de todo tipo. Las mujeres lucían vestidos largos, pero no llevaban velo como acostumbran a usar las judías observantes cuando bailan; no he visto nunca semejante confianza entre hombres y mujeres, solo entre los paganos y los romanos he visto algo semejante.

Después del baile todos se sentaron a la mesa, los hombres por una parte y las mujeres por otra; y entonces llegaron nuevos invitados que trajeron la noticia de que

Herodes había mandado encarcelar a Juan. Surgió una animada conversación al respecto. Como Magdalena parecía turbada, los hombres se rieron de ella y bromearon sobre Juan. Ella se enfadó mucho, dejó la mesa y se retiró a sus habitaciones. Yo la dejé en este momento.

23. Jesús de nuevo en Jerusalén. Dudas y preocupaciones de los discípulos

La noche pasada vi a Jesús con Lázaro cerca de la ciudad de Betulia. Antes del alba se encaminaron hacia el Jordán, en dirección al desierto de Jericó. Caminaron todo el día por senderos solitarios, sin hacerse notar, no se pararon en ningún pueblo. Algunas horas antes de llegar a Betania, Lázaro fue delante y Jesús prosiguió solo.

En el castillo de Betania todos saben que Jesús está por llegar y los amigos de Jerusalén lo están esperando en casa de Lázaro. Han venido a escondidas y están en los sótanos del castillo.

Hacia las cuatro de la tarde, a través de un pasaje secreto, Jesús entró en el jardín de Lázaro, que fue a su encuentro y lo condujo a un atrio donde le lavó los pies, le desempolvó los vestidos y le dio nuevas sandalias. Inmediatamente después Jesús fue con él al local donde se encontraban todos los demás. Las mujeres se pusieron el velo y se inclinaron delante de él, los hombres doblaron profundamente la cabeza. Él saludó y bendijo a todos. Después se sentaron a la mesa. Las mujeres lo hicieron sobre taburetes en uno de los lados.

Todos estaban emocionados y deseosos de oír las palabras de Jesús. Hablaron con disgusto de la prisión de Juan. Jesús dijo que así debía suceder y que era la voluntad de Dios: los pétalos de las flores deben caer cuando llega el fruto. No debían hablar de ello públicamente para no causar inquietud y aumentar el peligro. Hablaron también del espionaje y de las persecuciones de los fariseos, y Jesús sugirió paz y silencio.

Después de la cena fueron a otra habitación donde estaban encendidas las lámparas y Jesús habló una vez más y rezó. Después todos se retiraron a descansar.

Cuando se hizo el silencio en la casa y todos dormían, Jesús se levantó de su cama y sin que ninguno lo viese fue a una gruta del monte de los Olivos, aquella en la que rezó después y sufrió antes de la crucifixión: durante algunas horas rezó al Padre celestial pidiendo fuerza para su misión. Volvió a Betania antes del alba, sin que nadie se hubiera dado cuenta.

Vi a Jesús escondido en Betania con sus amigos. Los tres hijos de Obed, que eran servidores del Templo, y otros más que trabajaban allí, fueron a Jerusalén. Durante todo el día no vi a nadie salir de la casa. Todo estaba en silencio y nadie sospechaba la presencia de Jesús.

Durante la comida Jesús habló de su estancia con la gente de la Alta Galilea, y cómo allí los hombres de diferentes creencias eran muy agresivos entre sí, él les reprochó su dureza y les contó la parábola de un hombre que en el camino de Jericó fue agredido por los salteadores, que lo habían golpeado y despojado de todo dejándolo medio muerto en el camino. Pasó un sacerdote que lo había visto pero no se detuvo y después un levita que hizo lo mismo. Finalmente llegó un samaritano que tuvo piedad de él, lo curó y vendó sus heridas y lo llevó con su jumento a una posada para que pudiese recuperarse. Y dio al posadero el dinero para que lo curase... Oí a Jesús contar muchas veces esta parábola, interpretándola de modo siempre nuevo, pero subrayando en todo momento la necesidad de ser piadosos con el prójimo, aunque pertenezca a un grupo religioso distinto.

Jesús habló también del triste destino de Jerusalén y de su futura destrucción.

Después, cuando todo estaba en silencio, Jesús fue nuevamente de noche al monte de los Olivos para rezar en la gruta. Lo vi derramar muchas lágrimas y sentir una gran angustia. Era como un hijo que se apresta a afrontar grandes empresas y antes de partir se echa en los brazos de su padre para recibir fuerza y consuelo.

Me dijeron que Jesús va a rezar al monte de los Olivos cada vez que está en Betania. Es una especie de preparación a su última gran angustia. Me han explicado también que Jesús reza en este lugar porque Adán y Eva, expulsados del paraíso, llegaron aquí al monte de los Olivos: los vi vivir y rezar en esta misma gruta.

Vi también a Caín decidir aquí la muerte de Abel, y pensé en Judas. Vi a Caín cometer homicidio cerca del monte Calvario[18]...

Hoy me han explicado cómo fue Jesús a Betania. Las santas mujeres supieron con gran preocupación que Jesús y sus compañeros sufrían muchas penurias durante sus viajes, y que tenían que mojar en agua el poco pan duro

---

[18] Más allá de la cuestión histórica, A. C. Emmerick quiere decirnos que el monte de los Olivos y el del Calvario son simbólicamente el epicentro de la miseria y del pecado de los hombres (lugares del sumo delito y del sumo sufrimiento), pero también, gracias al sacrificio de Jesucristo, de la redención del mundo.

que conseguían encontrar para poder comerlo. Por eso decidieron crear posadas y proveerlas de todo lo necesario, y Jesús lo aceptó. Este proyecto se había hecho necesario también porque en las ciudades y en los pueblos en torno a Jerusalén los judíos, instigados por los fariseos, no daban nada a Jesús y a sus discípulos. Jesús fue a Betania para hablar con ellos de estas cosas.

Los amigos pidieron al Señor que indicase las etapas principales de sus viajes y cuántos discípulos estarían con él, para poder calcular el número de las posadas y la cantidad de provisiones necesarias. Jesús presentó entonces los itinerarios de sus viajes y el número de los discípulos, y así se llegó a la conclusión de que eran necesarias unas quince posadas, gestionadas por personas de confianza, a partir de la región de Cabul, hacia Tiro, al septentrión, hasta las regiones situadas al mediodía.

Las santas mujeres se dividieron entonces las tareas que cada una de ellas asumiría: encontrar a las personas a las que confiar la gestión de las posadas, el suministro de las cosas necesarias, como mantas, vestidos, sandalias, etc., y el alimento.

Una vez establecido todo esto, Jesús habló a sus amigos de la misericordia divina para con su pueblo, mostrando cómo Dios había enviado un profeta tras otro, pero ninguno fue reconocido y a todos maltrataron, y afirmó que a él le ocurriría lo mismo. Algunos pidieron entonces a Jesús que contase una parábola y él contó la historia de un rey que había plantado una viña bella y grande, la había rodeado con un seto y confiado a algunos viñadores. Cuando vino el tiempo, el rey mandó a sus siervos a recoger la cosecha, pero los viñadores no quisieron darles nada, sino que les agredieron a bastonazos hasta matarlos. El rey mandó entonces a otros siervos, más numerosos que los primeros, pero también estos fueron maltratados y asesinados. Finalmente, el rey envió a su hijo, pensando que tendrían miedo y respeto por él. Los viñadores, por el contrario, pensando en poder apoderarse de la herencia, lo mataron también.

«¿Qué hará ahora el rey?», preguntaron a Jesús.

«Hará morir a aquellos malvados —respondió Jesús— y dará la viña a otros viñadores honestos que a su debido tiempo entreguen la cosecha», y dio a entender que la parábola se refería a los jefes de los sacerdotes y fariseos.

Cuando llegó la tarde muchos de los presentes se dirigieron hacia Bet Jorón, donde Jesús enseñaría al día siguiente. Llegada la noche, el Señor fue nuevamente a escondidas al monte de los Olivos y rezó con gran fervor; después de esto se encaminó con Lázaro hacia Bet Jorón.

Hacia la una de la noche vi a Jesús con Lázaro y un par de amigos atravesar el desierto en dirección al noroeste, hacia Bet Jorón. Los discípulos convocados, que habían llegado el día de antes y se encontraban en una posada, a cerca de una hora de Bet Jorón, se pusieron en camino antes del alba para ir al encuentro de Jesús. Eran Pedro, Andrés, Santiago el Mayor, Juan, Santiago el Menor, Judas Tadeo, Felipe y Natanael. Vi a Jesús sentarse junto a ellos durante un tiempo bajo un árbol en el desierto y enseñar muchas cosas.

Se dirigieron después a Bet Jorón; algunos discípulos fueron a buscar al responsable de la sinagoga y le pidieron la llave porque su maestro quería enseñar allí; los otros se dividieron por los caminos y reunieron a bastantes personas tras pedirles que fueran a escuchar a Jesús. Este entró y fue rodeado rápidamente por mucha gente. Repitió con mucha seriedad la parábola del amo de la viña, en la que los siervos son asesinados por los viñadores infieles y que finalmente manda a su hijo, al que también matan; explicó también que Dios daría a otros su viña. Habló de las persecuciones sufridas por los profetas, del encarcelamiento de Juan, y denunció que también él mismo sería perseguido y sufriría en Jerusalén.

Sus palabras produjeron un gran efecto en los judíos. Algunos las aceptaron con humildad y gratitud, otros quedaron irritados e iban murmurando: «¿De dónde viene este? ¡No sabemos nada de él!»

Jesús curó muchos enfermos de fiebre, y después de algunas horas dejó la ciudad. A la posada habían llegado Verónica y otras mujeres que prepararon algo de comer. El Señor y los apóstoles comieron y bebieron de pie, después se ciñeron los vestidos y prosiguieron el camino. Aquel mismo día vi a Jesús enseñar en Quibsáin y en otros pequeños lugares frecuentados por pastores. Los apóstoles iban por los campos llamando a los pastores y a los campesinos para que fuesen a escuchar a Jesús, que enseñaba en las sinagogas y también al aire libre, y cada vez curaba a algunos enfermos y liberaba a los poseídos.

Lo que hacía difícil y fatigoso este trabajo cotidiano era la actitud hostil de una parte de la población y el desprecio de los fariseos. Estos lugares, muy cercanos a Jerusalén, estaban llenos de personas que habían tomado partido contra Jesús y su enseñanza profunda y severa; en efecto, enseñaba por todas partes como en Bet Jorón y hablaba del último tiempo de la gracia: después —decía— vendría el tiempo de la justicia. Hablaba también de los maltratos infligidos a los profetas, de la prisión de Juan y de la persecución contra él mismo. Por todas partes repetía la parábola del amo de la viña que envía a su hijo, de la venida del reino, cuyo señor sería el hijo del rey. A menudo anunciaba desventuras sobre Jerusalén y sobre aquellos que no acogiesen su reino ni hiciesen penitencia. Estos discursos severos y amenazantes se alternaban con muchos gestos de amor y con curaciones; y así sucedía, cada día, de un lugar a otro.

Los apóstoles debían soportar muchas cosas, lo que constituía para ellos un gran disgusto. En los lugares a los que iban para anunciar la llegada de Jesús, sucedía que oían palabras de escarnio: «¡Ya está aquí otra vez! ¿Qué quiere? ¿De dónde viene? ¿No está prohibido hablar de este modo?...» Se burlaban y se reían de ellos. Algunos se alegraban, pero eran pocos. Sin embargo ninguno se atrevía a hablar directamente a Jesús, y cuando enseñaba y los apóstoles estaban en torno a él, todos los que tenían algo que decir se dirigían a ellos, hablaban con ellos, hacían preguntas porque habían comprendido mal sus duras palabras; se oían resonar también los gritos de alegría de las personas que amaban a Jesús. Él curaba a muchas personas, y esto irritaba a quien le era hostil. Así sucedía cada día, desde la mañana a la noche, siempre yendo de un lugar a otro, sin descanso, sin paz y sin reposo.

Hoy los he visto llegar a una casa de pastores, en la que les lavaron los pies. Me di cuenta también de lo débiles y humanos que son todavía los discípulos: cuántas veces, mientras Jesús enseña, ellos se cogen la cabeza entre las manos y no comprenden qué es lo que quiere decir. No están contentos de su condición. Cuando están solos se preguntan: «¿Hemos abandonado todo para encontrarnos con esta confusión y este desorden? ¿Qué reino es ese del que habla? ¿Lo conquistará de verdad?» Así piensan, pero guardan estos pensamientos en su interior; sin embargo, a veces dan a entender cuán grande es su malestar; solo Juan sigue a Jesús obediente e inocente como un niño. Y a pesar de todo esto han visto y continúan viendo muchos milagros.

Jesús conoce todos sus pensamientos, pero sin preocuparse de ello continúa su obra y se dirige a los suyos con tranquilidad y amabilidad.

24. Dina la Samaritana. Jesús cura a un niño

Vi a Jesús con sus compañeros atravesar un pequeño río, girar en torno al monte Garizín manteniéndose a la derecha y caminar hacia Sicar. Solo Andrés, Santiago el Mayor y Saturnino acompañan a Jesús por este camino; los otros fueron en otras direcciones, no sé por qué motivos. Jesús fue al pozo de Jacob, que está en una colina al norte del monte Garizín, a un cuarto de hora de distancia de Sicar, que se encuentra en un pequeño valle. A poco más de dos horas de Sicar, en dirección noroeste, se encuentra la ciudad de Samaría, que se levanta sobre un monte.

Varios senderos suben de todas partes de la colina hacia el edificio octogonal que, rodeado de árboles, protege el pozo de Jacob. Este edificio tiene en torno una arcada abierta debajo de la cual pueden estar una veintena de personas. Precisamente el sendero que viene de Sicar conduce directamente a esta arcada, hasta una puerta normalmente cerrada que da acceso propiamente al pozo, en cuyo techo aparece una abertura que a veces se cubre con una especie de cúpula. El pozo tiene una tapa de madera; cuando se quita esta tapa, se puede coger el cubo que está allí colgado y sacar el agua.

Era alrededor de mediodía cuando llegó Jesús con los tres discípulos a esta colina. Envió a sus compañeros a Sicar en busca de alimento porque tenía hambre. Era un día caluroso. Al quedarse solo, subió a la colina para esperarlos. Jesús estaba muy cansado y tenía sed; se sentó a corta distancia del pozo en el borde del sendero que conduce a Sicar, con la cabeza apoyada en la mano, deseoso de que llegase alguien que abriese el pozo y le diese de beber.

Y entonces vio a una agraciada mujer samaritana de unos treinta años, con un odre en la mano, que venía de Sicar hacia la colina para coger agua. Era bella y la miró con verdadero placer mientras, con paso veloz y seguro, subía la colina. Su vestido era más elegante de los que la gente solía llevar: de líneas rojas y azules con grandes flores amarillas, las mangas y el cuello de un amarillo claro, en el cuello llevaba perlas y corales, el velo estaba hecho de un ligero tejido de lana que le llegaba hasta el final de la espalda, de tal forma que podía anudarlo en torno a la cintura. La mujer llevaba también un delantal áspero color marrón, hecho de pieles de camello o de cabra: un atuendo de trabajo para no estropear el vestido a causa del cubo o del odre. El odre era de piel, como un saco sin costuras.

Vi a esa mujer subir la colina con intención de coger agua en el pozo de Jacob para ella y para otros. Es una persona muy agradable, cordial, generosa y afectuosa. Se llama Dina y es hija de un matrimonio mixto; vive en Sicar, pero no ha nacido allí; es muy querida por todos por su carácter abierto y jovial.

Como el sendero era tortuoso y gira en torno a la colina, Dina no pudo ver a Jesús hasta que estuvo delante de él. Su mirada, el modo en que él, que tenía sed, estaba sentado en el camino que llevaba al pozo, tenía algo de extraordinario y sorprendente. Llevaba un largo ropaje blanco de lana fina, un vestido de profeta que normalmente se ponía cuando enseñaba.

Dina, al encontrarse de improviso ante él, se cubrió la cara con el velo y dudó en proseguir: el Señor, en efecto, estaba sentado justamente en el camino.

Leí los pensamientos de Dina: «¡Un hombre! ¿Qué quiere? ¿Es una tentación?»

Jesús, al que ella reconoció como judío, la miró amistosamente y apartando los pies para dejarla pasar le dijo con gentileza: «¡Pasa y dame de beber!»

Eso conmovió a la mujer, porque los judíos y los samaritanos solo solían intercambiar miradas de desprecio. Se quedó parada y dijo: «¿Cómo es que estás solo a esta hora? ¡Si alguien me viese contigo, sería un escándalo!» Jesús respondió que sus compañeros habían ido a la ciudad a buscar alimento, y Dina dijo: «¡Ah, los tres hombres que he visto! A esta hora encontrarán poco. Lo que los habitantes de Sicar han preparado es para su consumo de hoy». Hablaba como si en Sicar hubiese una fiesta, y citó otro lugar donde habrían podido encontrar comida.

Jesús le repitió con voz más suave: «¡Pasa y dame de beber!» Entonces Dina pasó delante de Jesús, que se levantó y la siguió hasta el pozo. Mientras caminaba, ella dijo: «¿Cómo tú, siendo judío, me pides de beber a mí, que soy una mujer samaritana?» Y Jesús le respondió: «Si conocieras el don de Dios y quién es el que te dice: "Dame de beber", tú le habrías pedido a él, y él te habría dado agua viva».

Dina, mientras tanto, abrió la puerta del pozo, apartó la tapa, y después dijo a Jesús, que se había sentado en el borde: «Señor, no tienes con qué sacarla, y el pozo es hondo; ¿de dónde, pues, sacas agua viva? ¿Es que tú eres más grande que nuestro padre Jacob, que nos dio el pozo, y de él bebieron él y sus hijos y sus ganados?»

Mientras Dina decía estas palabras, delante de mis ojos apareció la imagen de Jacob que cavaba aquel pozo del que había salido el agua.

Al decir esto, Dina echó el cubo, lo sacó lleno de agua, llenó un pequeño recipiente de corteza de árbol y se lo dio a Jesús. Él bebió y dijo: «Todo el que beba de ese agua, volverá a tener sed; pero el que beba el agua que yo le daré, no tendrá sed jamás, sino que el agua que yo le dé se convertirá en él en fuente de agua que brota para producir vida eterna».

Dina, la samaritana, era cordial y franca y dijo a Jesús: «Señor, dame de ese agua para que no tenga más sed y no tenga que venir aquí a sacarla». Se había quedado asombrada de las palabras de Jesús e intuía, sin ser totalmente consciente, que al hablar de agua viva Jesús se refería al cumplimiento de la promesa. Así su petición de agua viva respondía a un sentimiento profundo de su corazón.

Yo siempre oí y comprendí que las personas con las que el Redentor trataba no eran simplemente seres humanos individuales: eran la imagen perfecta del género humano. Así, por ejemplo, en la persona de Dina la Samaritana estaba delante del Redentor todo el pueblo samaritano, separado de la verdadera fe de Israel y de la fuente de agua viva.

En el pozo de Jacob, Jesús sentía sed de las almas de Samaría y quería saciar su sed con el agua viva de la que se habían alejado. Dina representaba aquella parte de Samaría capaz de acoger la salvación, que tenía sed de ese agua y en un cierto sentido ponía la mano para recibirla. Samaría hablaba a través de Dina: «Dame, Señor, la bendición de la promesa; apaga mi gran sed, ayúdame a alcanzar el agua de la vida de la que sacaré el consuelo que da ese pozo de Jacob, única cosa que tenemos en común con la comunidad de los judíos».

Jesús le dijo: «Vete, llama a tu marido y vuelve acá». Y comprendí que el Redentor no se dirigía solo a ella, sino a todos los samaritanos. Dina respondió al Señor: «No tengo marido». Con estas palabras Samaría admitía no tener ninguna unión real con el verdadero Dios, de ella no había que esperar hijo en el Espíritu si Dios no intervenía cambiando la situación. Jesús añadió: «Bien has dicho que no tienes marido, porque has tenido cinco maridos y el que ahora tienes no es marido tuyo; en eso has dicho la verdad». Con estas palabras Jesús quería decir: «Samaría, dices la verdad, has estado casada con los ídolos de cinco pueblos[19], tu actual relación con Dios es un amor ficticio, no una unión real». Y Dina respondió bajando los ojos y doblando la cabeza: «Señor, veo que eres un profeta», y de nuevo se ocultó el rostro con el velo. Como diciendo que la gente de Samaría reconocía la misión divina del Señor y se declaraba a sí misma culpable.

---

[19] Samaría, capital del Reino de Israel (o del Norte), fue destruida por el Imperio Asirio en 722/1 a. C. y su población deportada. En su lugar se asentaron poblaciones paganas provenientes de Asiria que con el tiempo se fundieron con los judíos que habían quedado sobre el lugar. Los judíos de Jerusalén, mientras duró el Reino de Judá (o del Sur: 587/6) y todavía después del exilio babilónico con la reconstituida comunidad judía en sucesivas formas administrativas o políticas hasta el tiempo de Cristo, no reconocieron nunca la pureza de la raza ni la autenticidad de la religión practicada en Samaría.

Después Dina dijo: «Sé que va a venir el Mesías, el llamado Cristo. Cuando venga, nos lo explicará todo». Jesús le respondió: «*Yo soy*, el que te está hablando».

Apenas hubo dicho estas palabras, Dina lo miró con estupor, temblando de santa alegría. Después, dejando el pozo abierto y olvidando su odre, bajó corriendo de la colina para ir a Sicar a contar a su hombre y a todos lo que le había sucedido. Está severamente prohibido dejar abierto el pozo de Jacob, pero ¿qué le podía importar a ella ahora un cubo de agua terrena? Había recibido agua de vida y su corazón amoroso y alegre deseaba saciar a todos con aquella agua. Mientras descendía por la colina se cruzó con los tres discípulos que habían adquirido la comida. Estaban sorprendidos de que su Maestro hubiese hablado durante tanto tiempo con una mujer samaritana. Por respeto, sin embargo, no le dijeron nada. Dina, mientras tanto, llegada a Sicar, vio a su hombre y a otros: «Venid a ver a un hombre que me ha dicho todo lo que he hecho. ¿No será el Cristo?»

Los discípulos, mientras tanto, llegados hasta Jesús, le habían puesto delante pan y miel, diciendo: «Rabbí, come». Jesús se levantó, se alejó del pozo y les respondió: «Yo tengo para comer un alimento que vosotros no sabéis». Los apóstoles se dijeron entre ellos: «¿Le habrá traído alguien de comer? ¿Quizá ha sido la samaritana?»

Jesús no quiso pararse a comer aquí, sino que bajó la colina y se dirigió hacia Sicar y, mientras caminaban, dijo a los compañeros: «Mi alimento es hacer la voluntad del que me ha enviado y llevar a cabo su obra». Con estas palabras pretendía decir que quería hablar con la gente de Samaría, cuya conversión deseaba ardientemente su alma.

En las cercanías de la ciudad se encontró con Dina, que se unió a ellos con humilde alegría, y Jesús le dijo, además, muchas cosas. Ella estaba profundamente conmovida y prometió dejarlo todo y seguir a Jesús, que le indicaba el camino que la llevaría a arrepentirse de sus actos y a vivir de modo distinto. Dina había nacido del matrimonio de una judía y de un pagano en la ciudad de Damasco, perdió muy pronto a los padres y fue educada por una nodriza. Tuvo cinco maridos, uno tras otro; de estas uniones nacieron tres hijas y dos hijos, ya bastante grandes, que permanecieron con los parientes de sus respectivos padres cuando ella dejó Damasco. El hombre con el que ahora vivía Dina era un hombre robusto de treinta y seis años con los cabellos rojos, pariente de uno de sus anteriores maridos, y era un rico mercader. De religión samaritana, se había trasladado con él a Sicar, donde todos los creían marido y mujer.

Dina era en cierto modo igual a Magdalena por su estilo de vida, pero era una mujer de gran vitalidad, generosa, agradable, activa.

Mientras caminaban, Jesús le dijo muchas más cosas, y los discípulos se preguntaban cómo Jesús hablaba tanto con ella: «Le hemos llevado alimento, ¿por qué no come?»

En las cercanías de Sicar, Dina se alejó del Señor y se fue delante para ir con su amante y muchas otras personas que se habían reunido a la puerta de la ciudad. Cuando Jesús estuvo cerca, Dina lo señaló a todos. La gente lanzó gritos de bienvenida, pero Jesús hizo señal de callar y les dijo que debían creer en todo lo que la mujer había contado. Fue maravillosamente cordial, su mirada era penetrante y buena, de tal forma que todos los corazones quedaron conmovidos y fascinados. Todos rogaron a Jesús que entrase en la ciudad y enseñase. Jesús prometió que lo haría, pero de momento se alejó. Eran alrededor de las tres de la tarde.

Mientras Jesús hablaba con los samaritanos delante de la puerta de la ciudad, llegaron todos los demás discípulos, entre los cuales venía Pedro, que por la mañana habían ido a otros lugares para realizar algunas tareas. Estaban maravillados y descontentos de que Jesús hablase tanto tiempo con los samaritanos; ellos habían crecido con el prejuicio de que con aquella gente no se debía tener ninguna relación, y por eso se sentían contrariados. Pensaban en el cansancio de los días precedentes, cuando tuvieron que soportar burlas y ofensas y sufrieron hambre. Ahora veían a Jesús hablar amistosamente con los samaritanos y pensaban que, actuando así, no había que asustarse si en otros lugares no era bien acogido. Ellos tenían siempre en mente el reino terreno que él fundaría, donde finalmente recibirían la recompensa de sus fatigas.

Jesús caminó con los discípulos durante cerca de media hora girando al noreste en torno a la ciudad, después descansaron bajo un árbol. Indicándoles las mieses amarillentas, Jesús recordó el dicho popular que se repetía a menudo: «Todavía cuatro meses y después llegará el momento de la cosecha». Los perezosos tienden a retrasar siempre el trabajo que les espera, aunque los campos estén ya listos y el trigo esté maduro. Con esto quería decir a los samaritanos y a todos los demás que estaban listos para convertirse.

Ellos, los discípulos y los apóstoles, estaban llamados a cosechar, y sin embargo no habían sembrado: otros habían sembrado, es decir, los profetas, Juan y Jesús mismo. Quien recoge, dijo, es alabado y recoge los frutos para la vida eterna, así los que han sembrado y los que cosechan se alegran juntos: «Yo os he enviado a segar donde vosotros no os habéis fatigado. Otros se fatigaron y vosotros os aprovecháis de su fatiga».

Así hablaba a sus discípulos para infundirles ánimo para el trabajo que les esperaba. Descansaron un poco más, después se separaron. Con Jesús se quedaron solo Andrés, Felipe, Saturnino y Juan, los demás se pusieron en camino hacia Galilea.

Jesús, dejando Sicar a la derecha, caminó después cerca de una hora en dirección sur hacia un campo en el que había una veintena de casas de pastores y tiendas. Aquí, en una de las casas más grandes, lo esperaban su Madre y las santas mujeres. Habían estado aquí todo el día, trajeron alimento y pequeños frascos de bálsamo. Jesús fue al encuentro de su Madre y le tendió ambas manos, ella inclinó la cabeza delante de él, las mujeres saludaron inclinándose y cruzando las manos sobre el pecho. Delante de la casa había un árbol y comieron debajo de él.

María pidió a Jesús que curase al hijo paralítico de unos pastores que vivían en las cercanías. Sucedía a menudo que las personas acudían a María para que hablase a Jesús, y era conmovedor verla pedir algo a su Hijo.

Jesús hizo que llevasen al niño, que llegó en una camilla —tenía unos nueve años—, y le habló, se inclinó sobre él, lo tomó de la mano y lo hizo levantar; y el niño descendió de la camilla, comprendió que podía caminar y corrió a echarse en los brazos de sus padres, que se postraron en tierra delante de Jesús. Todos fueron felices y Jesús los invitó a dar gracias al Padre celestial.

Jesús siguió hablando con los pastores, mientras María y las mujeres estaban aparte, a un lado de la mesa.

Mientras tanto llegaron varias personas de Sicar, entre ellas Dina, que se pararon a una cierta distancia, porque no estaban acostumbradas a tratar con estos pastores judíos. Sin embargo Dina se acercó, y vi que hablaba con las mujeres y con la Madre de Jesús; después Jesús se despidió de ellas, que se pusieron en camino hacia Galilea adonde también iría Jesús dos días después.

Jesús fue a Sicar con Dina y los otros samaritanos. Esta ciudad no es grande, pero tiene calles anchas y plazas amplias. La casa de oración de los samaritanos está más adornada y está construida con más finura que las sinagogas que hay en las ciudades judías.

Aquí las mujeres no son esquivas como las judías, hablan más con los hombres que entre ellas. Cuando Jesús entró en la ciudad se reunió en torno a él una gran muchedumbre. No fue a la sinagoga, sino que enseñó por las calles y en la plaza donde había una especie de púlpito para los oradores. Se concentró mucha gente y todos estaban llenos de alegría por la venida del Mesías entre ellos.

Jesús no pernoctó en Sicar, sino en una posada distante una buena media hora. Al día siguiente volvió y permaneció allí de la mañana a la tarde; vinieron personas de toda la región. Dina está siempre presente y es admirada y honrada por todos porque ha sido la primera en encontrar al Mesías, y la gente le está agradecida. Quiere separarse de su amante y poner todos sus bienes a disposición de los pobres y de la futura comunidad.

Jesús se dirigió a los samaritanos como había hecho en otros lugares: habló de la prisión de Juan, de la persecución de los profetas, de aquel que había preparado el camino, del hijo enviado a la viña al que matan los pérfidos viñadores. Repitió también lo que había dicho a la mujer junto al pozo, habló del agua viva, de la proximidad del Reino de Dios y del juicio, del castigo de los siervos malos que habían matado al hijo del dueño de la viña. Muchos le preguntaron dónde podían bautizarse ahora que Juan estaba en prisión, y Jesús les dijo que los discípulos de Juan bautizaban todavía cerca de Enón, y debían ir allí.

Por la tarde Jesús volvió a la posada para dormir y al día siguiente siguió hablando a las personas del lugar. Tanto ayer como hoy han llegado muchos fariseos a espiar; escucharon con rabia sus enseñanzas, sacudiendo la cabeza y murmurando entre ellos. Pero no se atrevieron a dirigirle la palabra y Jesús no les dirigió nunca la mirada.

25. Jesús continúa la predicación y habla con los niños. Juan en prisión

En los días siguientes al encuentro con Dina y los samaritanos, Jesús fue con sus compañeros hacia Galilea, llegando a la ciudad de En Gannim. Era sábado y Jesús enseñó en la sinagoga, hablando del castigo que caería sobre Jerusalén: vendrá un día, dijo, en que el gran Templo no existirá más y Jerusalén no será ya reconocible. Habló también de los profetas Elías y Eliseo.

Estaban presentes doce obstinados fariseos que hicieron preguntas capciosas: le presentaron un rollo de la Escritura y le preguntaron qué significaba el hecho de que Jonás hubiera estado en el vientre de la ballena. Jesús respondió de modo que todos pudieran comprender: dijo que el Mesías, muerto, descansaría tres días en la tumba, iría al encuentro de Adán y después resucitaría. Ellos se echaron a reír y dejaron la sinagoga.

Fuera de la sinagoga había muchas personas y cuando Jesús salió le presentaron diversos enfermos y le pidieron que los curase, haciendo así un signo destinado a ellos. Jesús, sin embargo, no los curó: ellos no creían en él y él no quería darles ningún signo. Ellos, entre otras cosas, querían tenderle una trampa, induciéndole a curar en sábado para poder acusarlo.

Le preguntaron también si era lícito curar en sábado y Jesús se defendió preguntándoles: «¿A quién de vosotros se le cae un hijo o un buey a un pozo en día de sábado y no lo saca al momento?» Ellos callaron, no atreviéndose a responder.

Los fariseos acusaban a Jesús de muchas cosas: de no observar correctamente el ayuno, de estar con los pecadores, los paganos, los samaritanos y con toda clase de gentuza, de ser de familia modesta, de dejar demasiada libertad a sus discípulos y de no exigir mayor respeto. Acusaban también a los discípulos de no lavarse las manos antes de comer. Todo lo que Jesús hacía y decía los irritaba, sobre todo el no compartir sus opiniones, el no reconocerlos como los más justos y los más sabios, aún más, como los elegidos, y preferir la compañía de personas que los despreciaban.

Pasado el sábado, Jesús fue con Saturnino y otros dos discípulos hacia la propiedad de Lázaro, donde permaneció algún tiempo, visitando durante el día las localidades vecinas.

Es conmovedor ver cómo Jesús habla y enseña a los niños. Ellos lo buscan y él los acoge y toma en brazos a los más pequeños. Les recomienda la obediencia a los padres y el respeto a los ancianos. El Padre que está en el cielo —dice— les ha dado este padre en la tierra; y de la misma manera que honran a este padre, así deben honrar al Padre celestial. Habla también de los descendientes de Jacob-Israel que se rebelaron y protestaron, y por eso no alcanzaron la tierra prometida. Ellos deben obedecer y aceptar con reconocimiento todo lo que Dios les ha dado.

A veces los discípulos, viendo a los niños amontonarse en torno a Jesús, los reprendían y trataban de alejarlos, pero Jesús les decía: «Dejad que los niños vengan a mí, y no se lo impidáis porque de los que son como estos es el reino de los cielos».

Después, dirigiéndose a todos dijo: «Si no cambiáis y os hacéis como los niños, no entraréis en el reino de los cielos. Y el que recibe a un niño como este en mi nombre, a mí me recibe».

Vi a Juan en su prisión y a muchos discípulos suyos hablar con él. No estaba permitido visitarlo en la cárcel, pero podían verlo y también darle alguna cosa a través de los barrotes. Los guardias permitían que alguien se le acercase, pero si venían demasiados los echaban. Los discípulos preguntaron a Jesús a propósito del bautismo, y él les dijo que fueran a Enón, donde Jesús aceptaría que bautizaran.

La prisión de Juan era grande y luminosa, pero no había ninguna cama: solo había un banco de piedra que servía también de lecho. Juan está siempre muy serio; ha tenido en todo momento en el rostro una expresión triste, como quien ha esperado al Cordero de Dios, lo ha visto y amado, y sabe que lo matarán.

26. Jesús cura al hijo del capitán de Cafarnaún y a la suegra de Pedro. Las dudas de Pedro

Jesús ha llegado hoy a Caná y ha hablado en la sinagoga. Se ha reunido una multitud porque se conocía con anticipación su llegada. Había enseñado toda la mañana, cuando llegó el capitán de Cafarnaún acompañado de los siervos con mulas. Tenía mucha prisa, estaba muy angustiado y hacía todo lo posible por acercarse a Jesús a través de la multitud, pero no lo lograba. Comenzó entonces a gritar: «¡Venerable Maestro, permite a tu siervo llegar hasta ti! ¡Estoy aquí como enviado de mi señor de Cafarnaún, como él mismo y como padre de su hijo! Te ruego que vengas enseguida a mi casa, porque mi hijo está muy enfermo y cercano a la muerte».

Jesús no lo escuchó; él, sin embargo, trataba de acercarse más, y gritó una vez más: «¡Ven enseguida conmigo, mi hijo va a morir!»

Entonces Jesús se volvió hacia él y habló de modo que todos lo oyeran «Si no veis señales y prodigios no creéis». Siguió hablando y le reprochó delante de todos querer hacerle curar a su hijo para poder vanagloriarse delante de los fariseos: «¡No es mi misión hacer milagros para vuestros objetivos! Lo haré solo si esta es la voluntad de mi Padre». No se deben pedir milagros para mostrarlos a los demás; ¡es preciso, por el contrario, creer y convertirse!

El hombre escuchó estas palabras, pero no se amilanó. Consiguió acercarse más y gritó una vez más: «¿Por qué todo esto, Maestro? ¡Mi hijo está muriendo, ven enseguida conmigo. Quizá esté ya muerto!»

Entonces Jesús les dijo: «Vete, que tu hijo vive».

El hombre dijo: «¿Es cierto?»

Y Jesús le contestó: «Tienes mi palabra, en esta hora se ha curado».

El hombre lo creyó. Subió al mulo y cabalgó lo más velozmente posible hacia Cafarnaún.

Este hombre no me ha parecido funcionario de su señor, sino padre de su hijo. Él era el primer dependiente del capitán de Cafarnaún, no tenía hijos, aunque los había deseado mucho, y había acogido como suyo a uno de los niños de este fiel servidor y de su mujer; el chico tenía ahora catorce años. El hombre venía, pues, como mensajero de su señor y como padre. Vi todo esto y me lo explicaron todo.

Desde hacía tiempo el niño había preguntado por Jesús. Al principio la enfermedad era leve y los familiares no habían llamado a Jesús a causa de los fariseos. Desde hacía dos semanas la enfermedad se había agravado y cada vez que le daban medicinas el chico decía: «No me hacen nada. Solo Jesús, el profeta, me ayudará».

Al empeorar la situación, el padre mismo había ido a Caná, donde se encontró con Jesús. Desde Caná a Cafarnaún hay casi un día de viaje. El hombre se apresuró para llegar antes de la noche. Un par de horas antes de Cafarnaún le vinieron al encuentro sus criados para decirle que, aunque no encontrase a Jesús, no debería preocuparse, porque a la hora séptima el chico había sanado de improviso. Entonces él contó las palabras de Jesús y ellos se quedaron sorprendidos, y juntos se apresuraron hacia casa. Vi al chico ir al encuentro del padre y abrazarlo. Había una inmensa alegría en la casa. Se organizó una gran cena. El chico se sentaba entre el padre verdadero y el adoptivo: el chico los amaba a ambos por igual. También la madre estaba sentada al lado.

Después de haber curado al hijo del capitán de Cafarnaún, Jesús curó a otros enfermos y liberó a algunos poseídos.

Más tarde fue a Cafarnaún a casa de su Madre.

Después de haber estado algunos días en Cafarnaún, moviéndose durante el día para enseñar en las localidades vecinas, Jesús va a Nazaret acompañado por los discípulos de Galilea, entre los cuales va Pedro; visita Séforis, donde enseña en la sinagoga y de nuevo debe enfrentarse a los fariseos que ponen en discusión toda palabra suya, le niegan el derecho a enseñar en la sinagoga, lo desprecian, lo provocan con preguntas absurdas. Jesús responde siempre con suavidad y sabiduría profunda, cosa que suscita vergüenza en algunos, rabia en otros.

Jesús fue llamado por Pedro porque su suegra estaba en peligro de muerte. Su enfermedad se había agravado y tenía una fiebre muy alta. Jesús fue inmediatamente a la habitación de la mujer. Se puso al lado de su cama, a la cabecera, y acercó su cabeza a la de ella. Le dijo en voz baja algunas palabras, a continuación puso la mano en su cabeza y en el pecho, y ella calló. Después Jesús se levantó, la cogió de la mano, la ayudó a sentarse y dijo: «Dadle de beber».

Llevaron una copa de agua, Jesús la bendijo y mandó a la mujer que bebiera y después que se levantara de la cama, que era muy baja. Ella se levantó y dio gracias al Señor, y todos en la casa le dieron las gracias, felices.

Se sentaron después para comer y la mujer curada sirvió la mesa con las demás. Había sido sanada hacia mediodía, la comida tuvo lugar entre las trece y las catorce horas.

Acabada la comida, Jesús caminó con Pedro, Andrés, Santiago, Juan y otros discípulos a lo largo del lago en el que estaban los pescadores de siempre. Les impartió algunas enseñanzas y dijo que pronto deberían abandonar aquel trabajo para seguirlo. Entonces Pedro se asustó, se puso de rodillas delante de Jesús y le pidió que tuviera en cuenta su debilidad e ignorancia, y que no le pidiera hacer cosas demasiado grandes; él no era digno y no era capaz de enseñar a los demás.

Jesús le respondió que no debía tener ninguna preocupación mundana y que el que era capaz de dar la salud a los enfermos les daría también a ellos alimento y fuerza suficiente para las tareas que les esperaban. Estas palabras tranquilizaron a todos, solo Pedro en su humildad y simplicidad no conseguía comprender cómo iba a dejar de ser pescador y convertirse en maestro.

Después de este paseo por las orillas del lago, Jesús se encaminó de nuevo a Cafarnaún. Encontró a una gran muchedumbre delante de la casa de Pedro, curó a muchos enfermos y después fue a la sinagoga a enseñar.

27. Disputas con los fariseos. Jesús, señor del sábado

En el relato de Ana Catalina Emmerick están citados muchos lugares a los que Jesús va a enseñar. Un sábado llegó a Betulia, que es un lugar de baños.

Muchos lo esperaban con la esperanza de ser curados. Había, sin embargo, algunos enfermos de gota, que se curaban con las aguas, que no conocían a Jesús ni se habían dirigido nunca a él. Jesús los invitó a ellos y a todos los presentes a purificarse de sus propios pecados y les enseñó muchas cosas. Todos estaban contentos y conmovidos, y le decían: «Señor, quien te escucha no puede resistirte». Jesús los invitó a decir quién pensaban que era él, y algunos respondieron que creían que era un profeta. Otros dijeron: «¡Tú eres más que un profeta, ningún profeta enseña las cosas que tú enseñas, ninguno puede hacer lo que tú haces!» Otros, por el contrario, callaban; entre estos estaban los fariseos.

Jesús preguntó también: «¿Qué sabéis de mí? ¿Quién os ha dicho algo sobre mí?» Algunos respondieron: «Se te acusa de realizar tus obras incluso en sábado y de curar a los enfermos también el día que debe ser dedicado al descanso».

Entonces Jesús indicó un pequeño estanque cercano, a cuyas orillas los hijos de los pastores hacían pastar los corderos y otros animales, y dijo: «¿Veis a los hijos de los pastores y a los tiernos corderillos? Si uno de estos cayese en el estanque y corriese peligro de ahogarse, todos se pondrían a gritar. Los niños no serían capaces de ayudar y el hijo del dueño se vería obligado a salvar al cordero y no tendría en cuenta el sábado: ¿no debería moverse a piedad por el cordero y salvarlo del agua del estanque?»

Todos levantaron las manos como los pequeños en la catequesis y gritaron: «¡Sí, sí, debería hacerlo!»

Jesús preguntó una vez más: «Y si el que cae en el estanque no es un cordero, sino uno de los niños de los pastores, o vosotros mismos, ¿no debería el Hijo del Padre celestial ayudarlo también en sábado?»

Y todos gritaron de nuevo: «¡Sí, sí!»

Jesús señaló entonces a los enfermos de gota que estaban aparte y dijo: «¿Veis a estos hermanos enfermos? ¿No debería prestarles ayuda si me lo pidiesen, aunque fuese sábado?»

Y todos gritaron: «¡Sí, sí!»

Jesús hizo señal a los enfermos de gota y ellos se acercaron con mucha dificultad: pronunció algunas palabras y se sintieron curados, y pudieron mover libremente sus miembros. Jesús les dijo que se bañaran y les pidió que se abstuvieran de algunos alimentos y bebidas. Ellos se echaron a sus pies y le dieron las gracias, pues todos estaban llenos de alabanza y gratitud.

28. Herodes y Juan el Bautista. «Los primeros serán los últimos». Jesús y los niños

Vi que Herodes mandaba llamar al Bautista. Herodes se sentaba en una gran sala en las cercanías de la prisión, rodeado de los guardias, de algunos empleados y escribas, y sobre todo de herodianos y saduceos. Juan fue llevado a la sala a través de un largo pasillo y permaneció delante de la gran puerta abierta de par en par, en medio de los guardias.

Vi a la mujer de Herodes pasar desafiante delante de Juan y sentarse en un lugar elevado.

Esta mujer tenía la forma de la cara distinta de las mujeres judías, la cabeza era puntiaguda y los rasgos eran angulosos y en constante movimiento seductor. Tenía muy buena figura y se vestía de manera provocadora, con vestidos bastante ajustados que revelaban todas las formas del cuerpo, y era como si cada miembro hablase por sí solo y quisiera mostrar su belleza y al mismo tiempo ocultarla. Atraía la mirada de todos, pero quien era inocente sentía malestar.

Herodes le pidió a Juan que le dijera claramente qué pensaba de este Jesús que suscitaba tanta sensación en Galilea: quién era y si ahora ocupaba su lugar. Había oído decir que Juan lo había anunciado, pero él no había escuchado con atención. Ahora quería conocer su opinión, porque este hombre hacía discursos maravillosos, hablaba de un reino y se describía a sí mismo en la parábola del hijo de un rey, mientras se sabía bien que era hijo de un pobre carpintero.

Juan dio testimonio de Jesús con voz tronante, como si hablase delante de todo el pueblo reunido. Nunca había existido, ni existiría un profeta semejante a él; él era el Hijo del Padre, el Cristo, el Rey de Reyes, el Salvador, el que establecería un reino sobre el que ninguna fuerza tendría poder; era el Cordero de Dios que quita el pecado del mundo.

Así habló Juan, diciendo que era su mensajero y su servidor, el que debía prepararle el camino. Habló con tal entusiasmo y de manera tan impresionante que Herodes se asustó muchísimo, hasta taparse los oídos. Dijo después a Juan: «Tú conoces mi aprecio por ti, pero tú hablas contra mí delante del pueblo, reprochándome mi matrimonio. ¡Si mitigas tu celo y reconoces mi matrimonio delante del pueblo, te dejaré libre y tu podrás ir donde quieras, enseñar y bautizar!»

Entonces Juan alzó de nuevo la voz con gran severidad contra Herodes y le dijo: «Yo te conozco y sé que tú conoces la Ley y temes el juicio. ¡Pero te comportas como un malvado y vives de modo contrario a la Ley!»

La rabia de la mujer por estas palabras fue indecible. Herodes se asustó tanto que ordenó alejar inmediatamente a Juan. Lo hizo llevar después a otra cárcel que no tenía aberturas hacia el exterior, para que el pueblo no pudiese oírlo.

En todo el país se hablaba de algunos adúlteros que habían sido ajusticiados en Jerusalén y se decía que condenaban y mataban a los pequeños delincuentes, mientras los grandes quedaban libres; se decía también que Herodes había encarcelado a Juan porque lo acusaba de adulterio. Habían sido los herodianos, es decir, la guardia personal de Herodes, los que habían llevado a Jerusalén y ajusticiado a algunos adúlteros de Galilea. Y la gente se rebelaba y alborotaba.

Herodes mandó entonces a sus mensajeros al pueblo a decir que no se preocupasen por Juan, que estaba bien y era tratado como un amigo. Herodes solo quería tenerlo más cerca; la rebelión de la gente podría tener efectos negativos y empeorar su situación. Todos estaban, pues, invitados a volver a casa tranquilamente, Juan volvería pronto a bautizar.

Herodes estaba muy preocupado. La ejecución de los adúlteros en Jerusalén había traído a la memoria del pueblo su matrimonio pecaminoso y por ahí se decía abiertamente que Juan estaba en prisión por haber dicho la verdad y por hacer respetar la Ley de acuerdo con la cual los adúlteros habían sido ajusticiados en Jerusalén. Herodes, además, había oído contar muchas cosas de Jesús y de sus enseñanzas en Galilea, y le había llegado al oído que el nuevo profeta tenía la intención de descender el curso del Jordán y venir a enseñar también en Judea. Temía mucho que sus palabras pudieran agitar todavía más al pueblo y por eso había decidido tener una reunión con los fariseos y sus adeptos para pensar cómo mantener alejado a Jesús. Se decidió enviar mensajeros a Jesús para hacerle comprender que debía enseñar y realizar sus milagros en la Alta Galilea y más allá del lago, y no venir a los territorios gobernados por él, porque se vería obligado a encarcelarlo como había hecho con Juan. Vi a los mensajeros ponerse en camino.

Mientras tanto, Jesús había llegado a En Gannim, donde pasó el sábado, enseñando en la sinagoga y curando algunos enfermos.

Después del sábado hubo una gran comida en un local público de la ciudad para festejar el fin de la cosecha y

Jesús fue invitado con sus discípulos. Había muchas personas de rango, extranjeros y ricos campesinos. En la mesa se dispusieron frutos de todo tipo y todo lo que en la cosecha había sido particularmente abundante. Se sirvieron animales asados.

A Jesús y sus discípulos se les habían reservado los mejores puestos. Un fariseo de paso había ocupado ya el puesto destinado a Jesús. Este se le acercó, habló con él reservadamente y le preguntó cómo había ocupado aquel puesto. Le respondió que era costumbre que las personas de rango se sentasen en los puestos mejores. Entonces Jesús le dijo que los que aspiraban a los puestos mejores en la tierra no encontrarían lugar en el reino de su Padre. Le dijo también otras cosas y al final el hombre se retiró, lleno de vergüenza, y fue a sentarse en otro lugar, como si lo hubiese elegido por propia iniciativa.

Sentado a la mesa, Jesús habló también del sábado y recordó las palabras de Isaías: «Comparte el pan con el hambriento e invita a tu casa a los miserables». Preguntó si no era costumbre en esta celebración, que era una fiesta de acción de gracias por la cosecha abundante, invitar como huéspedes a los pobres y compartir con ellos el alimento. Se asombró de que se hubiesen alejado de esta costumbre y preguntó dónde estaban los pobres. Dado que lo habían invitado y le habían reservado el puesto a la cabecera de la mesa, su tarea era ocuparse también de los invitados que tenían derecho a ello, y pidió que llamasen a los pobres. Pero como nadie se movía, mandó a sus discípulos, y cuando llegaron los pobres, Jesús y los discípulos les dejaros sus puestos y otros siguieron el ejemplo. Jesús y otras personas buenas sirvieron a los pobres y compartieron todo con ellos.

A continuación Jesús quiso enseñar en una escuela para niños y los invitó a ser obedientes y temerosos de Dios. Los discípulos estaban a disgusto y querían irse porque —según el modo de pensar judío— consideraban que esta confianza con los niños no era adecuada a un profeta y podía dañar su reputación.

Jesús, sin embargo, no se preocupó de ellos y siguió hablando con los pequeños. Invitó a los muchachos a ser pacientes unos con otros, a no responder a las ofensas y a los golpes y a perdonar a quien se comportaba mal con ellos. Y si otro niño deseaba sus cosas, su alimento, sus juguetes, ellos debían regalárselos, saciando así su avidez. En efecto, solo los pacientes, los amables y los generosos encontrarían asiento en su reino; y describió este asiento como un bellísimo trono.

Habló de los bienes de la tierra que se deben dejar y de los bienes del cielo que se deben conquistar. A las chicas les dijo que no envidiasen a sus compañeras por sus bellos vestidos y fuesen siempre obedientes a los padres, pacificas y temerosas de Dios.

Después de haber enseñado así a los pequeños, se dirigió a sus discípulos, los confortó con gran amor, los invitó a soportar todo con él y a no tener preocupaciones terrenas. Dijo que su Padre celestial los recompensaría abundantemente y que poseerían el reino juntos.

Poco después, una mujer pagana se acercó tímidamente a los discípulos e imploró a Jesús que fuese a su casa y curase a su hijo. Jesús la siguió. El marido de la mujer lo recibió en la puerta y lo condujo dentro. Entonces la mujer se echó a sus pies y dijo: «Señor, he oído hablar de ti y sé que haces cosas más grandes que Elías. Mira, mi único hijo va a morir y nadie puede hacer nada por él. ¡Ten piedad de nosotros!»

El niño, que tenía unos tres años, estaba en la cama. Su padre había estado la tarde antes en la viña con el niño, que comió algunas bayas y al volver a casa se sintió mal. La madre había intentado inútilmente todo remedio, el niño parecía ahora casi muerto. Entonces ella fue en busca de Jesús, porque también los paganos habían oído hablar de él.

Jesús dijo: «Déjame solo con el niño y mándame aquí a dos de mis discípulos». Vinieron Judas Barsabás y Natanael, el esposo de Caná. Jesús levantó al pequeño de la cama, lo cogió entre los brazos y lo estrechó contra el pecho; después acercó su rostro al del niño y le echó el aliento sobre el rostro. El pequeño abrió los ojos y se levantó; Jesús alzó al niño delante de sí y ordenó a los dos discípulos que pusiesen las manos sobre la cabeza del pequeño y que lo bendijesen. Y así lo hicieron. Entonces el niño quedó curado completamente y Jesús se lo entregó a sus angustiados padres, que lo abrazaron y se echaron a los pies del Maestro llorando. La mujer dijo: «Grande es el Dios de Israel, superior a todo otro Dios. Mi marido me lo había dicho ya, ¡yo no quiero servir a ningún otro Dios!»

Se había reunido mientras tanto mucha gente y le llevaron al Señor otros niños enfermos. Él los curó, imponiéndoles sus manos y bendiciéndolos.

SEGUNDO AÑO DE ENSEÑANZA DE JESÚS

Según las visiones de Ana Catalina Emmerick, al comienzo de su segundo año de enseñanza Jesús estuvo en Galilea y en Samaría, visitando muchos lugares, enseñando en las sinagogas y curando a los enfermos. Y a propósito de las curaciones realizadas por Jesús, la monja ofrece las siguientes explicaciones.

1. Los diversos tipos de curación realizados por Jesús

Jesús curaba de muchas maneras: a algunas personas las curaba a distancia con una mirada o con una palabra, a otras las tocaba, a otras les imponía las manos, a otras las bendecía, a otras finalmente —las que presentaban enfermedades en los ojos— les humedecía los párpados con saliva. Algunas lo tocaban y quedaban sanas, otras se curaban también aunque estaban lejos, sin que él se dirigiese directamente a ellas. En el último periodo de su predicación actuaba más rápidamente que al comienzo. Pienso que estos diferentes modos de curar tenían por objeto mostrar que no estaba ligado a ninguna modalidad individual, sino que podía curar por cualquier medio y de cualquier modo.

Curaba a cada uno de manera adecuada a su mal, a su fe y a su naturaleza, del mismo modo que convertía, y todavía convierte, a cada pecador de manera distinta. Jesús no subvertía el orden de la naturaleza, disolvía sus vínculos. No cortaba sus nudos, los deshacía. Tenía todas las claves y siendo hombre-Dios actuaba en formas humanas, que santificaba. Se me ha hecho comprender que Jesús curaba de modos tan distintos para enseñar a los discípulos los diferentes tipos de curación.

2. Primer contacto con Judas Iscariote

En sus viajes a tierra samaritana Jesús fue por primera vez a Meroz, que dista cerca de dos horas de Samaría y se encuentra en la ladera meridional de un monte. La ciudad estaba rodeada de un foso, que a veces se llenaba del agua que descendía de la montaña.

Meroz tenía mala fama en Israel a causa de la deslealtad que sus habitantes habían mostrado en varias ocasiones. Estos se ocupaban sobre todo de la preparación de las pieles: confeccionaban vestidos, sandalias, cinturones, escudos, jubones para los soldados...

En Meroz Jesús fue acogido con mucha cordialidad por los ciudadanos pobres que estaban informados de su llegada. Fueron a su encuentro, le llevaron vestidos limpios y sandalias nuevas y le ofrecieron algo de comer y beber. Vinieron también los fariseos y aquella misma tarde enseñó en la sinagoga delante de una multitud, y contó la parábola de los talentos.

«Un hombre rico, al ausentarse, llamó a sus siervos y les encomendó su hacienda: a uno dio cinco talentos, a otro dos y a otro uno, a cada cual según necesidad; y se ausentó. El que había recibido cinco talentos se puso a negociar con ellos y ganó otros cinco. Igualmente el que había recibido dos ganó otros dos. En cambio el que había recibido uno se fue, cavó un hoyo en tierra y escondió el dinero de su señor. Al cabo de mucho tiempo, vuelve el señor de aquellos siervos y ajusta cuentas con ellos. Los dos primeros fueron muy alabados y recibieron una rica recompensa, el tercero, por el contrario, fue reprendido y castigado por haber sido negligente y por no haber hecho buen uso de su talento, que le fue quitado y entregado al que tenía diez. Porque a todo el que tiene, se le dará; pero a quien no tiene, aun lo que tiene se le quitará».

Después de la enseñanza en la sinagoga, Jesús fue con sus discípulos a una posada que se encontraba fuera de la puerta oriental de la ciudad y había sido preparada por Lázaro para él y los discípulos en un terreno de su propiedad. Aquí se reunieron con él algunos apóstoles, entre los que estaban Bartolomé y Simón, que le hablaron de Judas Iscariote diciendo que era una persona culta, hábil y muy servicial y deseosa de seguir a Jesús.

Al oírlos hablar Jesús suspiró y pareció turbado. Cuando le preguntaron el porqué, respondió: «No es todavía el momento de hablar de esto, es tiempo de pensar en ello».

En aquel tiempo Judas conocía ya a todos los discípulos. Cuando supo que Jesús vendría a la región de Meroz, donde estaba a menudo, había buscado a Bartolomé y le había pedido que le presentase a Jesús. Bartolomé se había puesto contento con la propuesta y se puso en camino con él. También los demás discípulos sentían simpatía por Judas, por su disponibilidad y por sus agradables discursos.

Judas Iscariote podía tener entonces unos veinticinco años. Era de altura media y no feo. Tenía cabellos muy negros, pero la barba era rojiza. Era ordenado y limpio en el vestido y más fino de modales que los judíos comunes. Era sociable y servicial y le agradaba sentirse útil. Contaba con gusto, confidencialmente, que había conocido a personas importantes y santas; pero era pedante con quien no lo conocía. Sin embargo, si alguien que sabía las cosas mejor que él lo acusaba de mentir, se retiraba con gran vergüenza. Codiciaba el dinero, los honores y los puestos de importancia. Deseaba la fama, una tarea importante, un papel de prestigio, sin saber bien, sin embargo, cómo conseguir todo esto.

La persona de Jesús lo estimulaba mucho: los discípulos estaban amparados, el rico Lázaro era su amigo, se creía que Jesús fundaría un reino, todos hablaban de un rey, del Mesías, del profeta de Nazaret. Los milagros y la sabiduría de Jesús estaban en la boca de todos. Judas deseaba muchísimo entrar a formar parte del grupo de los discípulos y participar en su gloria, que creía terrena. Había recogido información sobre él y lo comentó por ahí. Conoció a varios discípulos y ahora, finalmente, había conseguido llegar cerca de Jesús.

Judas también quería ser discípulo de Jesús porque no tenía un trabajo fijo y su cultura era incompleta, lo que le causaba una cierta inseguridad. Conocía un poco el cálculo y el comercio, pero el patrimonio recibido del padre natural estaba agotándose. En el último periodo había realizado tareas de todo tipo por cuenta de varias personas, demostrando ser hábil y diligente.

El sobrenombre de Iscariote le venía de una pequeña localidad de Judea denominada Queriyyot. Sus padres habían vivido en ella durante algún tiempo. Sin embargo llevaban una vida nómada porque su madre era bailarina y cantante. Era también poetisa: componía melodías que después ejecutaba acompañándose con el arpa. Enseñaba a las chicas a bailar y facilitaba vestidos, maquillaje y ornamentos. Su marido no estaba con ella cuando se quedó embarazada —creo que su amante era un militar de la zona de Damasco— de este infeliz niño. Pero cuando nació, quiso liberarse de él inmediatamente; y por eso fue confiado a unos cónyuges acomodados pero sin hijos, que lo cuidaron y le dieron una educación. Después Judas se manifestó más bien indócil, por eso debió volver con su madre. Creo que el marido de su madre, un judío, cuando conoció su nacimiento, lo maldijo. Después de la muerte de los padres vivió predominantemente en Queriyyot con su tío Simón, curtidor, y se había dedicado al comercio.

En aquel tiempo todavía no era malvado, pero era proclive a la mentira y tendía a la avaricia, y no tenía un objetivo claro en la vida. No estaba alejado de la religión, es más, observaba atentamente todos los preceptos judíos. Me parece que era un hombre que, según las influencias, podía inclinarse al bien o al mal. Lo que tenía de bueno le venía de su padre natural, la madre no valía nada y había vivido siempre de intrigas y mentiras.

A pesar de su habilidad y cordialidad, Judas tenía en la cara una expresión triste, debida a la secreta envidia de las fortunas ajenas.

Al principio los discípulos eran agradables con él por su disponibilidad; era, en efecto, muy servicial y además limpiaba sus sandalias. Era muy resistente al caminar e hizo largos viajes para la comunidad. Nunca lo vi realizar milagros. Era siempre muy celoso y envidioso y hacia el final de la vida terrena de Jesús estaba cansado de andar siempre de un lado para otro y de obedecer, y cansado también del gran misterio que rodeaba al Maestro, para él verdaderamente impenetrable[1].

3. Jesús acepta a Judas como discípulo

Judas Iscariote fue, pues, a Meroz con Bartolomé, que lo presentó a Jesús con estas palabras: «Maestro, este es Judas, del que te hemos hablado».

Jesús lo miró con cordialidad y con una indescriptible melancolía, y Judas inclinándose dijo: «Maestro, te pido que me permitas participar en tu enseñanza». Jesús le dirigió una mirada intensa y respondió dulce y proféticamente: «Puedes hacerlo».

Después Jesús comenzó a hablar y a enseñar, y todos juntos subieron al monte en cuya cima se reunió una gran multitud proveniente de Meroz y de otras ciudades vecinas. Habían venido también muchos fariseos del lugar. Jesús mandó a sus discípulos a que anunciaran esta enseñanza suya unos días antes. Habló del reino, de la penitencia, de la negligencia de este pueblo, y lo animó a salir de su pereza. Por la tarde Jesús dijo que enseñaría también al día siguiente, por lo que muchas personas durmieron en las tiendas, ya que vivían demasiado lejos para volver a casa. Jesús pasó la noche con los suyos en la posada. Vi que en la montaña distribuyó a los pobres el dinero que los discípulos habían llevado de Cafarnaún, y observé que Judas prestaba una particular atención.

---

[1] Clemens Brentano, que trascribió las visiones de A. C. Emmerick y recogió sus comentarios, escribe que la monja sentía una profunda piedad por Judas.

Hoy Judas se ha sentado por primera vez a la mesa con Jesús y ha dormido bajo el mismo techo.

A la mañana siguiente, Jesús volvió a la montaña y enseñó largamente, casi como cuando pronunció el sermón de la montaña. Había una multitud inmensa. Llevaron también comida, pan, miel y peces cogidos en un pequeño estanque en las cercanías. Jesús proporcionó comida a los pobres con la ayuda de los discípulos. En su discurso reprochó a los fariseos oprimir a la pobre gente y dejarla en la ignorancia y en el pecado. Los fariseos, muy irritados, comenzaron a discutir y a hablar contra él, diciendo sobre todo que dejaba demasiada libertad a sus discípulos, que no era bastante severo con los ayunos, con la purificación, con la observancia del sábado; le reprochaban también que se juntaba con los recaudadores de impuestos y los marginados, y otras cosas por el estilo.

Jesús les contestó recordando el mandamiento del amor: ama a Dios sobre todas las cosas y a tu prójimo como a ti mismo. ¡Este era el mandamiento primero y fundamental! Y exhortó a los discípulos a observarlo, en lugar de limitarse a los ritos formales que escondían el incumplimiento de este precepto.

Felipe y Tadeo dijeron con timidez: «Maestro, no te hemos entendido». Y Jesús explicó una vez más todo con claridad y se apiadó del pueblo ignorante y pecador que los fariseos habían dejado desviar a causa de la observancia exterior de la Ley; y con voz alta anunció que estos no participarían en su reino.

Volviendo hacia la posada curó a muchos enfermos que habían ido a su encuentro.

4. Primer encuentro de Tomás con Jesús. Nuevas críticas por parte de los fariseos

A la mañana siguiente, Jesús caminó con algunos discípulos hacia los jardines fuera de la ciudad. Otros habían ido a invitar a la gente a la enseñanza que Jesús impartiría hacia el mediodía y después a una comida que Isacar, un hombre rico curado por Jesús, ofrecía para celebrar su curación.

Mientras Jesús paseaba se le acercó Tomás y le pidió que lo acogiese entre los discípulos: quería seguirlo y hacer todo aquello que le pidiese. Después de haber escuchado sus palabras y visto sus milagros se había convencido de que lo que Juan y sus discípulos decían de él era verdad. Rogaba a Jesús que lo hiciese participar en su reino.

Jesús le dijo que lo conocía y sabía que vendría. Tomás, sin embargo, no quiso aceptar estas palabras y afirmó que no había pensado nunca ir a él y que había decidido hacerlo ahora, al ver sus milagros. Jesús le dijo: «Tu te consideras sabio y hablas neciamente. ¿No conoce el jardinero los árboles de su jardín y el viñador sus vides? ¿Y podrá él plantar una viña sin conocer a los criados que mandará a trabajar en ella?»

Después, dirigiéndose a los discípulos y a los apóstoles, dijo: «Id entre la gente y buscad la oveja perdida. Sed como aquel pastor que, teniendo cien ovejas, si pierde una de ellas, deja todas las demás para ir a buscarla. Y cuando la encuentra se alegra más por la que estaba perdida que por las noventa y nueve que le habían quedado. No es voluntad de vuestro Padre celestial que se pierda uno solo de sus hijos. Y no tengáis miedo, porque hasta los cabellos de vuestra cabeza están todos contados y vuestro Padre sabe lo que necesitáis antes de pedírselo. Quien no tome su cruz y no siga al hijo, no es digno. Quien pierda su vida por mí, ese la salvará. El que os recibe a vosotros, a mí me recibe, y quien os ofrezca un solo vaso de agua fresca, no perderá su recompensa».

Jesús enseñó después a la multitud, finalmente volvió con sus discípulos a la ciudad y fue a casa de Isacar donde ya se había reunido mucha gente. Las mujeres y los criados estaban ocupados en preparar la comida. Isacar era un rico mercader y su casa era amplia y estaba provista de todo: daba a una gran plaza, en el centro de la cual había un pozo muy profundo. Se ofreció comida a todo el mundo, pero al ver esto los fariseos sintieron una gran rabia y comenzaron a hablar de Jesús reprochándole que no respetaba el sábado.

Jesús repitió entonces lo que había dicho otras veces: «¿Si cayeras en un pozo en sábado, no querrías que te sacaran?» Y ellos callaron, llenos de bilis y de vergüenza.

Después de la comida, Isacar dio a Jesús y a los discípulos provisiones, bebidas, bálsamos y otras cosas necesarias. Judas Iscariote volvió a su casa y también otros discípulos hicieron lo mismo.

Jesús se quedó con Tomás, Santiago el Menor, Simón, Tadeo, Natanael, Saturnino y algunos otros.

Cuando Jesús se alejó, las murmuraciones y las maledicencias de los fariseos volvieron. Dijeron a la pobre gente, allí reunida, que se veía bien quién era ese que se había hecho tratar bien por Isacar. Sus discípulos eran gente perezosa que se hacía mantener y vivía a costa de los demás. Si hubiera sido una persona de bien, se habría quedado en casa y habría ayudado a su pobre Madre. Su padre había sido un humilde carpintero, pero él había despreciado aquel noble oficio. Ahora andaba dando vueltas por el país y alborotaba a la gente...

Cuando Isacar, que era un hombre generoso, daba a la gente, solía decir: «¡Coged! ¡Coged tranquilamente! No es mío, todo pertenece al Padre celestial, dadle gracias a él, a mí estas cosas se me han dado solo en préstamo!»

5. Mensaje de Juan a Jesús

Dos discípulos de Juan, instruidos por él antes de ser encarcelado, habían ido a Meroz para ver a Jesús, escucharlo, presenciar sus milagros y convencerse de que lo que Juan les había explicado era verdad. Hablaron con Juan mientras estaba en la cárcel y tenían un mensaje suyo para Jesús: debía revelar abiertamente quién era e iniciar decididamente su reino en la tierra. Le dijeron que estaban convencidos de que era verdad todo lo que le escucharon al Bautista, y le preguntaban si no quería liberarlo de la prisión, porque Juan lo esperaba y deseaba muchísimo que él comenzase a reinar. Para los discípulos de Juan esto habría sido un milagro mucho más útil que las curaciones.

Jesús les contestó que sabía que Juan esperaba ser liberado cuanto antes de la cárcel, y esto ocurriría pronto. Contaron, pues, a Juan lo que habían visto y le aseguraron: él llevará a pleno cumplimiento su propia misión.

No sé si Juan sabía que Jesús sería crucificado y que su reino no era de este mundo. Creo, más bien, que también él pensaba que Jesús convertiría y liberaría al pueblo y fundaría un reino espiritual sobre la tierra.

6. Conversión de una adúltera

Dejado Meroz, Jesús se fue a la zona del monte Tabor y visitó a algunos parientes de Ana, Joaquín y José, que lo acogieron con gran alegría. Habló asímismo a la gente y curó a varios enfermos. También vinieron aquí a escucharlo algunos fariseos, que se enfadaron mucho por sus palabras. Fue en la casa de sus parientes donde vino a él Noemí, una mujer rica de Daberat.

Noemí había engañado mucho a su difunto marido cometiendo adulterio, de tal manera que él había muerto con gran amargura. Ahora tenía un administrador al que desde hacía mucho tiempo había prometido matrimonio, pero también lo engañaba y tenía siempre otros amantes.

Esta mujer escuchó las enseñanzas de Jesús en Dotán y salió trasformada. Estaba profundamente arrepentida y solo deseaba pedir que la perdonara y hacer penitencia, por lo que buscaba por todos los medios acercarse a él. Él, sin embargo, se mantenía siempre alejado.

Noemí era una mujer muy conocida. Como buscaba por cualquier medio encontrarse con Jesús, los fariseos se acercaron, le preguntaron si no se avergonzaba y la conminaron a que se fuese a casa. Ella no se dejó confundir y llevada por su deseo de perdón se abrió camino entre la multitud y se echó a los pies de Jesús diciendo: «Señor, ¿hay todavía misericordia y perdón para mí? ¡Señor yo no puedo seguir viviendo así!»

Jesús la tranquilizó y ella dijo: «He pecado mucho contra mi marido. He engañado al hombre que administraba mi casa». Y confesó sus pecados públicamente.

Y cuando Jesús le dijo: «¡Levántate! Tus pecados están perdonados», ella, por reconocimiento, se quitó todos sus ornamentos —perlas, anillos, brazaletes, collares— y se los entregó a los discípulos para que los distribuyesen entre los pobres. Luego se cubrió el rostro.

Inmediatamente después Jesús fue a la sinagoga y los fariseos y los saduceos, irritados, lo siguieron, y una vez más discutieron largamente con él, le reprocharon crearse un séquito, disponer por todo el país de una red de posadas adonde fluía el dinero de las viudas ricas, dinero que, por el contrario, podía ser destinado a las sinagogas y a quien enseñaba. También con Noemí había acabado ciertamente siendo así. Y más aún: ¿cómo se permitía decir que sus pecados le eran perdonados?

Jesús no los escuchó siquiera y pasó la noche en casa de los parientes de José.

7. Magdalena asiste al sermón de la montaña. Belleza de la Virgen María

Jesús fue después a Gadara, que se encuentra a una hora de Magdala, no lejos del lago de Tiberíades.

Marta, Verónica y otras mujeres habían ido desde Betania a Cafarnaún. Sobre la marcha se unieron a ellas Dina la Samaritana y María la Sufanita, también ella una pecadora arrepentida y perdonada; tenían la intención de asistir juntas a escuchar las enseñanzas que Jesús impartiría algún día después en la montaña, en Gadara, adonde Marta esperaba llevar también a Magdalena.

Magdalena había recibido hacía poco otra visita de Santiago el Mayor que la predispuso favorablemente. Cuando llegó la hermana, Magdalena la acogió de buena gana y la hizo entrar en una habitación de su palacio no lejos de la sala en la que recibía a sus amigos. En ella había una mezcla de vergüenza verdadera y simulada: por un lado, se avergonzaba de su hermana vestida tan simplemente y tan devota, que iba de un lado para otro con Jesús y con personas que sus amigos despreciaban; por otra parte, se avergonzaba delante de Marta de llevarla a las habitaciones que eran el escenario de sus locuras y de sus pecados. Magdalena se encontraba muy atormentada; quería cambiar su modo de vivir pero no tenía la fuerza de alejarse del tipo de vida que había llevado hasta aquel momento. El hombre con el que vivía no la satisfacía, era una persona bastante vulgar. Y las palabras de Jesús ya la habían conmocionado una vez.

Marta se comportó con inteligencia y amor. Le dijo: «Dina la Samaritana y María la Sufanita, que tú conoces, te invitan a ir con ellas a escuchar el discurso de Jesús en la montaña. El lugar está cerca, a ellas les alegraría ir en tu compañía. No deberás avergonzarte de ellas delante de la gente; sabes bien que son educadas, visten de modo correcto y tienen modales finos. ¡Es un espectáculo maravilloso: la gente, las extraordinarias dotes oratorias del profeta, los enfermos, las curaciones que realiza, el fuego con que apostrofa a los fariseos! Estamos todos convencidos de que te gustará esta invitación. Te hará bien: me parece que ahora estás un poco sola, te faltan las personas capaces de apreciar tu corazón y tus talentos. ¡Si quisieras venir con nosotros a Betania! ¡Escuchamos siempre cosas maravillosas y tenemos tantas cosas buenas que hacer, y tú has estado siempre tan llena de amor y de compasión!... Al menos debes venir a escuchar al profeta mañana. Nosotras estaremos en la posada, tú puedes tener un alojamiento separado y podrás hablar solo con quien quieras».

Así habló Marta a su hermana, logrando evitar todo aquello que pudiera herirla. En su melancolía, Magdalena estaba deseosa de ir, por lo que aceptó y prometió a Marta ponerse en camino a la mañana siguiente a primera hora.

Partió, pues, en un asno junto a su criada, a Dina y a María la Sufanita. Iba vestida con elegancia pero no de modo fastuoso, como acostumbraba. El lugar donde Jesús iba a predicar distaba apenas dos horas de Magdala. Cuando llegaron ya se había reunido una gran muchedumbre. Habían llevado también muchos enfermos, y personas venidas con sus asnos trajeron alimentos. Para librarse del sol se instalaron tiendas y cabañas de ramos verdes. Los discípulos de Jesús se ocupaban de que reinase el orden. Jesús llegó hacia las diez y al mismo tiempo que él fariseos, saduceos y herodianos, que se pusieron en la parte opuesta a los discípulos.

Antes de comenzar la oración, Jesús dijo a las personas que no debían asombrarse o enfadarse si él llamaba a Dios Padre suyo, porque quien hacía la voluntad del Padre celestial era su hijo y, además, que él demostraría enseguida que estaba haciendo la voluntad del Padre. Después oró en voz alta a su Padre y dio comienzo a un severo discurso sobre el arrepentimiento en el estilo de las enseñanzas de los profetas. Habló de la venida del Mesías, que los profetas habían anunciado, y de Juan, que había preparado el camino. Reveló todos los pecados que los hombres cometen por la debilidad de la carne, habló de la futura destrucción de Jerusalén y del Templo. Después se dirigió a los discípulos y les pidió que fueran fieles y fuertes; dijo que los enviaría por todas partes a enseñar el camino de la salvación. Sin embargo no debían ir donde los fariseos, saduceos y herodianos, que describió con mucha severidad, y finalmente invitó a todos a arrepentirse y a cambiar de vida.

Después se llenó de nuevo de amor, llamó a todos los pecadores, derramó lágrimas de compasión y rogó al Padre que tocase sus corazones. Dijo que daría con gusto su vida por ellos, tendió las manos y dijo: «Venid, venid a mí todos los que estáis fatigados y sobrecargados. Venid, vosotros pecadores, haced penitencia, tened fe y compartid el reino conmigo».

Tendió las manos también a los fariseos y a los demás enemigos suyos; bastaba que hubieran querido acercarse a él.

Pero estos decían entre sí: «Ahora no podemos hacer nada contra él, sus seguidores son muchos, nos limitaremos a contradecirlo; esperemos que por las fiestas de Pascua vaya a Jerusalén, veremos si tiene el valor de ir a hablar al Templo».

Mientras Jesús hablaba, Magdalena estaba como encadenada a él. Quedó tan afectada por sus palabras sobre el arrepentimiento que se puso a temblar y a llorar, pero se sintió después confortada por las palabras de amor que Jesús pronunció. Cuando Jesús invitó a los pecadores a acercarse a él, también ella se arrimó con las otras personas.

Después, Jesús se acercó a los enfermos y curó a muchos de ellos. Magdalena se aproximó con las otras mujeres para ayudar de algún modo. Estaba impresionada por todo el sufrimiento y la miseria de la que era testigo y a la que no estaba acostumbrada. Trataba de acercarse lo más posible al Señor, que sin embargo estaba siempre lejos de ella.

A continuación Magdalena habló con las santas mujeres y les manifestó toda su emoción por la fuerza, la dulzura, la nobleza y los milagros de Jesús; dijo que sentía que tenía que seguirlo, la vida que llevaba no valía nada y quería unirse a ellas. Mientras decía estas cosas lloraba a menudo, pero ahora su corazón estaba más ligero y sereno. Después volvió a Magdala con su criada.

Magdalena es más alta y más bella que las otras mujeres. También Dina la Samaritana es bella, pero es más activa y disponible que Magdalena y también más humilde.

La Santísima Virgen supera, sin embargo, a todas en belleza. De su rostro emana nobleza, belleza, sencillez, sinceridad, seriedad, dulzura y paz. Es pura y representa perfectamente la imagen de Dios en el hombre. Ningún ser humano puede ser comparado con ella, solo su Hijo es como ella. Ella es la inocencia, la paz, la serenidad, la sabiduría, la seriedad, la amabilidad hechas persona. Es sencilla e inocente como un niño. Es muy seria, muy silenciosa, a menudo triste, pero nunca se desespera ni pierde el control: las lágrimas corren dulcemente por su rostro dulcísimo.

8. Jesús habla a los discípulos y les enseña el «Padre nuestro»

Vi a Jesús pasar todo un día con sus discípulos y enseñarles muchas cosas. Caminaban a lo largo del lago y de vez en cuando se paraban a descansar. Jesús habló de la necesidad de dejar todo apego a los bienes materiales, habló en parábolas del Reino de Dios y dijo que por el momento no podía explicarles todo claramente; pero llegaría la hora en que lo comprenderían todo. Ellos, mientras tanto, debían dedicar todas sus fuerzas a construir sus casas y consolidarlas; y ellos creyeron que mediante sacrificios y esfuerzos podrían obtener estas casas en su reino, es decir, oficinas y empleos. Entendieron todo en términos materiales. Judas estaba contentísimo y repetía a todos que quería trabajar y hacer su parte.

En este punto Jesús se detuvo y dijo: «No hemos acabado, no será siempre así, vosotros no seréis siempre bien acogidos y alimentados; vendrá un tiempo en el que seréis perseguidos y maltratados y no tendréis un techo, no tendréis pan y ni siquiera vestidos ni sandalias».

Dijo también que debían reflexionar bien y prepararse para dejarlo todo, porque tenía que hacer con ellos algo importante. Habló también de los dos reinos que se contraponen y explicó que nadie puede servir a dos señores. El que quiera servir en su reino, debe dejar el otro. Citó también a los fariseos y a sus compañeros, diciendo que ellos enseñaban siempre la letra muerta y querían que fuese observada, descuidando completamente el núcleo y el contenido, es decir, el amor, la reconciliación, la compasión.

Pero Él enseñaba lo contrario, porque la cáscara sin el núcleo está muerta y es inútil: lo más importante es el contenido, después la Ley; el núcleo debe crecer junto con la cáscara. Enseñó también a los discípulos la oración que debían recitar devotamente en soledad:

Padre nuestro,
que estás en el cielo,
santificado sea tu Nombre;
venga a nosotros tu reino;
hágase tu voluntad

en la tierra como en el cielo.
Danos hoy nuestro pan de cada día;
perdona nuestras ofensas,
como también nosotros perdonamos
a los que nos ofenden;
no nos dejes caer en la tentación,
y líbranos del mal. Amén.

Jesús hablaba con claridad a los discípulos y les enseñaba muchas cosas, usando distintas palabras, para que pudieran comprender bien lo que iba a decir en sus enseñanzas públicas y pudieran explicarlo a la gente. Santiago el Mayor, Pedro y Judas hacían preguntas a menudo, Andrés era el más preparado para las enseñanzas de Jesús, Tomás reflexionaba en su interior, Juan aceptaba todo dócilmente como un niño. A veces los discípulos callaban por humildad, otras veces porque no querían dar a entender que no habían comprendido.

Jesús explicaba también que debían prepararse para la misión ejercitándose en la obediencia; explicaba cómo tendrían que comportarse cuando él los enviase a enseñar a la gente; y si se les acercaban los herodianos o fariseos para escuchar y discutir después, debían contener su indignación y responder con calma, en parte aceptando y en parte rebatiendo sus palabras; después de lo cual debían tratar de alejarse de ellos porque eran todavía demasiado frágiles y habrían caído fácilmente en la trampa de aquellas personas astutas y malignas. Pero no debían esquivarlos, porque Jesús quería que escuchasen sus enseñanzas.

9. Recaída de Magdalena

Desgraciadamente vi que Magdalena retomó su anterior modo de vida. Recibió la visita de hombres que hablaron de Jesús, de su costumbre de frecuentar a gentuza de todo tipo; se rieron de lo que la gente decía de ella y le dijeron que la encontraban mucho más bella y agradable de lo que estaba en los últimos tiempos; en efecto, desde hacía algunos días Magdalena se había recuperado mucho físicamente.

Desafortunadamente se dejó envolver por estos discursos y cayó de nuevo en su vida pecaminosa. Tiene también vecinos muy malos, quizá algunos de ellos odian a Jesús, han oído hablar del interés de Magdalena por él y tratan de que vuelva a su vida de siempre.

10. Vocación de Mateo

Hoy he asistido a la llamada de Mateo. Había un sendero que iba desde la orilla del lago a los puestos donde trabajaban los recaudadores de impuestos, y Jesús se encaminó en aquella dirección. Cuando Mateo, que se estaba ocupando de ciertas mercancías delante de su despacho con algunos siervos, vio acercarse a Jesús con los discípulos, se avergonzó y se escondió. Pero Jesús se acercó y le dijo que saliese. Entonces Mateo salió del despacho y se echó a los pies de Jesús diciendo que no se consideraba digno de que Jesús le dirigiese la palabra.

Pero Jesús dijo: «¡Mateo, levántate y sígueme!» Mateo se puso de pie afirmando que dejaba rápidamente todo para seguirlo; después, junto con Jesús, se unió a los otros discípulos, que saludaron a Mateo con alegría y le impusieron las manos; particularmente felices se sintieron Tadeo, Simón y Santiago el Menor, que estaban emparentados con él.

Mateo invitó inmediatamente a Jesús y a los discípulos a su casa, pero Jesús le dijo que irían al día siguiente, y prosiguió su camino.

Mateo entonces corrió hacia su casa, que distaba un cuarto de hora del lago y se encontraba, en un declive, en una zona un poco elevada. Puso en su lugar a un hombre que habitualmente trabajaba con Pedro y le dijo que desempeñase su oficio hasta nueva orden. Mateo estaba casado y tenía cuatro hijos. Contó entusiasmado a su mujer la fortuna que había tenido y que en adelante era su intención dejarlo todo y seguir a Jesús; su mujer aceptó con alegría.

Mateo tenía más o menos la edad de Pedro, era un hombre robusto, bien plantado, con barba y cabellos negros. Había recibido ya el bautismo de Juan y toda su vida estaba orientada por criterios de gran conciencia y seriedad.

Al día siguiente Jesús enseñó a los paganos de la zona y hacia mediodía fue con sus discípulos a casa de Mateo, donde se habían reunido muchos recaudadores de impuestos a los que Mateo había invitado. Sobre la marcha se unieron a ellos algunos fariseos y discípulos de Juan, que no entraron en casa, pero se acercaron a los apóstoles en el jardín y les dijeron: «¿Cómo podéis tolerar que ese esté siempre en compañía de publicanos y pecadores?» Respondieron: «¡Preguntádselo a él!» Los fariseos rebatieron: «¡Con un hombre que siempre quiere tener razón no se puede hablar!»

Mateo acogió a Jesús y a sus discípulos con cordialidad y les lavó humildemente los pies. Presentó a su mujer y a sus hijos a Jesús. Jesús habló con la mujer y bendijo a los hijos. Mateo se llamaba en realidad Leví y Jesús le puso por nombre Mateo.

Se había preparado una gran comida y Jesús se sentó rodeado de publicanos; vinieron pobres y los discípulos compartieron el alimento con ellos.

Creo que Jesús pasó la noche en casa de Mateo con algunos discípulos, pero los que eran pescadores durmieron en las embarcaciones.

Cafarnaún es una ciudad pequeña con mucho movimiento, y en estos días está más animada que de costumbre; al saber que Jesús está aquí, vienen muchas personas, amigos y enemigos, sobre todo paganos.

11. Llamada de Pedro y Andrés y de los hijos de Zebedeo. Jesús aplaca la tempestad en el lago. Situación de Pedro

A la mañana siguiente Jesús fue con los discípulos a la orilla del lago; vio a Pedro y a Andrés echar las redes y les gritó: «¡Venid y seguidme, quiero hacer de vosotros pescadores de hombres!» Y ellos dejaron inmediatamente su trabajo y se unieron a él.

Jesús caminó todavía un poco a lo largo de la orilla del lago, hasta donde se encontraba la embarcación de Zebedeo que, junto a sus hijos Santiago y Juan, estaba arreglando las redes; también les dijo lo mismo. Ellos bajaron y se unieron a él. Zebedeo se quedó en la barca con los siervos.

Vi a Jesús enviar nuevos discípulos a uno de los lados de la montaña con el encargo de bautizar a los paganos que lo deseasen. Los había preparado durante los días previos. Él mismo, junto a Saturnino y otros discípulos, fue al otro lado de la montaña. Por la tarde volvieron todos a casa de Mateo, donde encontraron a muchas personas que lo esperaban. Pero Jesús estaba cansado y subió a la barca de Pedro con los futuros apóstoles y Saturnino y mandó que se dirigiesen hacia Tiberíades, que está en la otra parte del lago. Se puso cerca del palo maestro en el punto donde habitualmente están los ojeadores y se durmió inmediatamente, porque estaba realmente agotado.

Cuando partieron, el tiempo estaba sereno y el lago tranquilo. Pero apenas estuvieron en alta mar se desencadenó un fuerte temporal. Todo era muy extraño; el cielo estaba negro y, sin embargo, se veían las estrellas. Se levantó un viento terrible y las olas batían contra los lados de la embarcación; las velas, por prudencia, habían sido caladas, pero no bastaba. Se sucedían relámpagos y truenos.

Como el peligro era cada vez mayor, los discípulos se asustaron, despertaron a Jesús y gritaron: «Maestro, ¿no te importa que perezcamos? ¡Nos vamos al fondo!»

Entonces Jesús se levantó, miró y dijo con calma, hablando serio, a la tempestad: «¡Calla, enmudece!» Y las aguas se calmaron, y todos se quedaron atónitos y decían entre ellos: «¿Quién es este que hasta el viento y el mar le obedecen?»

Pero les reprochó su poca fe y mandó volver a tierra...

Pedro vive un poco fuera de la ciudad, en una gran casa con un amplio patio rodeado de pequeñas habitaciones. El torrente de Cafarnaún pasa por allí y forma un gracioso lago pequeño en el que hay peces. Alrededor hay prados en los que se tienden las redes para reparar. En las casetas viven los siervos, porque Pedro tiene campos y animales, una gran finca agrícola.

Para él es más difícil que para otros alejarse de su hacienda y de su casa; a esto se añade el sentimiento de la propia indignidad.

12. Mensaje de Juan el Bautista a la sinagoga

Por la tarde antes del sábado llegaron a Cafarnaún varios discípulos de Juan, los primeros y más fieles, enviados por él. Convocaron ante la sinagoga a los responsables y a la comisión de los fariseos y les entregaron un largo rollo bien cerrado. Era una carta de Juan dirigida a ellos, que contenía su límpido y claro testimonio sobre Jesús. Mientras la leían y discutían sobre ella con un cierto desasosiego, se reunieron muchas personas y los mensajeros les contaron también a ellos lo que Juan había dicho en su gran discurso delante de Herodes y de muchas otras personas.

Cuando los discípulos que Juan había enviado a Jesús volvieron con su respuesta y le llevaron muchas noticias de sus milagros y de sus enseñanzas, así como de las persecuciones por parte de los fariseos, de las muchas interpretaciones que se hacían sobre Jesús y de las protestas porque Jesús no lo liberaba, Juan se sintió impulsado a dar una vez más un claro testimonio sobre él, porque muchas veces había tratado inútilmente de hacer que Jesús diese testimonio de sí mismo.

Había mandado pedir a Herodes que le permitiese hablar a todos sus discípulos y a cuantos deseasen escucharlo, porque pronto callaría para siempre. Herodes lo permitió. Dejó pasar a sus discípulos y a mucha gente a un patio del castillo, y también Herodes y su pérfida consorte asistieron sentados en un lugar elevado, rodeados de numerosos soldados.

Sacaron a Juan de la cárcel y comenzó a hablar. Herodes había permitido que esto ocurriese para no enemistarse con el pueblo: quería, en efecto, dar la impresión de que Juan sufría una prisión tolerable. Había oído, sin embargo, al Bautista hablar con enorme entusiasmo de Jesús, decir que él personalmente había sido enviado para prepararle el camino, que no había anunciado más que a Jesús, y, además, que este pueblo insensible y testarudo no quería reconocerlo. ¿Habían olvidado lo que había enseñado sobre Jesús? Ahora lo repetiría una vez más, porque su fin no estaba lejos.

Una vez dichas estas palabras, los presentes se emocionaron y muchos de sus discípulos lloraron. Herodes se sobresaltó y se sintió a disgusto porque no tenía la intención de matarlo. Pero no lo paró y Juan siguió hablando con gran entusiasmo del milagro ocurrido en el bautismo de Jesús, el amado Hijo de Dios, el que había sido anunciado por los profetas.

Todo lo que Jesús enseñaba, dijo Juan, venía de su Padre y él hacía lo que el Padre quería, y nadie podía ir al Padre sino por medio de él. Juan habló largo tiempo, refutando las acusaciones de los fariseos, especialmente la de no honrar el sábado. Dijo que todos deben honrar el sábado, pero los fariseos lo deshonraban porque no seguían las enseñanzas de Jesús, Hijo de Aquel que había instituido el sábado. Añadió muchas otras cosas y dio testimonio una vez más de que Jesús era el único capaz de traer la salvación: quien no creyese en él y en su enseñanza no se salvaría. Pidió finalmente a sus discípulos que se dirigiesen a Jesús, que no permaneciesen ciegos en el umbral sino que entrasen en el «templo».

Al final de este discurso envió a varios discípulos con una carta a la sinagoga de Cafarnaún en la que repetía su testimonio: Jesús era el Hijo de Dios y el cumplimiento de la promesa. Ordenó a los discípulos que leyeran al pueblo otra carta en la que afirmaba las mismas cosas dichas en su discurso.

Vi a los discípulos de Juan hacer todo esto en Cafarnaún. Se habían reunido muchas personas, venidas aquí para celebrar el sábado: judíos que acudían de todas las regiones y que oyeron con gran alegría las palabras de Juan sobre Jesús: muchos estaban llenos de júbilo y recibieron nuevo vigor para conservar su fe.

Los fariseos tuvieron que evitar a la multitud y no pudieron hacer nada, se limitaron a mirar encogiendo los hombros y moviendo la cabeza; dijeron, sin embargo, a los discípulos de Juan que no habrían creado problemas a Jesús si no hubiese violado las leyes y no hubiese turbado la paz pública. Era verdad —dijeron— que Jesús hablaba de modo maravilloso, pero ellos debían mantener el orden y había un límite para todo. Juan era una buena persona, pero en su prisión no podía estar informado de todo; y, por lo demás, había estado muy poco con Jesús.

Mientras tanto había comenzado el sábado y todos entraron en la sinagoga. Entró también Jesús con sus discípulos y todos lo escucharon con grandísima admiración.

13. Curación de la hemorroísa. Curación del hombre de la mano seca

Jesús salió de la sinagoga rodeado de una gran multitud. Una mujer esperaba poder acercarse a él: desde hace años tiene un flujo ininterrumpido de sangre y se ha quedado muy débil. Había llegado acompañada de dos amigas que la sostenían. Había oído hablar de Jesús, sabía de sus curaciones y en ella se había encendido la esperanza, sostenida por una fe viva. Esperaba poder acercarse a Jesús cuando saliese de la sinagoga.

Jesús conocía sus pensamientos y, mientras hablaba, había ralentizado sus pasos. Cuando estuvo cerca, ella se puso de rodillas, se dobló hacia adelante, alargó la mano, y a través de la gente consiguió tocar la orla de su vestido sintiéndose curada al instante. Jesús se detuvo y dijo: «¿Quién me ha tocado?» Pedro y los apóstoles le dijeron: «Estás viendo que la gente te oprime y preguntas: "¿Quién me ha tocado?"» Pero Jesús dijo: «Alguien me ha tocado, porque he sentido una fuerza salir de mí».

Entonces miró alrededor, la gente se echó un poco al lado y la mujer no pudo esconderse más; se le acercó llena de vergüenza y temor, se echó a sus pies y dijo a todos que era ella la que lo había tocado, que desde hacía años sufría por el flujo de sangre y que después de haber tocado su vestido se había sentido curada; pidió después a Jesús que la perdonara. Entonces Jesús le dijo: «Hija, tu fe te ha salvado; vete en paz y queda curada de tu enfermedad». Y ella se alejó con las personas que la habían acompañado.

Esta mujer se llama Enue, tiene unos treinta años, es muy delgada y pálida. Su difunto marido era un judío; tiene una sola hija.

Jesús realizó otras curaciones, entre ellas la de un hombre cuyo brazo estaba seco y la mano hinchada y deforme. Jesús le hizo alzar el brazo, le tomó la mano y le enderezó todos los dedos uno por uno, doblándolos delicadamente y apretándolos entre los suyos. Todo ocurrió muy rápidamente y de inmediato la mano del hombre se volvió normal y pudo moverla: al principio con cuidado, después con mayor fluidez.

14. La pesca milagrosa

Los discípulos que se dedicaban a la pesca habían pasado toda la noche en el lago, pescando poco o nada. Llegado el día, Jesús enseñaba en la playa y, mientras tanto, con la ayuda de algunos discípulos, distribuía las limosnas a los pobres, según su necesidad: vestidos, mantas, pan y algún dinero. Todo esto fue suministrado por las mujeres o provenía de donaciones de personas pudientes.

Por la tarde, Jesús enseñó largamente una vez más cerca de la finca de Pedro, rodeado de un gran número de personas. Las embarcaciones de Pedro y Zebedeo estaban en la orilla, no lejos de la multitud, mientras los discípulos pescadores se ocupaban en reparar las redes.

La barca pequeña a la que solía subir Jesús estaba al lado de las embarcaciones más grandes. Como la multitud se hacía cada vez más numerosa y la playa en aquel lugar era muy estrecha y el terreno se empinaba enseguida hacia la colina, Jesús hizo un signo a los pescadores, que le llevaron una barquilla. Se acercó un escriba de Nazaret que había sido curado por Jesús y dijo: «Maestro, te seguiré adondequiera que vayas». Jesús respondió: «Las zorras tienen guaridas, y las aves del cielo nidos; pero el Hijo del hombre no tiene donde reclinar la cabeza».

Llegó la barca y Jesús subió a ella con algunos discípulos; se alejaron un poco de tierra, parándose en unos lugares y en otros, y mientras tanto Jesús enseñaba a las personas que se habían reunido y les contaba también muchas parábolas, entre ellas la del sembrador y la del enemigo que siembra cizaña en medio del trigo: «Una vez salió un sembrador a sembrar. Y al sembrar, unas semillas cayeron a lo largo del camino, vinieron las aves y se las comieron. Otras cayeron en pedregal, donde no tenían mucha tierra, y brotaron enseguida por no tener hondura de tierra, pero en cuanto salió el sol se agostaron y, por no tener raíz, se secaron. Otras cayeron entre abrojos; crecieron los abrojos y las ahogaron. Otras cayeron en tierra buena y dieron fruto, una ciento, otra sesenta, otra treinta. El que tenga oídos, que oiga».

Como le preguntaban qué significaba esta parábola, explicó que la semilla significaba la Palabra de Dios, que puede caer en suelo fértil y dar buenos frutos, o en terreno árido y pedregoso y no producir nada.

Jesús habló del reino de los cielos y contó la parábola del trigo y de la cizaña: «El reino de los cielos es semejante a un hombre que sembró buena semilla en su campo. Pero, mientras su gente dormía, vino el enemigo, sembró encima cizaña entre el trigo, y se fue. Cuando brotó la hierba y produjo fruto, apareció entonces también la cizaña. Los siervos del amo se acercaron a decirle: "Señor, ¿no sembraste semilla buena en el campo? ¿Cómo es que tiene cizaña?" Él les contestó: "Algún enemigo ha hecho esto". Le dijeron los siervos: "¿Quieres, pues, que vayamos a recogerla?" Respondió: "No, no sea que, al recoger la cizaña, arranquéis a la vez el trigo. Dejad que ambos crezcan juntos hasta la siega. Y al tiempo de la siega diré a los segadores: Recoged primero la cizaña y atadla en gavillas para quemarla, y el trigo recogedlo en mi granero».

Al atardecer, Jesús dijo a Pedro que fuesen mar adentro con las embarcaciones y echasen las redes para la pesca. Pedro respondió: «Maestro, hemos estado bregando toda la noche y no hemos pescado nada; pero en tu palabra echaré las redes».

Subieron a las barcas con las redes y se alejaron. Jesús dejó a la gente y con su barquilla, en la que estaban algunos discípulos, Saturnino entre ellos, siguió a la barca de Pedro. Mientras tanto explicaba las parábolas y cuando estuvieron en medio del lago indicó dónde echar las redes. Después con su pequeña barca se dirigió hacia la casa de Mateo.

Mientras tanto se había hecho de noche. Los pescadores que habían echado las redes no lograban sacarlas, pesaban tanto que casi se rompían. Entonces hicieron salir al mar unas barquillas y con las manos cambiaron los peces a redes más pequeñas que de esta manera pudieron subir a bordo; llamaron también a la barca de Zebedeo, que fue y ayudó a vaciar las redes. Estaban todos asombrados por esta pesca, nunca habían hecho una semejante. Pedro, pescador experimentado, estaba fuera de sí pero se daba cuenta de que no habían comprendido bien todavía quién era Jesús y se preguntaba cómo, echando las redes por su palabra, habían pescado en pocos minutos más que cuanto solían pescar en un mes.

Cuando aligeraron las redes suficientemente, los pescadores se dirigieron hacia la orilla y se asombraron todos por la enorme cantidad de peces. Vino Jesús y Pedro se echó a sus pies diciendo: «Aléjate de mí, Señor, que soy un hombre pecador». Pero Jesús le dijo: «No temas. Desde ahora serás pescador de hombres».

15. El sermón de la montaña

Vi a Jesús con los discípulos después de la pesca milagrosa, que los había liberado de toda preocupación por el alimento. Jesús ilustró brevemente las enseñanzas que tenía en mente impartir a continuación y dijo que por un tiempo bastante largo hablaría de las ocho bienaventuranzas. Dijo también que los discípulos eran la sal de la tierra, que habían sido elegidos para ayudar e instruir a los demás y por tanto no debían desanimarse en absoluto. Explicó todo esto con muchos ejemplos y parábolas.

Subió después a una colina desde la que se podía ver todo el lago y en la que le habían preparado una tienda. Lo estaban esperando muchas personas, sobre todo paganos bautizados, y también judíos, que construyeron tiendas en las que pernoctar. Judíos y paganos no estaban separados, entre ellos había siempre mucho contacto y mucho intercambio, sobre todo desde que en Palestina dominaban los romanos.

Jesús expuso las ocho bienaventuranzas y después explicó a fondo la primera: *Bienaventurados los pobres de espíritu, porque de ellos es el reino de los cielos*. Puso muchos ejemplos, contó muchas parábolas y habló también del Mesías; sobre todo habló de la conversión de los paganos y de que para ellos también vendría la consolación, como habían anunciado los profetas.

Hoy Jesús no ha realizado curaciones porque todos los enfermos fueron curados en los días anteriores. Habían venido también muchos fariseos con sus barcas, que escucharon todas estas cosas con rabia y envidia. La gente llevó consigo alimento y comía durante las pausas. Jesús y los discípulos tenían peces, pan, miel y pequeños frascos con un jugo o bálsamo que mezclaban con el agua. Por la tarde las personas de Cafarnaún, Betsaida y otros lugares vecinos volvieron a casa: las barcas los esperaban en el lago. Jesús y los discípulos fueron en dirección norte hacia el valle del Jordán y se pararon en una cabaña de pastores. Aquí Jesús siguió enseñando y preparando a los discípulos para la futura misión.

A propósito del sermón de la montaña me han dicho que Jesús enseñará de nuevo las ocho bienaventuranzas antes del sábado en Cafarnaún. Irá también a la Alta Galilea y enseñará allí durante dos días hablando de las bienaventuranzas; hablará asimismo de los profetas y del reino del Mesías. Primero enseñará a los discípulos y después a la gente. Hoy ha explicado: «Vosotros sois la sal de la tierra», y mañana hablará de «No matarás». Creo que el primer reparto de alimento a cinco mil personas está en relación con esta enseñanza. No hay que asombrarse de que al final faltase el alimento, ya que la multitud que escuchaba a Jesús era cada vez más numerosa. El núcleo de estas doctrinas está condensado en el llamado «sermón de la montaña».

16. El demonio mudo y el grano de mostaza

Mientras Jesús caminaba hacia la montaña, fueron a su encuentro muchas personas con enfermos, que él curó y consoló. Fue a su encuentro también un hombre que venía de una ciudad de Galilea: este se echó a sus pies y le imploró que salvara a su único hijo. El muchacho estaba afectado de epilepsia y como poseído por un demonio mudo, que lo tiraba unas veces al fuego y otras al agua, y era tan tormentoso que el muchacho sufría y gritaba continuamente. El padre lo había llevado ya a los discípulos, pero estos no pudieron hacer nada. Jesús mandó entonces al hombre que le llevase a su hijo y el hombre tomó de la mano al muchacho, que estaba un poco alejado entre la gente y al que había tenido que llevar sobre sus espaldas durante todo el viaje, y lo acercó a Jesús. Podía tener nueve o diez años. Apenas vio a Jesús, comenzó a debatirse con fuerza, a tirarse por el suelo, a quejarse echando baba por la boca. Jesús le ordenó que se tranquilizase y el muchacho permaneció silencioso en el suelo. Después Jesús preguntó al padre cuánto tiempo hacía que su hijo tenía aquel tormento y el hombre respondió: «Desde pequeñito. Señor, si algo puedes, ayúdanos, compadécete de nosotros». Entonces Jesús le dijo: «¡Qué es eso de si puedes! ¡Todo es posible para quien cree!» Y el padre gritó llorando: «¡Creo, ayuda a mi poca fe!»

Al oír estas palabras del padre la multitud, que se había mantenido hasta entonces un poco aparte por discreción, se acercó.

Jesús levantó la mano con gesto amenazante hacia el muchacho y dijo al espíritu impuro: «Espíritu sordo y mudo, yo te lo mando: sal de él y no entres más en él».

Entonces el espíritu salió dando gritos y agitándolo con violencia. El muchacho quedó como muerto, pálido e inmóvil, y como no lograban hacerlo mover, algunos de entre la multitud se pusieron a gritar: «¡Está muerto! ¡Está verdaderamente muerto!»

Pero Jesús, tomándolo de la mano, lo levantó y mostrando a todos que estaba bien lo restituyó al padre, exhortándolo. El hombre dio las gracias con lágrimas en los ojos, y todos los presentes alabaron la magnificencia de Dios.

A continuación, los discípulos preguntaron a Jesús por qué ellos no habían podido expulsar aquel demonio. Jesús dijo: «Por vuestra poca fe. Porque yo os aseguro: si tenéis fe como un grano de mostaza, diréis a ese monte:

"Desplázate de aquí allá", y se desplazará, y nada os será imposible. Esta estirpe con nada puede ser arrojada sino con la oración».

Les enseñó después otras muchas cosas necesarias para combatir al demonio, explicando cómo la fe hace que la acción sea viva y fuerte y quite energías al enemigo. Más tarde también habló largo tiempo de los diversos tipos de posesión y del modo de liberar a las personas.

17. «Vosotros sois la luz del mundo»

Hoy Jesús ha proseguido su enseñanza en la montaña y ha explicado la segunda de las ocho bienaventuranzas: *Bienaventurados los que lloran, porque ellos serán consolados*. Estaban también presentes las santas mujeres y todos los apóstoles. Acabada la enseñanza, las santas mujeres se fueron directas a Caná, pero, antes de que se marchasen, Jesús habló con ellas. He visto después a Jesús con los discípulos y los apóstoles bajar al lago, y cómo les hablaba de su misión: «Vosotros sois la luz del mundo». Les dijo que la mies era mucha y los obreros pocos, y él quería mandarlos a la viña. Después Jesús fue a casa de Andrés, donde le hablaron de la recaída de Magdalena en el pecado. Dijo entonces que era necesario tener paciencia, que el demonio había tomado posesión de ella y le provocaba calambres y convulsiones. Se trataba ahora de una verdadera posesión.

Creo que la conversión definitiva de Magdalena tendrá lugar durante una enseñanza de Jesús en las cercanías de Magdala.

18. Jesús prosigue el sermón de la montaña. Curación del paralítico

Hoy Jesús ha continuado en la montaña su enseñanza sobre la segunda bienaventuranza y ha explicado también muchas cosas de los profetas. Mientras tanto, en Cafarnaún, Saturnino y algunos otros discípulos han bautizado ininterrumpidamente. Después Jesús ha hablado a los discípulos de sus futuros sufrimientos y persecuciones. Esta noche ha dormido en la barca de Pedro.

Creo que el cumpleaños de Herodes, y por tanto la decapitación de Juan, están cerca. He visto, en efecto, grandes preparativos para esa fiesta de la que todos se alegran, especialmente Salomé, la hija de Herodías, que ha preparado ya vestidos y danzas para esta ocasión.

Esta mañana Jesús ha vuelto a la montaña y ha hablado de la tercera y cuarta bienaventuranza: *Bienaventurados los mansos, porque ellos poseerán en herencia la tierra. Bienaventurados los que tienen hambre y sed de justicia, porque ellos serán saciados*. Después interrumpirá este discurso para hacer un viaje a la Alta Galilea.

Tras esta enseñanza, ha llegado en barca a Cafarnaún y ha entrado en una casa que Pedro había alquilado para él y los discípulos. Y en ella ha enseñado muchas cosas, ha hablado del mandamiento de no matar, del perdón y del amor por los enemigos. Estaban presentes también muchos fariseos y se encontraban discutiendo de estas cosas cuando desde el techo bajaron una camilla con un paralítico que imploraba: «Señor, ten piedad de un pobre enfermo». Sus parientes habían intentado inútilmente llevarlo ante Jesús, pero la gran multitud apiñada lo había impedido, por eso habían subido por las escaleras externas de la casa, levantaron el techo y bajaron al hombre a través de esa abertura. Esto provocó una imprevista interrupción de la disputa: todos miraban al enfermo y los fariseos se irritaron mucho porque aquel gesto les parecía, además de audaz, de maleducados.

Sin embargo, Jesús se alegró de la fe de aquellas personas, se acercó al enfermo que yacía inmóvil y le dijo: «Hijo, tus pecados te son perdonados». Palabras como estas desagradan mucho a los fariseos, que piensan con rabia: «Está blasfemando. ¿Quién puede perdonar pecados, sino Dios solo?» Jesús conoció sus pensamientos y dijo abiertamente: «¿Por qué pensáis así en vuestros corazones? ¿Qué es más fácil, decir al paralítico: "Tus pecados te son perdonados", o decir: "Levántate, toma tu camilla y anda?" Pues para que sepáis que el Hijo del hombre tiene en la tierra poder de perdonar pecados —dice al paralítico— "A ti te digo, levántate, toma tu camilla y vete a tu casa"».

E inmediatamente el hombre quedó curado a la vista de todos, se levantó, tomó su camilla, recogió los palos, se los puso bajo el brazo y acompañado por sus amigos y parientes salió alabando a Dios, mientras todo el pueblo exultaba de alegría.

Sin embargo, los fariseos salieron llenos de ira, dejando a Jesús con los discípulos y el pueblo. Jesús habló de algunas cosas más y, habiendo llegado el sábado, se acercó a la sinagoga con todos los que estaban con él. En ella Jesús explicó el sueño de José cuando estaba en prisión en Egipto y el juicio del rey Salomón. Continuó el discurso de la montaña, hablando de la tercera y de la cuarta bienaventuranza.

En la sinagoga no hubo disturbios.

Después, en la casa de Cafarnaún, Jesús se dirigió a los discípulos más fieles y entre estos eligió doce, que denominó apóstoles. Ellos son: Simón, al que impuso el nombre de Pedro, y Andrés, su hermano; Santiago, el hijo de Zebedeo, y Juan, su hermano, al que llamó el «hijo del trueno»; Felipe y Bartolomé; Tomás y Mateo el publicano; Santiago, hijo de Alfeo, y Tadeo; Simón el Cananeo y Judas Iscariote, el que después le traicionó.

Les dijo que la cosecha era abundante, pero los obreros en la viña eran pocos, por eso los enviaría ahora. Les explicó, además, muchas cosas y dijo que en su nombre y con el poder que les confería debían comenzar a curar enfermos y a expulsar demonios.

En los días siguientes, Jesús continuó el discurso de la montaña y habló de las otras cuatro bienaventuranzas: *Bienaventurados los misericordiosos, porque ellos alcanzarán misericordia. Bienaventurados los limpios de corazón, porque ellos verán a Dios. Bienaventurados los que trabajan por la paz, porque ellos serán llamados hijos de Dios. Bienaventurados los perseguidos por causa de la justicia, porque de ellos es el reino de los cielos.*

19. Jesús y Pedro caminan sobre las aguas

Esta tarde he visto a Jesús caminar junto al lago de Tiberíades yendo a la barca de los discípulos; había un fuerte viento contrario y los hombres remaban con mucha fatiga. Al verlo, se asustaron, no sabiendo si era él o su espíritu. Gritaban de miedo, pero Jesús dijo: «¡Ánimo!, que soy yo, no temáis». Entonces Pedro exclamó: «Señor, si eres tú, mándame ir donde ti sobre las aguas!» Jesús dijo: «¡Ven!», y Pedro descendió de la barca y caminó sobre el agua agitada como si fuera un terreno plano. Parecía que iba en el aire, las fuertes olas no le impedían el paso.

Cuando comenzó a asombrarse y a pensar más en el agua, en el viento y en las olas que en la palabra de Jesús, tuvo miedo, comenzó a hundirse y en la angustia gritó: «¡Señor, sálvame!», después se hundió hasta el pecho y tendió la mano. Inmediatamente Jesús se puso a su lado, le agarró la mano y dijo: «Hombre de poca fe, ¿por qué dudaste?» Llegaron a la barca, subieron a ella y Jesús le reprochó a él y a los otros su pavor.

El viento se aplacó y la barca siguió tranquilamente el viaje hacia Betsaida.

20. Curación de un hombre ciego y mudo. El pueblo se rebela ante los fariseos

Cuando Jesús volvió a Cafarnaún, le llevaron un hombre ciego y mudo. Esta curación suscitó mucho revuelo, porque, antes de llegar al lugar en el que iba a enseñar, Jesús puso al hombre las manos en los ojos, y el hombre pudo ver y hablar. Muchos presenciaron esta curación prodigiosa y se hicieron seguidores de Jesús.

Los fariseos se irritaron y comenzaron a decir que Jesús curaba con ayuda del diablo. Pero la gente se rebeló y dijo a los fariseos que debían dejar de criticar y culpar a Jesús, más aún, debían reconocerlo y admitir que en Israel nunca se había visto a nadie que hiciese lo que él hacía y nunca había habido un profeta igual a él. Dijeron también que, si seguían oponiéndose testarudamente a Jesús, era mejor que se fueran de Cafarnaún, porque sus ofensas y su ingratitud no se podían soportar más.

21. La personalidad de Jesús

Es admirable ver a Jesús pasar por las calles; unas veces lleva el vestido suelto, otras recogido; camina sin muchos movimientos, pero sin rigidez alguna; tranquilo y como planeando, más sencillo y poderoso que todos los demás seres humanos. Nada que se eche particularmente de ver, ninguna duda, ningún paso en falso, ningún movimiento o mirada inútil, ninguna intencionalidad particular: naturaleza perfecta.

22. Marta y Magdalena. Liberación y conversión de Magdalena

Esta noche he visto que Marta y las santas mujeres están con la Virgen María; juntas piensan que, cuando Jesús imparta una enseñanza muy importante, será oportuno buscar a Magdalena y hacer que vaya con ellas a escucharlo; se proponen también suplicar a Jesús en ese momento que la ayude. Marta espera poder llevar por Pascua a su pobre hermana a Betania, y pronto irá a hablar con ella.

Magdalena, mientras tanto, ha llegado al límite. Frecuenta personas de perfil moral cada vez más bajo. Las santas mujeres, especialmente la Santísima Virgen, rezan incesantemente por ella.

Marta ha ido a Magdala con una sierva para hablar con Magdalena, que se encuentra en compañía de hombres y de mujeres impúdicos. Magdalena está ocupada en vestirse y adornarse, y la hace esperar. Marta espera con infinita paciencia. Finalmente llega Magdalena, llena de orgullo y jactancia: se avergüenza de los vestidos sencillos de su hermana y teme que sus invitados puedan verla; le pide, pues, que se vaya. Marta le pide que le permita descansar en algún lugar tranquilo; le muestran una pequeña habitación en un edificio adyacente, donde la dejan sin nada que comer ni beber.

Era por la tarde. Magdalena se vistió, se adornó y participó en la fiesta sentada en un precioso asiento. Mientras tanto, Marta y su sierva rezaban y estaban muy turbadas. Al final de la fiesta Magdalena se unió a ellas y les llevó algo de comer. Habló de forma desdeñosa, llena de orgullo y de insolencia. Marta le rogó con gran amor y humildad que fuese con ella una vez más a escuchar las importantes enseñanzas que Jesús impartiría no lejos de Magdala. Todas las amigas que habían estado con ella la vez anterior estarían presentes y ya se alegraban mucho pensando que ella iría también; Marta y Lázaro estarían felices; no habría tan pronto otra ocasión de tener aquel maravilloso profeta en las cercanías, poder escucharlo y al mismo tiempo volver a ver a todas sus viejas amigas.

Magdalena respondió: «¡Iré, pero no contigo! ¡Tú vas delante, yo no quiero ir con una persona tan mal vestida, quiero adornarme conforme a mi condición y llegar con mis amigas!»

Después se separaron. Era ya muy tarde. A la mañana siguiente vi a Magdalena prepararse. Hizo llamar a Marta y en su presencia habló una vez más en tono desdeñoso. Marta le respondió pacientemente y con dulzura, en su interior seguía rezando para que Magdalena fuese y ojalá se convirtiese.

Vi que las siervas lavaban y perfumaban a Magdalena. Estaba sentada en un taburete bajo y tenía puesto solo un delantal de lana fina que le llegaba a las rodillas. Dos siervas estaban ocupadas en lavarle los pies y brazos y en rociarla con agua perfumada. Separaron los cabellos en tres partes, y los peinaron lisos, los perfumaron, los trenzaron y los adornaron de perlas. Después se puso una camisa finísima de lana y un vestido verde de grandes flores amarillas, sobre la cabeza un pequeño gorro que dejaba libre la frente. Llevaba brazaletes que le llegaban hasta el codo. Mientras la lavaban y vestían tenía en la mano un espejo y lo controlaba todo.

Cuando estuvo lista, las siervas prepararon un baúl con otros vestidos que fue cargado en un asno; Magdalena cogió un manto de viaje y salió. Marta y su sierva siguieron a las siervas de Magdalena y se pusieron en camino.

Durante todas estas operaciones Magdalena se había mostrado desdeñosa y arrogante, mientras Marta había soportado todo en silencio. El demonio la atormentaba mucho para hacerla desistir del propósito de ir a ver a Jesús, y ella no iría ciertamente si no hubiese quedado con las otras pecadoras que estaban cerca de ella, que querían ir a «ver el espectáculo». En efecto, se encontraron y se pusieron en viaje cabalgando sobre asnos; a continuación iban otros asnos con sus equipajes. Ese día llegaron hasta los baños de Betulia y pernoctaron en una elegante posada. Me he maravillado viendo que Magdalena, que delante de los otros se avergonzaba de su hermana y la había hecho comer sola, durante la noche fue a la modesta posada de las mujeres donde Marta pernoctaba, dejando solas a todas sus amigas.

A la mañana siguiente, en apenas una hora de viaje, llegaron al lugar donde Jesús iba a enseñar. Marta alcanzó a las santas mujeres y les contó cómo había conseguido hacer venir a su hermana. Magdalena y sus amigas se alojaron en una posada, se cambiaron de vestido, se adornaron y después hicieron su aparición en el lugar de la enseñanza. Con ellas estaban también hombres amigos suyos, que habían preparado una tienda abierta con mullidos cojines, alfombras y asientos; las pecadoras se situaron en ella cómodamente, y Magdalena en medio de ellos. Todos la miraban con desprecio.

Los fariseos y otras personas que habían asistido a su sorprendente conversión primera, y a su recaída, se mostraban particularmente desdeñosos hacia ella pues les sentaba mal que se hubiese atrevido a venir hasta aquí.

Después de haber curado a muchos enfermos, Jesús dio comienzo a una memorable enseñanza. Recuerdo que dijo que la reina de Saba había venido del lejano mediodía para escuchar la sublime sabiduría de Salomón; ¡pero aquí había uno que era más que Salomón! Era maravilloso ver cómo los niños pequeños, que todavía no caminaban y estaban en brazos de sus madres, tendían las manos hacia él y gritaban: «¡Jesús de Nazaret! ¡Santísimo profeta! ¡Hijo de David! ¡Hijo de Dios!»

Al ver y oír esto, muchas personas, entre las cuales estaba Magdalena, quedaron profundamente impresionadas. Después de haber suscitado intensas emociones, Jesús —dirigiéndose de modo particular a Magdalena— ordenó a los demonios que dejaran inmediatamente a todos los que deseaban ser liberados; y muchos, ante aquella orden, cayeron desvanecidos. También Magdalena cayó a tierra presa de fuertes calambres. Sus amigas pecadoras la masajearon con óleos perfumados para hacerla recobrar el sentido, pero inútilmente. Mientras tanto, la gente gritaba: «¡Maestro, ayúdala, esta mujer se muere!» Pero Jesús continuó su enseñanza diciendo: «¡Ponedla en su silla, la muerte por la que está muriendo es una buena muerte, una muerte que la hará vivir!»

Al cabo de un poco de tiempo Magdalena cayó de nuevo presa de calambres y vi que de ella salían unas figuras oscuras. En torno había siempre un gran ruido y agitación, y sus amigas trataban todavía de hacerla volver en sí. Se repuso, se sentó de nuevo sobre su asiento y dijo que había tenido un simple desvanecimiento. Pero los calambres se presentaron una tercera vez, todavía más fuertes; entonces Marta corrió hacia ella y cuando Magdalena se repuso estaba como fuera de sí, lloraba a lágrima viva y quería ir donde las santas mujeres. Sin embargo, sus amigas la pararon, le dijeron que no debía hacerse la loca e intentaron entretenerla.

Entonces Lázaro y Marta la llevaron a la posada de las mujeres. Magdalena estaba descompuesta: se quitó todos los ornamentos, se vistió más sencillamente y se cubrió. Después volvió a escuchar a Jesús, que la miró intensamente y ella se desvaneció una vez más, y otro espíritu maligno salió de ella. Sus siervas la llevaron de nuevo a la posada, ella estaba como fuera de sí, gritaba y lloraba diciendo que era una pecadora, una vergüenza de la humanidad.

Terminada la enseñanza, Jesús fue con los discípulos y algunos fariseos a la posada donde se alojaba, y mientras, de pie, comía algo, llegó Magdalena, que se había separado de las mujeres. Nada más llegar se echó a sus pies, lloró y gritando preguntó si había todavía esperanza de salvación para ella. Los fariseos y los discípulos se irritaron y dijeron a Jesús que no debía soportar más a esta mujer que suscitaba perplejidad por todas partes. Pero Jesús dijo: «¡Dejadla llorar! No sabéis lo que está sucediendo dentro de ella».

Después la consoló, le dijo que debía arrepentirse de todo corazón y esperar, porque pronto encontraría la paz; ahora podía volver a casa con confianza.

Mientras tanto, había llegado Marta con las siervas que tomaron a Magdalena y la acompañaron a su posada. A continuación Magdalena fue con ellos a Betania. Lázaro, a petición de Magdalena, se fue rápidamente a Magdala para hacerse cargo de sus posesiones y organizar todo.

La multitud ha sido hoy tan grande que Jesús se alejó con los discípulos de noche, a escondidas, para continuar su enseñanza en un lugar que distaba una hora y media de allí.

Al día siguiente, Jesús prosiguió su enseñanza en las cercanías de Damna; aquí, cansada y agotada, lo alcanzó Magdalena con las santas mujeres. Jesús habló muy severamente del pecado de impureza, pero habló también de la misericordia del Señor, del actual periodo de gracia e imploró a la gente que acogiese esta clemencia.

Por tres veces miró en dirección a Magdalena y por tres veces vio salir de ella sombras tenebrosas. Ella estaba como destruida, pálida y casi irreconocible. Las lágrimas salían de sus ojos incesantemente y ella seguía pidiendo perdón por su vida pecaminosa.

Después de la enseñanza Jesús encontró en un lugar separado a Magdalena, que estaba acompañada de su Madre y de Marta, y la encontró llorando, con los cabellos sueltos. La consoló y, cuando María y Marta se alejaron, ella le preguntó: «¿Señor, hay todavía salvación para mí?» Jesús perdonó sus pecados, la bendijo y le habló de la virtud de la pureza. Habló de su Madre, que estaba limpia de todo pecado de la carne; la alabó con palabras que no había oído nunca salir de su boca, y ordenó a Magdalena que estuviese cerca de María y buscase en ella consuelo y consejo.

Cuando Magdalena volvió con las santas mujeres, Jesús dijo a los discípulos: «Ha sido una gran pecadora, pero será por la eternidad el modelo de todos los penitentes».

Magdalena estaba destruida físicamente, pero se encontraba tranquila y lloraba suavemente pidiendo perdón a todos, y todos la consolaban y le mostraban cariño.

23. Decapitación de Juan

Desde hace varios días he visto muchos invitados y gente de consideración ir donde Herodes para los festejos; he visto también a muchas mujeres llegar hasta Herodías. Cerca del castillo de Herodes había un edificio redondo abierto con numerosos asientos, en el que luchaban gladiadores y animales. He visto también bailarines y bailarinas realizar todo tipo de danzas, y a Salomé, la hija de Herodías, danzar, rodeada de espejos, en presencia de su madre.

En los últimos tiempos, Juan se pudo mover libremente dentro del castillo, y sus discípulos iban y venían sin problemas. Impartió también algunas enseñanzas públicas dentro de la fortaleza, y Herodes había estado presente y escuchando.

A Juan se le había prometido la libertad si aceptaba el matrimonio de Herodes o, al menos, no hablaba, pero él continuó hablando muy severamente. A pesar de esto Herodes pensaba volver a darle la libertad con ocasión de su cumpleaños. Sin embargo, su mujer pensaba de manera diferente.

Herodes deseaba que durante la fiesta Juan se hiciese ver públicamente para demostrar a sus invitados que su prisión era tolerable. Sin embargo, cuando comenzaron los juegos y los festejos licenciosos en el castillo, Juan no salió más de su prisión y ordenó a sus discípulos que se retirasen.

Herodías ha vivido siempre en pecado y es experta en toda clase de engaños y traiciones. Su hija Salomé ha sido instruida por ella y es ya una pequeña prostituta. Es joven y floreciente, tiene una figura lozana, se mueve de manera procaz y está vestida de modo provocador. Desde hace mucho tiempo Herodes la mira con ojos deseosos, y su madre ha construido su proyecto sobre esto.

Herodías tenía un aspecto que llamaba la atención, era también muy provocadora y usaba todas las artes y todos los medios posibles para hacer aún más desvergonzada su belleza. No era tan joven y tenía una expresión en cierto modo diabólica que alegraba mucho a los hombres libertinos y sin escrúpulos; a mí siempre me ha suscitado un sentimiento de malestar y disgusto, como la turbadora belleza de una serpiente.

La fiesta por el cumpleaños de Herodes ha comenzado esta tarde. Herodías vivía en un castillo a un lado de la gran corte. Este castillo está un poco elevado respecto a la sala en la que se desarrolla la fiesta; desde sus galerías con pórtico se goza de una visión completa de esta sala, toda adornada de flores, oro, espejos y plantas verdes, e iluminada con una infinidad de antorchas, lámparas y fuegos. Herodías y sus amigas estaban todas en las galerías del castillo, rodeadas de muchos invitados suntuosamente vestidos, saludadas por coros que cantaban himnos; en el patio que separa el castillo de Herodías de la sala de fiestas muchos chicos y chicas bellos, prácticamente desnudos y adornados con guirnaldas de flores, tocan varios instrumentos musicales.

Cuando Herodes llegó pasando bajo un arco de triunfo, Salomé, ataviada con un vestido trasparente y adornada de oro y de perlas, fue a su encuentro con otros chicos y chicas y le ofreció una corona de flores y hojas.

Después de que los invitados hubieron comido y bebido hasta la saciedad, pidieron a Herodes que hiciera bailar a Salomé. Se dejó libre el centro de la sala. Herodes se sentó en su trono, y algunos invitados suyos, entre los cuales estaba el tetrarca Filipo, tomaron asiento en un palco algo elevado. Salomé apareció con sus bailarinas, vestida de modo aún más trasparente y excitante que antes, los cabellos adornados de perlas y piedras preciosas.

Danzó en el centro de la sala rodeada de otras bailarinas. Esta danza no era salvaje y veloz como las danzas de nuestros campesinos, era como un continuo doblarse, inclinarse y dar vueltas al cuerpo, como si no tuviese huesos, con movimientos rápidos y continuos. Era como ver moverse a una serpiente; las bailarinas tienen en las manos coronas y velos que mueven constantemente al ritmo de los movimientos del cuerpo.

He tenido ocasión de ver danzas judías y también paganas que por su gracia y dulzura me han gustado mucho; estas danzas, sin embargo, eran impúdicas y orientadas solo a suscitar deseos escandalosos. Herodes estaba completamente poseído y como fuera de sí, y cuando al final Salomé se acercó a su trono mientras las chicas seguían bailando en el centro de la sala llamando la atención de los invitados, Herodes le dijo en voz baja, de modo que solo los más cercanos a él pudieron oírlo: «Pídeme lo que quieras, te lo daré».

Pero Salomé dijo: «Quiero preguntar a mi madre qué debo pedirte». Dejó la sala, fue donde estaban las mujeres y pidió consejo a su madre. Herodías le mandó que pidiese que le llevase, en una bandeja, la cabeza de Juan el Bautista.

Salomé entonces volvió a Herodes y dijo: «Dame aquí, en una bandeja, la cabeza de Juan el Bautista». Solo lo oyeron pocas personas que estaban sentadas cerca. Fue como si Herodes hubiese sido mordido por una serpiente; ella le recordó su juramento. Entonces él hizo llamar a un verdugo y le ordenó decapitar a Juan y entregar la cabeza en una bandeja a Salomé. El verdugo se alejó y Salomé lo siguió. Herodes dejó la sala con algunos amigos de confianza que lo habían escuchado todo, como si no se sintiese bien, y estaba muy triste; oí que los amigos le decían que no estaba obligado a secundar aquella petición, le prometieron, sin embargo, no decir nada para no arruinar la fiesta. Herodes estaba muy turbado y se retiró a las habitaciones más lejanas. Mientras tanto la fiesta continuaba.

Juan estaba en oración. El verdugo y su ayudante hicieron entrar con ellos a los dos guardias que vigilaban la entrada de la cárcel; los soldados tenían antorchas y vi a Juan como si fuera la luz del sol.

Salomé los había seguido por los pasillos subterráneos junto con una sierva que había dado al verdugo la bandeja cubierta por un paño rojo.

El verdugo dijo a Juan: «El rey Herodes me ha ordenado que entregue a su hija Salomé tu cabeza en esta bandeja».

Juan se quedó de rodillas, se volvió hacia él y dijo: «Sé por qué estás aquí. Sois mis invitados, desde hace tiempo os esperaba. Si supieras lo que haces, no lo harías. Estoy listo».

Después apartó la mirada de él y siguió rezando delante de una piedra sobre la que acostumbraba a rezar. El verdugo lo decapitó con una máquina que no puedo comparar más que con una trampa para los zorros; le pusieron un anillo de hierro en torno a la espalda y mediante una presión del verdugo una lámina cortante le separó limpiamente la cabeza del tronco.

Juan permaneció de rodillas, la cabeza cayó a tierra y un triple chorro de sangre roció la cabeza y el cuerpo del santo, que fue así bautizado con su misma sangre. El ayudante del verdugo levantó la cabeza cogiéndola por los pelos, la puso en la bandeja y se la entregó a Salomé que estaba esperando. Ella la tomó con alegría, y también con el disgusto y espanto que las personas entregadas a los placeres sienten ante la sangre y las heridas. A través de los pasillos subterráneos llevó la cabeza en la bandeja cubierta del paño rojo y por vías secretas llegó a una especie de cocina que se encontraba bajo el palacio de Herodías, que fue inmediatamente a su encuentro, quitó el paño de la cabeza, la insultó y maltrató; con hierros agudos que se encontraban en la cocina golpeó la lengua, las mejillas y los ojos de la cabeza que había tirado a tierra, y más semejante a un diablo que a un ser humano la golpeó con los pies y la tiró donde se tiran las inmundicias en la cocina. Después volvió a la fiesta con su hija, como si no hubiera pasado nada[2].

El santo cuerpo de Juan permaneció en prisión cubierto por la piel que habitualmente llevaba, vigilado por los dos guardias, que estaban desconcertados y conmociona-

---

[2] A continuación A. C. Emmerick contó que el cuerpo de Juan fue recuperado por los discípulos y sepultado en la tumba en la que ya reposaban sus padres. También la cabeza del Bautista, que Herodías había conservado con temor y respeto, fue entregada a los discípulos y sepultada en un segundo momento con el cuerpo.

dos; sin embargo, ellos mismos fueron encerrados pronto en la prisión para que no hablaran. A todos los que estaban al tanto del asunto se les mandó el más absoluto silencio.

La fiesta continuó durante algunos días, pero Herodes no participó más. Lo vi caminar por los jardines con las personas de más confianza, triste y desconcertado.

24. Nueva vida de Magdalena

Jesús se puso en camino hacia Jerusalén con los apóstoles y los discípulos. Lázaro había vuelto también a Betania después de haber puesto en orden los intereses de su hermana en Magdala. Es muy probable que se convierta también el hombre que había vivido con Magdalena: Lázaro le ha ofrecido un alojamiento y un trabajo, y él ha aceptado con gusto.

También la Virgen María ha llegado a Betania con las santas mujeres.

Magdalena vive ahora en Betania, en la casa en la que había vivido María, la hermana muerta. Lloró mucho y sintió mucha pena por su pecaminosa vida pasada. Marta y las otras mujeres tratan de confortarla de cualquier modo. Está pálida, desmejorada y tiene una infinita nostalgia de Jesús.

Cuando Magdalena supo que Jesús estaba llegando a Betania, fue a su encuentro a escondidas con su sierva hasta encontrarlo después de cerca de una hora de camino. Se echó a sus pies y los bañó con lágrimas de arrepentimiento y gratitud.

Jesús la tomó por la mano, la hizo levantar y le habló amistosamente de su difunta hermana María, diciéndole que debía seguir su ejemplo y hacer penitencia como había hecho ella, aunque no había pecado.

Confortada, Magdalena volvió a casa por otro camino.

Antes de llegar a Betania, Jesús se separó de los discípulos, que en parte fueron a Jerusalén, y con Pedro y Juan fue a los jardines de Lázaro, que salió a su encuentro y como de costumbre lavó los pies a todos y ofreció enseguida algo de comer y beber. Estaba también presente José de Arimatea. Jesús permaneció en la casa y no vio a nadie salvo a la familia de Lázaro y a las mujeres.

Jesús habló después a solas con la Santísima Virgen María de la muerte de Juan. Ella y Jesús habían conocido su fallecimiento por revelación interior. Jesús dijo a su Madre que volvería a Galilea al cabo de ocho días, antes de que los invitados de Herodes provenientes de Galilea volviesen a casa, para poder viajar tranquilamente.

A continuación Jesús se fue al monte de los Olivos y a otras pequeñas localidades vecinas, permaneciendo en los alrededores de Jerusalén, sin entrar en la ciudad.

25. Peregrinación de Jesús a la casa en la que vivieron María y José

En torno a mediodía vi a Jesús con los discípulos delante de la puerta [de Jerusalén] por la que se sale para ir a Belén; a cerca de un cuarto de hora de la ciudad se encuentra la posada en la que María y José estuvieron con él cuando tenía cuarenta días y debía ser presentado en el Templo. Aquí pasó la noche también Ana [la abuela de Jesús], cuando fue a buscar a María y al recién nacido a Belén, y también Jesús a los doce años cuando dejó a sus padres para volver al Templo, en el que asombró a todos por su sabiduría.

En esta pequeña casa vivían personas sencillas y muy devotas, que acogían a los esenios y a otros piadosos. Ahora gestionan la posada los hijos de aquellos que en los años pasados acogieron a Jesús y a sus familiares, y también un hombre anciano, que lo recordaba bien todo. Estos no conocían a Jesús, que no había estado nunca allí, y pensaban que era Juan el Bautista, del que se hablaba también mucho y que había sido —se decía— liberado por Herodes.

En esta casa vi un detalle muy conmovedor. En el rincón de una habitación los propietarios de la posada mostraron a Jesús una muñeca vestida exactamente como estaba María cuando había llevado a Jesús al templo cuarenta días después del nacimiento, y un niño en un pesebre; en torno había lámparas y flores de papel. Le dijeron: Jesús de Nazaret, el gran profeta, nacido hace treinta y tres años en Belén, estuvo aquí con su Madre. Es lícito honrar lo que viene de Dios, dijeron, por eso cada año durante seis semanas festejaban el cumpleaños de Jesús, como también festejaban el cumpleaños de Herodes, que no era profeta.

Estas personas eran muy devotas de Jesús y de sus padres, debido a la relación con Ana y con los amigos de la Sagrada Familia, y debido también a los pastores que se paraban allí cuando iban a Jerusalén. Cuando Jesús se dio a conocer, su alegría fue indescriptible.

Le mostraron todos los lugares de la casa y del jardín donde habían estado María, José y Ana. Jesús los animó, les habló afectuosamente y hubo un intercambio recíproco de dones. Jesús mandó a un discípulo suyo que les diese una moneda y ellos le ofrecieron a cambio pan, miel y fruta para el viaje y lo acompañaron un buen tramo.

26. Herodes da a conocer la muerte de Juan

Después de cinco horas de camino Jesús llegó a Yutá, que dista una hora de Hebrón y es el lugar de nacimiento del Bautista.

Las santas mujeres, Lázaro, José de Arimatea y varios discípulos de Jerusalén habían llegado separadamente durante la mañana, algunas horas antes que Jesús.

La casa de Zacarías se encuentra a un cuarto de hora de Yutá, sobre una colina. Es una casa aislada. La casa y los bienes, consistentes sobre todo en viñedos, son la herencia de Juan. El sobrino de su padre, que se llama también como él, Zacarías, vive aquí y lo administra todo. Es un levita, de una clase muy semejante a los esenios. Supo siempre de la venida del Mesías, era muy devoto y no se había casado. Es más joven que el Bautista, tiene casi la edad del apóstol Juan. Cuando el Bautista estaba en el desierto, él, que era niño, vivió en esta casa como un hijo.

Zacarías recibió a Jesús y a sus compañeros con alegría y respeto.

Después de haber descansado y comido, Jesús fue a la sinagoga de Yutá y a las localidades vecinas a enseñar y curar a los enfermos.

Durante la estancia en Yutá, María contó a las santas mujeres su viaje con José cuando visitó a Isabel; José salió después y ella refirió lo preocupada que estaba por lo que pudiera pensar José al constatar su cambio de condición. Narró también lo que ocurrió durante su visita, el saludo de Isabel, el salto de alegría de Juan en el seno materno, cómo Dios le había inspirado el *Magnificat*, que recitó a partir de entonces, por la tarde, con Isabel, hasta el nacimiento de Juan. Habló del mutismo de Zacarías y de cómo Dios le devolvió el habla cuando pronunció el nombre de Juan.

Contó todas estas cosas confidencialmente a las santas mujeres, derramando lágrimas de emoción; y ellas derramaron también copiosas lágrimas, pero más suaves que las de María, que ya lloraba también la muerte de Juan, de la que ellas no estaban todavía al corriente. Mostró, además, la fuente que por su oración había surgido en las cercanías de la casa, y todas bebieron de aquel venero.

Por la noche hubo una cena durante la cual Jesús enseñó muchas cosas. Las mujeres se sentaban en una mesa aparte, pero podían oírlo todo. Cuando todas las mujeres se retiraron, María fue con Jesús, Pedro, Juan y tres discípulos del Bautista a la habitación en la que Juan había nacido. En el pavimento estaba extendida una gran manta especial y ellos se arrodillaron en ella y después se sentaron alrededor.

Jesús, sin embargo, se quedó de pie y habló de la santidad y de la vida de Juan. La Santísima Virgen contó las circunstancias en que aquella manta había sido hecha: la tejieron Isabel y ella antes del nacimiento de Juan, que nació sobre ella.

Esta manta, que había servido de lecho a Isabel para dar a luz a su hijo, era de lana color amarillo y estaba adornada de flores. En el borde superior aparecían copiadas en letras grandes con aguja e hilo las palabras del saludo de Isabel y el *Magnificat*.

Una vez que los apóstoles y los discípulos estuvieron preparados, Jesús les anunció que Juan había sido asesinado por Herodes, y entonces todos se quedaron muy desconcertados y derramaron lágrimas hasta empapar la manta; en particular, el evangelista Juan se echó de rodillas sollozando. Rompía el corazón ver cómo todos lloraban con el rostro sobre la manta.

Jesús los consoló y los preparó para cosas todavía más dolorosas. Ordenó después a todos que callasen porque hasta ese momento solo ellos y los asesinos de Juan sabían lo que había ocurrido.

También yo lloré mucho.

27. Jesús en Betania y en Jerusalén. La piscina de Betesda. La curación del hombre paralítico de treinta y ocho años

Jesús ha ido hoy a Betania con Lázaro y los discípulos, rodeando Jerusalén. Marta y Magdalena, que fueron a su encuentro, los acompañaron durante un buen tramo del camino. También llegaron a Betania aquel día cuatro apóstoles que Jesús había enviado a predicar a Tobor; también ellos oyeron con gran dolor la noticia de la muerte de Juan. Contaron que habían enseñado y curado, como Jesús les había dicho, y que en un lugar fueron recibidos a pedradas, pero no habían sido alcanzados.

Magdalena vive ahora en la casa de María la silenciosa. Es una casa compuesta de pequeñas habitaciones y a menudo la veo en una especie de torre, donde derrama lágrimas inagotables. Creo que lleva cilicio. Está dominada por el arrepentimiento, muy pálida y desmejorada.

Al día siguiente vi a Jesús que iba con los discípulos a Jerusalén y entraba en el Templo, donde enseñó y explicó las Sagradas Escrituras. Todos estaban estupefactos y admirados por su sabiduría y por la calidad de la enseñanza. Nadie le hizo preguntas hostiles ni reproches. Los sacerdotes presentes no lo conocían, y aquellos que lo conocían no le eran adversos. Sus principales rivales, fariseos y saduceos, se habían ido ya todos. Jesús enseñó hasta por la tarde y después se fue con algunos discípulos a la piscina de Betesda[3]. Allí se reunían los más pobres y los más abandonados y entre ellos se encontraba un hombre de treinta y ocho años que estaba paralítico. Los discípulos dieron a los más miserables vestidos y pan que las mujeres habían preparado. Jesús les enseñó muchas cosas y después preguntó si creían que Dios podía ayudarlos y si deseaban ser curados, los exhortó a arrepentirse de sus propios pecados, a hacer penitencia y a bautizarse. Después reveló a cada uno sus pecados, y todos quedaron consternados y dijeron: «Maestro, tú eres un profeta. ¿Eres acaso Juan?» La muerte de Juan, en efecto, no era todavía conocida y en muchos lugares se esperaba todavía su liberación.

---

[3] De la piscina de Betesda (o Betzatà) habla el Evangelio de Juan (5, 2-4): «Hay en Jerusalén, junto a la Probática, una piscina que se llama en hebreo Betesda, que tiene cinco pórticos. En ellos yacía una multitud de enfermos, ciegos, cojos, paralíticos, esperando la agitación del agua. Porque el Ángel del Señor bajaba de tiempo en tiempo a la piscina y agitaba el agua; y el primero que se metía después de la agitación del agua, quedaba curado de cualquier mal que tuviera». Hay que señalar que el último versículo falta en muchos documentos antiguos y muchos exégetas lo consideran una nota explicativa añadida al margen por un copista e inscrita con posterioridad en el texto.

La casa de Joaquín y Ana, padres de la Virgen, estaba en el barrio de Betesda, según cuenta la tradición; en el 1240 los cruzados construyeron aquí la iglesia de S. Ana, todavía en buen estado de conservación. Las ruinas de la piscina, en realidad una gran cisterna de 120 x 60 con una profundidad máxima de 20 m., cuyas aguas llegaban del norte y fluían en la zona del Templo, son grandiosas. Toda el área es de gran interés arqueológico y muy importante para la tradición cristiana.

Jesús les explicó concisamente quién era y curó a muchas personas, entre ellas algunas ciegas. Les mandó lavar los ojos con el agua de la piscina mezclada con óleo y les dijo que se fuesen tranquilamente a casa y no hablasen de la curación.

Después Jesús se acercó con Juan al hombre que estaba enfermo desde hacía treinta y ocho años. Este era un jardinero y había sido muy activo; estaba enfermo desde hacía tanto tiempo que ahora no era más que un mendigo que vivía de las migajas que le dejaban los demás. Era considerado por todos un enfermo incurable.

Jesús le preguntó si quería ser curado, y el hombre —que no imaginaba en absoluto que Jesús quisiera curarlo, sino que pensaba que le hacía solo una pregunta genérica— respondió que no tenía a nadie que lo socorriese, ni un criado ni un amigo que lo ayudase a bajar a la piscina cuando el agua era removida, por lo que antes de que lograse, arrastrándose, llegar, otros ya se habían sumergido.

Habló un largo tiempo con él, le reveló sus pecados, suscitó en él el arrepentimiento, le dijo que no debía vivir más en la impureza y en el rencor al Templo, porque era así como en el pasado se había merecido el castigo. Le dijo también que Dios acoge y ayuda a todos los que se dirigen a él con humildad.

Y cuando aquel pobre hombre, al que nadie dirigía nunca una palabra de consuelo y que a menudo se lamentaba de que nadie le prestaba ayuda, se sintió profundamente conmovido por estas palabras, Jesús le dijo: «Levántate, toma tu camilla y anda». Le ordenó también bajar a la piscina y lavarse; después dijo a uno de los discípulos que lo llevase a una de las pequeñas habitaciones para los pobres que los amigos de Jesús, en particular José de Arimatea, habían preparado cerca del Cenáculo.

El hombre se levantó de su mugrienta camilla, descendió a la piscina, se lavó y estaba tan feliz y tenía tantas ganas de irse que casi olvida su camilla. El sábado había comenzado ya y Jesús se alejó con Juan sin que nadie lo viese.

Sin embargo, cuando el hombre salió de la piscina, algunos judíos lo vieron y pensaron que habían sido las virtudes curativas del agua las que lo habían curado y le dijeron: «Es sábado y no te está permitido llevar la camilla». Pero el hombre respondió: «El que me ha curado me ha dicho: Toma tu camilla y anda».

Ellos le preguntaron entonces quién era el que le había dado esa orden, pero el hombre no lo sabía: en efecto, no conocía a Jesús ni lo había visto nunca antes. Jesús, entre tanto, estaba ya lejos. El milagro de la curación del hombre que todos consideraban incurable suscitó mucho revuelo entre estos judíos, como se verá después.

Junto a la piscina de Betesda solo se encontraban a aquella hora unos pocos enfermos pobres, que se quedaban a dormir bajo los pórticos, mientras los pudientes ya habían sido llevados a casa; en efecto, en los últimos tiempos el movimiento del agua solo ocurría raras veces y en todo caso al salir el sol. Además, aquel lugar de curación estaba muy derruido y una parte del muro circundante se había caído. La gente frecuentaba este sitio como se frecuenta un lugar de peregrinación, porque se decía que un ángel bajaba del cielo a tocar el agua, que adquiría así capacidades curativas.

Después del descenso del Espíritu Santo esta piscina se convirtió en el punto en el que los apóstoles bautizaban.

28. Comentarios de Pilato y de Herodes sobre Jesús

Pilato era gobernador de la Tierra Santa, y yo oí una conversación entre él y sus subalternos. Hablaban de Jesús, que venía de Galilea y que realizaba muchos milagros, y decían que en aquel tiempo debía estar en las cercanías de Jerusalén. Pilato dijo: «¿Hay mucha gente con él? ¿Están armados?»

«No —le respondieron—. Él solo anda con unos pocos discípulos pacíficos y gente de baja condición, alguna vez está solo. Enseña en los montes y en las sinagogas, cura a los enfermos y distribuye limosnas. A sus enseñanzas va a menudo mucha gente, a veces varios miles de personas».

«¿Habla contra el César?»

«No —le respondieron—. Enseña costumbres mejores y a ser misericordiosos. Dice también que hay que pagar los tributos y dar al César lo que es del César y a Dios lo que es de Dios. A menudo habla también de su reino y dice que está cerca».

Entonces Pilato dijo: «Mientras haga milagros, sin gente armada, no hay que preocuparse. Oigo que los sacerdotes judíos hablan contra él, pero no creo que constituya un peligro. Sin embargo, si viniese con gente armada, habría que pararlo».

Herodes se preocupaba mayormente de Jesús y preguntaba: «¿Es quizá Juan resucitado de entre los muertos?»

29. «¿Quién es mi madre y quiénes son mis hermanos?»

Después de la breve visita a Jerusalén, probablemente motivada por la muerte de Juan, Jesús volvió a Cafarnaún y retomó su habitual actividad de enseñanza en las ciudades y en los pueblos de Galilea. Curó a muchas personas y les enseñó a rezar el Padre nuestro: *«Padre nuestro que estás en el cielo...» Siguió también instruyendo a los discípulos y a los apóstoles y hablando de las ocho bienaventuranzas para que todos las comprendieran bien.*

Desde por la mañana Jesús estaba enseñando.

Eran ya las tres de la tarde y en el atrio de la casa de los enfermos la Virgen María con sus primas y otras mujeres habían preparado el alimento para Jesús y los discípulos, que desde hacía varios días, a causa de su gran actividad, no habían hecho una comida normal.

La sala donde Jesús enseñaba estaba tan atestada de personas que María y sus parientes no conseguían acercarse para decirles que viniesen a comer algo. Y Jesús no interrumpía el discurso. De esto se dio cuenta uno de los oyentes, que era un fariseo. Porque precisamente en aquel momento Jesús había nombrado a su Padre celestial, este dijo no sin un cierto tono de mofa: «¡Oye! Ahí fuera están tu Madre y tus hermanos que desean hablarte».

Jesús lo miró y dijo: «¿Quién es mi madre y quiénes son mis hermanos?» Y, extendiendo su mano hacia sus discípulos, dijo: «Estos son mi madre y mis hermanos. Pues todo el que cumpla la voluntad de mi Padre celestial, ese es mi hermano, mi hermana y mi madre».

Jesús no fue a comer y siguió enseñando, pero permitió que los discípulos uno tras otro fuesen a tomar un poco de alimento.

30. Enseñanzas a los apóstoles y a los discípulos: «Vosotros sois la sal de la tierra»

Hoy Jesús quería ir con sus discípulos a un lugar solitario, en la pendiente del monte cerca del despacho que fue de Mateo, para trasmitirles enseñanzas. Sin embargo pronto fueron alcanzados por una gran multitud y Jesús habló de las bienaventuranzas, de la oración y enseñó la primera parte del *Padre nuestro*.

Después de algunas horas la multitud era inmensa, venían de todas partes y llevaban enfermos y poseídos por el demonio. Jesús y los discípulos curaron a muchos. Por la tarde Jesús despidió a todos diciendo que al día siguiente enseñaría en el lugar del sermón de la montaña; después subió con los apóstoles y los discípulos a lo alto del monte, a un lugar umbroso y solitario. Con él estaban los doce apóstoles, dos soldados de la fortaleza de Herodes que se habían unido a ellos y setenta y dos discípulos, entre los cuales algunos que no habían sido acogidos todavía formalmente, porque se habían unido a Jesús hacía poco: entre estos estaban también los sobrinos de José.

Jesús dijo a todos cosas nuevas, por ejemplo, que cuando los mandara en misión no debían llevar consigo dinero, ni pan, ni equipaje, sino solo una túnica y un par de sandalias. En las ciudades que no los acogiesen amistosamente deberían sacudirse el polvo de los pies. Enseñó también otras cosas generales para su futura tarea de apóstoles y discípulos, y dijo entre otras: «Decid a todos que el Reino de Dios está cerca. Os mando como ovejas en medio de lobos: sed, pues, prudentes como lo son las serpientes y sencillos como las palomas. Por mi causa, por dar testimonio a los judíos y a los paganos, os flagelarán y os entregarán a los tribunales. Seréis odiados a causa de mi nombre, pero el que persevere hasta el final será salvado. No temáis, pues, no tengáis miedo de los que matan el cuerpo pero no pueden matar el alma. El que pierda su vida por mi causa, la encontrará. El que os acoge a vosotros me acoge a mí y el que me acoge a mí acoge al que me ha enviado».

Les repitió también una afirmación que había hecho ya anteriormente: «Vosotros sois la sal de la tierra».

Lo más importante de la enseñanza de aquel día fue que Jesús antepuso los apóstoles a los discípulos y dijo a los apóstoles que debían enviar y llamar a los discípulos como él mismo los enviaba y los llamaba a ellos, en virtud de su misión personal. Después antepuso los más ancianos y preparados a los más jóvenes y a los nuevos, y los separó de dos en dos: Pedro con Juan, y los demás a continuación. Impuso las manos a los apóstoles, a los discípulos solo les dio la bendición. Todo esto tuvo lugar en gran silencio y emoción, y sin contestación alguna y sin desilusión por parte de nadie.

Mientras tanto se había hecho de noche. Jesús tomó consigo a Andrés, Felipe, Juan y Santiago el Menor, fue a un lugar apartado en la montaña y pasó la noche con ellos, pero durmió poco, porque pasó la mayor parte del tiempo en oración con los brazos abiertos y los ojos dirigidos al cielo.

Los demás descendieron del monte: algunos fueron a las embarcaciones, otros a sus casas.

31. Multiplicación de los panes y los peces

Esta mañana Jesús se dirigió al monte donde ya había hablado varias veces de las ocho bienaventuranzas. Lo estaba esperando mucha gente y muchos enfermos se encontraban ya en un lugar protegido. Los apóstoles y los discípulos habían preparado y ordenado todo. Jesús y los apóstoles comenzaron a enseñar y a curar. Fueron también bautizadas muchas personas que venían por primera vez a Cafarnaún. Estaban presentes también la Madre de Jesús y las otras mujeres que ayudaban y servían a los enfermos y a los niños.

Jesús habló una vez más de las ocho bienaventuranzas y explicó el *Padre nuestro*.

Mientras tanto había llegado la tarde y las gentes no tenían nada que comer. Habían llegado el día antes y las pocas provisiones que llevaban se agotaron. Muchos se sentían débiles y las mujeres y los niños pedían alimento. Cuando los apóstoles lo supieron, fueron a Jesús y le pidieron que acabase pronto la enseñanza para que la gente pudiese buscar un alojamiento y comprar pan antes de que llegara la noche. Pero Jesús dijo: «No tienen por qué marcharse; dadles vosotros de comer».

Preguntó entonces Felipe: «¿Vamos nosotros a comprar pan para darles de comer?» Y Jesús dijo: «¿Cuántos panes tenéis? Id a ver», y siguió enseñando.

Una persona había entregado a los apóstoles cinco panes y dos peces como don y Andrés se lo dijo a Jesús, comentando: «Pero ¿qué es eso para tantos?»

Jesús mandó que le llevaran los panes y los peces y cuando tuvo todo cerca siguió enseñando el *Padre nuestro*, exactamente el punto en que se pide «nuestro pan de cada día». La gente, mientras tanto, estaba debilitándose y los niños lloraban pidiendo comida.

Entonces Jesús preguntó a Felipe: «¿Donde vamos a comprar panes para que coman estos?» Habló así para ponerlo a prueba, porque sabía bien que los apóstoles temían tener que proporcionar el pan para todos. Felipe observó: «Doscientos denarios de pan no bastan».

Pero Jesús repitió: «Haced sentar a la gente, los más hambrientos en grupos de cincuenta, los otros en grupos de cien, y traedme los canastos del pan». Se los llevaron y reunieron a la gente como había dicho Jesús. Mientras hacían esto, Jesús partió los cinco panes y dividió los dos peces, después alzó al cielo un trozo de pan y otro de pez y un panal de miel que alguien le había llevado. Bendijo el pan, los peces y la miel. Los trozos de pan y de pez eran tan grandes que saciarían de sobra a una persona. Saturnino, que estaba al lado de Jesús, ponía un trozo de pez sobre cada trozo de pan, otro discípulo ponía en cada porción un poco de miel y lo colocaba en los canastos; Tadeo llevó los primeros capachos a los más hambrientos, que se sentaban en grupos de cincuenta, y cuando los cestos volvían vacíos los llenaban de nuevo. Esta operación duró cerca de dos horas, hasta que todos quedaron saciados. Del mismo modo se distribuyó agua a todos.

Todo se desarrolló con el máximo orden, todos se habían quedado sin palabras y llenos de estupor por la gran abundancia de comida.

Cuando hubieron comido, Jesús dijo a los apóstoles que pasaran con los canastos y recogieran los restos, a fin de que no se perdiese nada. Recogieron doce espuertas de trozos restantes. Muchas personas quisieron conservar como recuerdo algún trozo de pan. Mientras tanto corrían de boca en boca estas palabras llenas de admiración. «¡Él sabe hacer estas cosas! Este es verdaderamente el profeta que iba a venir al mundo, el que ha sido prometido».

Comenzaba ya a atardecer y Jesús dijo a los discípulos que fuesen a las embarcaciones y se acercasen a Betsaida: él los seguiría cuando terminara de hablar a la gente. Entonces los discípulos descendieron del monte con los cestos llenos de restos, que después distribuyeron entre los pobres de Betsaida.

Jesús siguió hablando todavía al pueblo de la bondad de Dios y recitó con ellos una oración de agradecimiento.

La gente había quedado estupefacta y conmovida, y cuando Jesús se alejó se oyeron aquí y allá voces que decían. «¡Nos ha dado el pan! ¡Él es nuestro rey! Queremos que reine sobre nosotros», y trataron de seguirlo. Jesús, que se había dado cuenta de todo, se las arregló para que no lo encontraran. Desde el monte pasó al desierto donde se recogió en oración.

32. Jesús camina por segunda vez sobre las aguas

La barca de Pedro en la que se encontraban los apóstoles y varios discípulos luchaba en la noche contra los vientos de tempestad. Los hombres remaban con fuerza, pero eran empujados hacia el mediodía. Vi también que cada dos horas pequeñas embarcaciones se separaban de la orilla con grandes antorchas para hacer señales a los navegantes.

Al ver esto, Jesús caminó sobre el lago de noreste hacia suroeste. Era luminoso, lo rodeaba una gran luz y su figura se reflejaba sobre el agua. Andando hacia Tiberíades, frente al que más o menos se encontraba la barca de Pedro, pasó en medio de las dos barcas de guardia que habían partido de Cafarnaún. Las personas que se encontraban en estas barcas lo vieron, gritaron de espanto y tocaron las bocinas: ¡lo habían creído, en efecto, un espectro!

Los apóstoles en la barca de Pedro, que estaban remando para volver a la trayectoria justa, lo vieron llegar. Era como si planease sobre las aguas, que se calmaban a su paso.

En el lago se había extendido la niebla y los apóstoles reconocieron a Jesús solo cuando estuvo bastante cerca. Aunque lo habían visto ya caminar sobre las aguas, se asustaron mucho y se pusieron a gritar. Pedro, sin embargo, quiso demostrar su fe y exclamó con voz potente: «Señor, si eres tú, mándame ir donde ti sobre las aguas». Jesús le dijo: «¡Ven!» Esta vez Pedro caminó durante un tramo más largo, pero su fe no fue suficiente. Cuando estaba cerca de Jesús pensó de nuevo en el peligro, comenzó a hundirse, tendió la mano y gritó: «¡Señor, sálvame!» Sin embargo no se hundió tanto como la primera vez. Jesús le dijo de nuevo: «Hombre de poca fe, ¿por qué dudaste?»

Cuando Jesús subió a la barca, todos se echaron a sus pies diciendo: «Verdaderamente eres Hijo de Dios». Pero Jesús les reprochó su miedo y su poca fe, les habló severamente y les recordó una vez más el *Padre nuestro*. Después ordenó que se pusieran de nuevo en marcha. Ahora había un viento favorable y por eso la barca pudo navegar velozmente.

Jesús hace caminar repetidamente a Pedro sobre las aguas para hacerlo más humilde: sabe bien que se hundirá, aunque es mucho más diligente y tiene una fe sincera pero inmadura. Mientras se hunde, su orgullo recibe una lección. Los demás no se atreven a hacer lo mismo y admirando a Pedro se dan cuenta de que su fe, aunque superior a la suya, no es todavía suficiente.

33. Jesús habla del «pan de vida»

Por la mañana vi a Jesús descender a tierra cerca del lugar en el que Mateo había desempeñado su oficio de recaudador de impuestos y comenzar a enseñar no lejos de la orilla. Se reunieron cerca de cien personas, en general gente del lugar, y entre ellos también algunos judíos que habían ocupado la casa de Mateo, que ya no vivía en ella. Jesús siguió enseñando el *Padre nuestro*. Las personas, que habían asistido a la multiplicación de los panes y querían coronarlo rey, lo buscaron inútilmente porque sabían que sus discípulos se habían embarcado solos. Jesús los alcanzó caminando sobre las aguas, juntos durmieron en la barca y llegaron aquí para gozar de un poco de paz.

Viéndolo, la gente dijo: «Rabbí, ¿cuándo has llegado aquí? Te hemos buscado por todas partes».

Jesús respondió: «En verdad, en verdad os digo: vosotros me buscáis, no porque habéis visto señales, sino porque habéis comido de los panes y os habéis saciado. Obrad, no por el alimento perecedero, sino por el alimento que permanece para la vida eterna, el que os dará el Hijo del hombre, porque a este es a quien el Padre, Dios, ha marcado con su sello». Dijo estas cosas de manera mucho más amplia de cuanto encontramos escrito en los Evangelios, que contienen solo las frases principales, y la gente le hizo muchas preguntas. Pero algunos murmuraban entre sí de modo hostil: «¿Qué se entiende por hijo del hombre? ¿Qué hay de especial? ¿No lo sabemos ni siquiera nosotros?»

Añadió, además, que debían obedecer a Dios, y cuando le preguntaron qué tenían que hacer para realizar las obras de Dios, respondió: «Creer en el que Él ha enviado». Comprendieron que hacía referencia a sí mismo.

Le preguntaron entonces qué prodigio realizaría para convencerles de creer: si el mismo que Moisés que, en el desierto, dio a sus padres un pan que venía del cielo, el maná, y así todos creyeron en él.

Respondió Jesús: «No fue Moisés quien os dio el pan del cielo; es mi Padre el que os da el verdadero pan del cielo; porque el pan de Dios es el que baja del cielo y da la vida al mundo».

Exclamaron algunos: «Señor, danos siempre de ese pan».

Jesús habló todavía largo tiempo del pan que baja del cielo y da la vida, pero pocos lo comprendieron verdaderamente, porque los más, a causa de su soberbia, creían saberlo ya todo. Jesús declaró que él era el pan que da la vida; siguió hablando del *Padre nuestro*, volvió a tratar de las bienaventuranzas y, por la tarde, se fue a casa del capitán de Cafarnaún, donde se habló mucho de Juan durante la cena. También estaba presente Lázaro, que había venido de Betania.

Al día siguiente Jesús enseñó sobre un alto detrás de la casa de Pedro, continuando el discurso del día anterior. Estaban presentes al menos mil personas.

Jesús se mueve de un grupo a otro y repite sus palabras con gran paciencia y amor, respondiendo a las observaciones y a las críticas de la gente. Los fariseos van y vienen, hacen preguntas e infunden dudas en el pueblo.

Jesús repitió brevemente y con claridad lo que había dicho el día anterior: «Yo soy el pan de vida. El que venga a mí, no tendrá hambre, y el que crea en mí, no tendrá nunca sed». Explicó también que había bajado del cielo no para hacer su voluntad, sino la del Padre. Era voluntad del Padre que quien veía al Hijo y creía en él tuviese vida eterna: él, en efecto, le resucitaría en el día del juicio para introducirlo en la vida gloriosa y feliz.

Muchos no lo entendían y murmuraban entre sí; los fariseos intervenían a menudo, hacían preguntas, se retiraban sonriendo burlonamente, encogiendo los hombros, y le dirigían miradas llenas de desprecio. Muchos decían murmurando entre sí: ¿Por qué dice que es el pan de vida y que ha bajado del cielo? ¿No es el hijo del carpintero? ¡Su Madre y sus parientes están entre nosotros, los conocemos bien! ¿Cómo puede decir estas cosas?

¡Jesús declaró que no debían oponerse a sus palabras! En efecto, no podían comprender confiando únicamente en las propias fuerzas y capacidades; pero si se abrían, el Padre, que lo había enviado, los iluminaría, atraería y conduciría: «Está escrito en los profetas: "Serán todos enseñados por Dios". Todo el que escucha al Padre y aprende, viene a mí. El que cree, tiene vida eterna. ¡Yo soy el pan vivo bajado del cielo, el pan que da la vida!»

Replicaron que solo conocían un pan venido del cielo: el maná. Jesús explicó que aquel no era el pan de vida, porque sus padres, que lo habían comido, habían muerto. Él era el pan de vida, bajado del cielo: quien lo coma, vivirá eternamente.

La mayoría no quería comprender, entendía sus palabras en sentido puramente material y seguía preguntando lo que significaba comer de él y vivir eternamente. ¿Quién podía vivir eternamente?

Aquel día Jesús no enseñó otra cosa y entre la gente que discutía había mucha tensión. También algunos de los nuevos discípulos comenzaban a dudar, incluso algunos de los que inicialmente tenían mejores intenciones y que habían entrado a formar parte del grupo de los setenta y dos discípulos.

Al día siguiente, por la tarde, leyó y explicó en la sinagoga el segundo libro de Moisés, habló de las leyes, de los esclavos, de los robos, de los asesinos, de los días de fiesta, de la subida de Moisés al monte Sinaí y explicó también pasajes de Jeremías sobre la libertad que hay que dar a los siervos. Fue interrumpido y le hicieron preguntas sobre las cosas que había dicho el día anterior sobre el pan de vida: ¿cómo podía decir que era el pan de vida bajado del cielo, si sabían bien quién era?

Jesús repitió toda su enseñanza del día anterior y, para mayor claridad, añadió otras cosas: «El pan que yo daré es mi carne para la vida del mundo».

Hubo entonces una consternación y una protesta general: «¿Cómo puede este darnos a comer su carne?»

Jesús no se rindió y siguió enseñando: quien no coma su carne y no beba su sangre no tendrá la vida. Quien lo haga, tendrá vida eterna y en el último día, el del juicio, resucitaría para recibir en premio la gloria: «Porque mi carne es verdadera comida y mi sangre verdadera bebida. El que come mi carne y bebe mi sangre, permanece en mí, y yo en él. Lo mismo que el Padre, que vive, me ha enviado, y yo vivo por el Padre, también el que me coma vivirá por mí. Este es el pan bajado del cielo; no como el que comieron vuestros padres y sin embargo murieron; el que coma este pan vivirá para siempre».

Le preguntaron cuándo daría este pan. Él dijo muy claramente: «¡En su momento!...», e indicó un número de semanas. Yo hice el cálculo y el resultado fue un año, seis semanas y algunos días.

Se produjo una gran agitación entre todos. Por su parte, los fariseos, muy irritados, soliviantaban a los oyentes.

34. «Bienaventurados los pobres de espíritu». Jesús predice su pasión

Jesús enseñó mañana y tarde en la sinagoga ante una gran multitud. Explicó la sexta y séptima bienaventuranzas, pero en particular esta: «Bienaventurados los pobres de espíritu».

Con estas palabas —quiso aclarar— no quería rechazar la ciencia ni la sabiduría, y ni siquiera condenar el buen uso de los bienes de este mundo; solo quería decir que los que son ricos o grandes o sabios a los ojos del mundo deben vivir y comportarse como si no lo fuesen.

Entonces la gente murmuró de nuevo y él repitió: «¡Bienaventurados los pobres de espíritu!» Y explicó que todos debían sentirse pobres y hacerse humildes ante Dios, el único del que viene todo bien, sabiduría y riqueza.

Después lo interrogaron de nuevo sobre su enseñanza acerca del pan de vida y de la necesidad de comer su carne y beber su sangre, y como Jesús repitió con precisión cuanto había dicho ya, muchos de sus discípulos protestaron: «Es duro este lenguaje. ¿Quién puede escucharlo?»

Él respondió que no debían sorprenderse por estas palabras, porque sucederían otras cosas: anunció muy claramente que sería perseguido y abandonado incluso por sus amigos más fieles; acabaría en manos de los enemigos, que lo golpearían y matarían. Sin embargo, no abandonaría a aquellos que huyeran, y su Espíritu los haría volver sobre sus propios pasos.

Como la situación empeoraba cada vez más, añadió: «¿Y qué sucederá cuando veáis al Hijo del hombre subir allí donde estaba antes? Es el Espíritu el que da la vida, la carne no sirve de nada. Las palabras que os he dicho son espíritu y vida[4]. Pero entre vosotros hay algunos que no creen; por eso os repito: nadie puede venir a mí si el Padre que me ha enviado no lo atrae!»

Mientras Jesús decía estas cosas, en la sinagoga se levantó primero un murmullo, después se manifestó el desacuerdo. Una treintena de nuevos discípulos, en concreto los más superficiales, venidos recientemente de Juan, se acercaron a los fariseos y se pusieron a hablar con ellos; sin embargo, los apóstoles y los discípulos más antiguos permanecieron cercanos a Jesús, que dijo en voz alta que era bueno que aquellos mostrasen su ánimo antes de provocar desgracias mayores.

Cuando Jesús quiso dejar la sinagoga, se desencadenó una gran confusión a la salida. Los fariseos y los discípulos que se habían puesto de su parte querían hablar con él y seguir discutiendo para obtener otras explicaciones, pero sobre todo para hacer valer las propias razones. Entonces los apóstoles, los discípulos y sus amigos lo rodearon, pero él eludió sus insistencias. Los gritos y los discursos

---

[4] Jn 6, 63: ¡palabras que hay que comprender en el sentido justo! Explica G. Segalla: «Esta solemne afirmación no está en contraste con el discurso sacramental como si fuese una negación de él. Hay que entenderla, pues, en sentido antropológico y no cristológico. Solo quien nace y es vivificado por el Espíritu puede comprender las palabras que son espíritu, es decir, divinas. La razón del hombre, nacido de la carne, no puede comprender las palabras del Espíritu (3, 6). [...] Las palabras de Jesús son espíritu en cuanto son "de Dios", y como tales dan la vida escatológica» [*Juan*, Novísima versión de la Biblia a partir de los textos originales, n. 36, (San Paolo, Cinisello Balsamo, 201013) 245].

eran como los que se hacen también hoy: «¡Míralo! ¡Ahora ya no tenemos necesidad de escuchar nada más, cualquier persona razonable puede comprender bien que es un loco! Quiere hacernos creer cosas absurdas, nos da una enseñanza sin sentido: ¿Comer su carne? ¿Beber su sangre? ¿Habrá bajado del cielo? ¿Y subirá de nuevo al cielo?...»

Jesús se alejó con los suyos, más tarde alcanzó con los doce apóstoles un lugar aislado, donde comentó con ellos las discusiones del día y preguntó si también ellos querían dejarlo.

En una atmósfera cargada de timidez mezclada con temor, se levantó Pedro para responder a todos: «Señor, ¿a quién vamos a ir? Tú tienes palabras de vida eterna, y nosotros creemos y sabemos que tú eres el Santo de Dios».

Jesús respondió: «¿No os he elegido yo a vosotros, los doce? Y uno de vosotros es un diablo».

Después fueron a casa de Pedro y comieron. También estaba con ellos María.

35. «¿Quién decís que soy yo?»

Jesús ha caminado hoy con los doce apóstoles y unos treinta discípulos. Los ha instruido constantemente, parando más de una vez. Por la tarde se han detenido para descansar en una zona de colinas. Después de haber rezado, Jesús preguntó a los doce y a algunos discípulos más ancianos: «¿Quién dicen los hombres que soy yo?» Y entonces se expusieron las diferentes opiniones que las personas tenían sobre él. Le dijeron que algunos lo creían Juan el Bautista, otros Elías, otros Jeremías, y citaron también a otros profetas.

Cuando acabaron de hablar y estaban a la espera de las palabras de Jesús, él hizo una pausa, después se puso muy serio: todos notaron por la expresión de su rostro que estaba muy concentrado, como si estuviese formulando algo muy importante. Les preguntó: «Y vosotros, ¿quién decís que soy yo?»

Ninguno tenía ideas suficientemente claras para responder, y menos todavía valor. Pedro, sin embargo, en aquel momento se sintió lleno de luz y de fuego, se acercó a Jesús, se puso delante de él, lo miró fijamente a los ojos y una vez más con voz clara y fuerte declaró, como si fuese la voz de todos: «Tú eres el Cristo, el Hijo de Dios vivo».

Jesús le respondió de inmediato con gran seriedad, y su voz era firme y penetrante: «Bienaventurado eres Simón, hijo de Jonás, porque no te ha revelado esto la carne ni la sangre, sino mi Padre que está en los cielos. Y yo a mi vez te digo que tú eres Pedro, y sobre esta piedra edificaré mi Iglesia, y las puertas del infierno no prevalecerán contra ella. A ti te daré las llaves del reino de los cielos; y lo que ates en la tierra quedará atado en los cielos, y lo que desates en la tierra quedará desatado en los cielos».

Vi a Pedro escuchar inmóvil y profundamente sorprendido las palabras de Jesús, que eran en realidad una profecía, con el mismo espíritu con que había expresado la fe en su divinidad. Sin embargo, los demás apóstoles parecían consternados: cuando Pedro dijo: «Tú eres el Cristo, el Hijo de Dios vivo», se miraron con estupor unos a otros, y ahora miraban a Jesús y a Pedro...

36. Cómo María fue consciente de la divina humanidad de Jesús

La Madre de Jesús había estado presente, con las otras mujeres, en las últimas enseñanzas de Jesús en la montaña y en la sinagoga.

Aunque ella tuvo siempre un conocimiento interior de todos los misterios de los que Jesús hablaba, no había sido sin embargo totalmente consciente. En efecto, como la segunda Persona de la Santísima Trinidad había tomado carne en ella y se había convertido en un ser humano —¡y por eso en Hijo suyo!— todos los demás misterios profundos se fundieron en ella en un humilde y respetuoso amor materno por Jesús.

Cuando Jesús habló con mayor claridad de su origen, de su presencia aquí y de su retorno al cielo, haciendo enfurecer a los que le eran hostiles, la atención de María se había centrado más directamente en estos misterios, y esta noche la he visto rezar de pie en su habitación y tener la visión interior de la salutación angélica, del nacimiento y de la infancia de Jesús, de la realidad de su maternidad y de sus cuidados por su Hijo, que era el Hijo de Dios.

Y vio a este Hijo suyo como el Hijo de Dios, reconoció los grandes misterios y fue invadida de humildad y veneración de tal manera que se desató en lágrimas; y todas estas visiones y conocimientos se fundieron de nuevo en ella en el sentimiento de amor materno por ser Hijo suyo divino, de la misma manera que el pan envuelve en el sacramento de la Eucaristía al Dios vivo.

37. Herodes y los fariseos

Mientras tanto Jesús continuaba sus enseñanzas en las ciudades de Galilea y en Cafarnaún. Contó la parábola del sembrador que siembra el trigo: una parte cae en el camino, otra en terreno pedregoso y otra en medio de espinas, y no da fruto, mientras otra parte cae en tierra buena y da fruto abundante. Y explicó que esta parábola se refiere al modo en que se acoge la Palabra de Dios: algunos la escuchan inútilmente, otros, en cambio, con gran provecho.

Mientras tanto había llegado a Cafarnaún una comisión de Jerusalén, enviada por los fariseos, para escuchar y espiar a Jesús. Estos preguntaron a los amigos de Jesús y a los fariseos del lugar quién era Jesús, qué milagros hacía, qué enseñaba; también querían cogerlo y llevarlo consigo porque Herodes deseaba verlo. Los amigos solo pudieron hablar bien de Jesús y contaron los milagros y curaciones que había realizado en Galilea. Los fariseos dijeron exactamente lo contrario: dijeron que era un maestro de origen modesto al que le gustaba estar con gente despreciable, enseñaba cosas disparatadas y muy probablemente realizaba los milagros con la ayuda del diablo. No era por tanto peligroso, porque su seguidores eran personas ignorantes, mujeres prendadas de él y pecadoras.

Con estas noticias los enviados volvieron a Herodes.

Desde que mandó matar a Juan, Herodes está muy asustado, lleno de dudas y angustias. Ha pedido consejo a sus partidarios, los "herodianos", y ha convocado a los fariseos y a los saduceos para interrogarles sobre la resurrección de los muertos. Se ha formado la idea de que Jesús puede ser Juan resucitado. Ha reunido muchos soldados y ha alejado de sí a los que habían tenido que ver algo con Juan.

38. Violenta disputa de Jesús con los fariseos

Después de estos hechos, Jesús continúa su predicación en Galilea, visitando muchas ciudades, enseñando entre la gente y en las sinagogas y curando enfermos. La gente lo sigue y escucha. Mientras tanto los fariseos también lo siguen y lo espían, y una tarde en Ragaba se entabla una violenta disputa en la sinagoga.

Aquel día Jesús había curado a muchos ciegos y liberado a muchos endemoniados. Más tarde, en la sinagoga Jesús fue atacado de nuevo por los fariseos, que lo acusaban de liberar a los poseídos con la ayuda de Belzebú.

Pero Jesús replicó que su padre era el padre de la mentira. Dijo también que Dios no pedía ofrendas cruentas; habló de la sangre de los corderos y de la sangre inocente que derramarían y cómo de este modo llevarían a cumplimiento su obra. La sangre de los animales sacrificados era un símbolo de ello. Añadió que no ofrecerían sangre de los corderos sino sangre humana, y que los que creyesen en el Cordero degollado se salvarían, pero los asesinos irían a la perdición.

Ellos, sin embargo, cada vez más enojados, repitieron las acusaciones y se pusieron tan violentos que Jesús y los discípulos consideraron prudente alejarse e ir a lugares solitarios. Sé que los fariseos los hicieron seguir por espías.

Jesús no ha sido nunca tan audaz como hoy al responder a los ataques de los fariseos.

39. Preparación de la Pascua. Jesús encontró a Lázaro en Betulia

Jesús se encontró con Lázaro en Betulia. A través de Judas ya le había hecho saber desde hacía tiempo que comería el cordero pascual con los suyos en su casa de Betania y Lázaro le había enviado mensajeros para decirle que lo esperaría exactamente en los baños de Betulia.

Lázaro había ido también al encuentro de Jesús para ponerlo en guardia a propósito de las fiestas pascuales, porque se temía una revuelta. Pilato exigía nuevas ofrendas para erigir en el templo una estatua al emperador y quería que las personas de rango de Jerusalén se hicieran garantes. La petición no había encontrado consenso y más bien se esperaban revueltas. Lázaro pedía, pues, a Jesús que se mantuviese lejos de la fiesta. Jesús le respondió que su hora no había llegado todavía y por tanto no sucedería nada. Esta revuelta sería solo el presagio de un acontecimiento mucho más grande que tendría lugar al cabo de un año, cuando el Hijo del hombre fuera entregado en manos de los pecadores.

Después Jesús envió a los apóstoles y a los discípulos a grupos diferentes por vías diversas y se quedó solo con Pedro, Tadeo y Natanael; los demás debían descender el curso del Jordán y visitar los lugares en los que no habían estado todavía. Les prohibió ir a las ciudades samaritanas y les dio muchas otras normas de comportamiento. Vi más tarde a Jesús con los pastores en el este del Tabor y, después de un largo y fatigoso viaje, llegar a la propiedad de Lázaro en En Gannim, donde pernoctó.

Después, a través del desierto, se puso en camino hacia Betania.

40. Jesús en Betania

Jesús fue con sus amigos a Betania a través del páramo. A cerca de tres horas de Betania, siempre en el desierto, hay una casa de pastores cuyos habitantes trabajan para Lázaro. Magdalena había venido hasta aquí con una pariente de José para ver a Jesús, tenía preparado algo para comer y descansar y cuando lo vio llegar corrió a su encuentro y le besó los pies. Jesús se paró solo un rato, habló con ella y con los pastores y prosiguió inmediatamente su camino en dirección a Betania. Las dos mujeres volvieron a casa por otra vereda.

Llegado a Betania, Jesús entró en la casa de Lázaro por la parte posterior. Todos fueron a su encuentro en el patio. Lázaro le lavó los pies y después fueron al jardín. Las mujeres lo saludaron permaneciendo cubiertas. Su llegada fue muy conmovedora porque justo en aquel momento llevaron cuatro corderos pascuales que habían sido separados del rebaño y puestos en un prado cercado. Magdalena y las mujeres habían preparado cuatro guirnaldas de flores que pusieron en el cuello de los corderos. Jesús llegó un poco antes del sábado, que festejó con los demás en una sala. Estaba muy serio y en aquella ocasión pronunció palabras conmovedoras. Leyó las lecturas del sábado y las comentó. Por la noche habló mucho durante la cena del Cordero pascual y de sus futuros sufrimientos. Dijo claramente que era el Cristo. El respeto y la admiración crecían en todos.

Mientras tanto, en la tarde anterior al sábado, comenzaron las protestas en Jerusalén, pero sin violencia. Pilato estaba en lo alto de la torre Antonia, rodeado de muchos soldados. El pueblo se había reunido en el mercado que estaba debajo. La torre Antonia se encuentra en el lado noroccidental del Templo y fue edificada sobre una roca saliente. Se le leyeron al pueblo las nuevas leyes de Pilato y se les anunció una nueva tasa necesaria para construir un conducto de agua que llegaría hasta el gran mercado del Templo. Sería —se dijo— un gran honor participar en esa empresa. Sin embargo surgió un gran revuelo, el pueblo gritaba y protestaba. Pero pronto volvió la calma, Pilato concedió un poco de tiempo para reflexionar y el pueblo se alejó protestando para sus adentros...

Jesús está en Betania y no se deja notar. Durante el sábado enseña en casa y después va a pasear a los jardines. Está muy serio, habla a menudo de los sufrimientos que deberá afrontar y dice claramente que es el Cristo.

Magdalena está llena de amor y de arrepentimiento. Sigue a Jesús por todas partes, se sienta a sus pies, solo piensa en él, no ve más que a él, habla solo de sus pecados y de su redentor. Ha cambiado mucho. Su rostro y toda su figura son todavía nobles y distinguidos, pero marcados por las lágrimas y por las privaciones. A menudo se sienta sola en su pequeña habitación y realiza humildes servicios entre los pobres y enfermos.

Lázaro y los suyos tienen una gran confianza con Jesús y con todos sus discípulos: son ellos los que sostienen y nutren a toda la comunidad.

41. Jesús en el Templo de Jerusalén. Sigue el estupor por la curación del paralítico realizada en sábado

Esta mañana hacia las diez vi a Jesús con los apóstoles y una treintena de discípulos pasar por el monte de los Olivos e ir al Templo. Todos llevaban túnicas color marrón de lana común, el tradicional vestido de la gente de Galilea; Jesús tiene también un amplio cinturón, pero no se le distingue porque hay muchos otros que van vestidos como él. La fiesta se acerca y hay grandes campamentos con cabañas y tiendas por todas partes en torno a la ciudad.

Durante una hora Jesús enseñó en el Templo dirigiéndose a sus discípulos y a muchas otras personas. Estaban todos tan ocupados en los preparativos de la fiesta y en la protesta contra Pilato que ningún sacerdote importante vino a escucharlo y a discutir con él. Solo algunos malévolos fariseos se le acercaron y le preguntaron cómo se atrevía a dejarse ver aquí y durante cuánto tiempo tendrían que soportarlo. Jesús respondió a tono, continuó enseñando y después volvió con sus amigos a Betania.

Hoy he visto de nuevo una gran multitud reunida en el mercado delante de la torre Antonia para hablar con Pilato. Había puesto por todas partes espías y soldados infiltrados. Los más audaces representantes del pueblo dijeron a Pilato que debía desistir del propósito de sacar dinero del tesoro del Templo, pero Pilato mandó que los agrediesen de improviso y fueron arrestadas unas cincuenta personas. El pueblo se rebeló y logró liberar a todos. En la refriega perdieron la vida cinco judíos inocentes y un par de soldados romanos. Estos tumultos empeoraron mucho la situación.

También Herodes está en Jerusalén.

Hoy Jesús ha ido de nuevo al Templo con todos sus discípulos. Se sabía que vendría y a la entrada por la que debía pasar se reunieron muchas personas que habían llevado enfermos. Jesús curó a muchos de ellos.

Al dirigirse al Templo, Jesús pasó junto a la piscina de Betesda y se encontró con el hombre que había curado, que ahora trabajaba allí como obrero. Jesús le dirigió la palabra diciéndole: «Mira, estás curado; no peques más, para que no te suceda algo peor». A este hombre, que era muy conocido, le habían preguntado muchas veces quién lo había curado en el día del sábado. Sin embargo él no conocía a Jesús y no supo responder; ahora, al verlo, lo reconoció y dijo a los fariseos, que se encontraban allí, que había sido Jesús el que lo había curado.

Dado que esta curación suscitó mucho estupor, los fariseos, que protestaron violentamente contra la violación del sábado, encontraron una nueva acusación contra Jesús; se reunieron en torno al asiento desde el que estaba hablando y repitieron las viejas historias del respeto del sábado. Jesús les preguntó si no salvarían en sábado a un amigo en peligro: no respondieron a la pregunta, hicieron una vez más mucho ruido, pero de momento no sucedió nada grave.

Jesús enseñó dos horas en el Templo, delante de muchas personas, hablando del sacrificio. Dijo que el Padre celestial no exigía de ellos ningún sacrificio cruento, sino un corazón devoto: habló también del cordero pascual, como símbolo de un sacrificio supremo que tendría lugar pronto. Entre los fariseos había muchos enfurecidos y hostiles y comenzaron a dirigir a Jesús palabras de escarnio, a discutir con rabia preguntando al profeta si quería hacerles el honor de comer con ellos el cordero pascual. A lo que Jesús respondió: «¡El Hijo del hombre es él mismo víctima por vuestros pecados!»

Al final la discusión se hizo tan violenta y el tumulto tan grave que Jesús se alejó sin dejar rastro, si no lo habrían arrestado.

42. Los corderos pascuales de Lázaro

Han llevado hoy a Jerusalén y colocado en un recinto, en un bello prado cercano al Templo, los cuatro corderos pascuales que se van a comer en casa de Lázaro, en Betania, y que cada día se lavan en una fuente y se adornan con guirnaldas de flores frescas. Cada uno llevaba una guirnalda a la que iba unido un pequeño papel con el nombre del propietario.

Todos los invitados de Lázaro se han lavado y puesto en orden. He visto personas que iban de dos en dos al baño, hombres y mujeres en zonas distintas de la casa. Jesús ha ido al baño solo. Por la tarde también Lázaro se lavó en una fuente y llevó a casa un cántaro lleno de agua. Esta agua servirá a la mañana siguiente para la preparación del pan ácimo pascual. Lázaro pasó después con un criado por las diversas salas de la casa, el criado encendía luces y él las iba poniendo en los rincones: era como un rito. Después las siervas y los siervos limpiaron todo bien y lavaron con cuidado los platos que servirían para preparar el pan ácimo, es decir, sin levadura.

A la mañana siguiente vi a las siervas de Marta preparar y cocer en el horno el pan especial de Pascua. El hombre curado en la piscina de Betesda sigue a Jesús a todos sitios y ha venido también a Betania; por todas partes cuenta a los fariseos que lo ha curado Jesús, y los fariseos deciden intentar arrestarlo y encarcelarlo.

Jesús ha estado hoy con los discípulos y otros amigos en el monte de los Olivos. He visto que por el camino los discípulos cogían espigas maduras y las comían; los he visto también comer frutos y bayas que encontraban en su paseo. Y como era sábado, los fariseos encontraron motivo para criticarlo duramente. Pero Jesús les recordó que el rey David, cuando tuvo hambre, entró con sus compañeros en el Templo y comió los panes de las ofrendas que solo pueden comer los sacerdotes. Y repitió que el Hijo del hombre es dueño del sábado.

Hacia las tres de la tarde comenzó la matanza de los corderos. Sonaron las trompetas y la gente se acercó al templo. La delicadeza y el orden con que todo se realizaba eran admirables. Todos estaban cerca unos de otros, sin molestarse; nadie impedía los movimientos del otro y todos podían venir tranquilamente, matar y marcharse. Los cuatro corderos de Lázaro fueron sacrificados por las cuatro personas que representaban al jefe de familia. Colocaron a los corderos en un asador de madera en forma de cruz y después lo asaron.

Por la tarde se dispusieron a comer los corderos pascuales. Todos tenían los vestidos recogidos, llevaban sandalias nuevas y tenían bastones en la mano. Primero cantaron «Bendito sea el Señor Dios de Israel», y también «Alabado sea el Señor»; mientras cantaban, estaban en pareja uno frente a otro. En cada mesa había un jefe de familia.

Después de la oración cada jefe de familia recibió una jarra llena de vino, que bendijo; después bebió y lo hizo pasar a los demás comensales; a continuación se lavó las manos. En la mesa había un cordero pascual, el pan de Pascua, una copa con zumo y hierbas amargas.

Después cada jefe de familia partió el cordero y lo repartió entre los comensales y ellos lo comieron muy rápidamente. Se distribuyeron también el pan ácimo y las verduras, y todo sucedió con rapidez, entre oraciones y lecturas devotas.

Comieron el cordero pascual en su totalidad, rebañaron bien los huesos con los cuchillos y después los quemaron. A continuación cantaron una vez más, se sentaron formalmente a la mesa, comieron y bebieron. Se habían preparado alimentos muy buenos y bien presentados y todos estaban satisfechos y llenos de alegría.

Estaban presentes las mujeres, en vestimenta de viaje. Muchos pobres comieron el cordero pascual, que Lázaro había preparado para ellos en una sala lateral, y todos recibieron dones.

Durante la cena Jesús enseñó y contó muchas parábolas. Permanecieron juntos hasta altas horas de la noche y todos estaban serenos y felices.

43. Jesús en el Templo. Acusaciones de los fariseos por la curación de la piscina de Betesda

La fiesta del Templo ha comenzado hoy muy pronto: sus puertas se han abierto inmediatamente después de medianoche; por todas partes hay lámparas encendidas. Ya antes del alba la gente ha comenzado a llegar llevando ofrendas: animales, aves y dones de toda clase, como dinero, telas, harina, aceite...

Apenas se hizo de día Jesús, los discípulos, Lázaro, sus invitados y las mujeres fueron al Templo. Jesús permaneció con los suyos en medio de la multitud. Se cantaron muchos salmos, se presentaron las ofrendas y se impartió también la bendición que todos recibieron de rodillas. Después de la bendición muchas personas, especialmente los extranjeros, fueron a las sinagogas de la ciudad donde se cantaba y se leían las Escrituras sagradas.

Hacia mediodía hubo una pausa y muchas personas se dispersaron, otras fueron a las cocinas del atrio de las mujeres donde se preparaban y cocinaban los animales ofrecidos que después eran consumidos en las salas preparadas para la comida.

Hasta el momento de la pausa Jesús había permanecido tranquilo y silencioso con los suyos, después subió al gran asiento delante del Santuario. Mucha gente se reunió en torno a él, incluidos muchos fariseos. Entre la multitud estaba el hombre curado en la piscina de Betesda. En aquellos días habló mucho de Jesús, afirmando a menudo que quien hacía semejantes obras debía ser Hijo de Dios. Los fariseos le habían prohibido hablar, pero fue inútil. Dado que dos días antes Jesús había enseñado en el Templo con mucho valor y ellos temían que pudiese ponerlos aún más en ridículo delante del pueblo, se propusieron arrestarlo en la primera ocasión y hacerlo ajusticiar.

Cuando Jesús comenzó a hablar, muchos de ellos lo rodearon e interrumpieron sus enseñanzas con acusaciones y observaciones malignas de todo género. Le preguntaron por qué no había comido el cordero pascual con ellos en el Templo y si había llevado alguna ofrenda. Jesús les dijo que se dirigieran a los jefes de familia que se habían ocupado de las ofrendas. Después repitieron la vieja acusación de que sus discípulos no se atenían a las costumbres, comían sin lavarse antes las manos, cogían espigas y frutos por el camino y ninguno los veía llevar ofrendas al Templo. Añadieron que seis días se hicieron para el trabajo y el séptimo para el descanso: él, por el contrario, había curado a un hombre en sábado y era, por tanto, un profanador del sábado.

Jesús respondió muy severamente, dijo que el Hijo del hombre, él mismo, era la víctima sacrificial y que ellos con su envidia y sus vicios, y su falta de caridad hacia los pobres, pecaban gravemente contra el prójimo. Dios no pedía sacrificios cruentos, sino corazones devotos; dijo también que el sábado estaba hecho para el hombre, su salud y su salvación, y no el hombre para el sábado. Habló de Juan y de su misión y dijo muchas otras cosas que irritaron muchísimo a los fariseos, que lo interrumpían continuamente. Al final mandaron llamar a los guardias para que lo arrestaran. Pero en aquel momento estalló un violentísimo temporal con truenos y rayos, todos se asustaron y pensaron en otra cosa, y cuando volvieron en sí Jesús ya no estaba. Y se enfurecieron consigo mismos por haberse dejado distraer, permitiéndole alejarse sin molestias...

Después de haber celebrado la Pascua en Betania con Lázaro, Jesús retorna con los discípulos a Galilea y retoma su enseñanza en las diversas ciudades, en las aldeas y en los campos. A menudo están con él Marta, Magdalena, Lázaro, Dina y a veces también su madre, María. En Galilea continúan los desacuerdos con los fariseos, saduceos y herodianos, pero no tan violentos como en Jerusalén. La fama de Jesús crece constantemente, la gente lo sigue, lo ama y escucha sus enseñanzas con estupor y admiración. Continúan también las curaciones, que Jesús realiza con frecuencia y que llevan a la gente a creer en él.

TERCER AÑO
DE ENSEÑANZA DE JESÚS

El viaje de Jesús a Chipre tiene lugar al comienzo del tercer año de su misión, según las visiones de la monja estigmatizada. Los evangelios no dicen nada de este viaje. Sin embargo, Los Hechos de los Apóstoles nos informan de que después de la muerte del Redentor, el apóstol Pablo fue a predicar a Chipre con Juan Marcos y Bernabé: había, pues, una relación bien concreta y activa con esta isla, donde vivía desde hacía mucho tiempo una comunidad de judíos.

Ana Catalina Emmerick explica que en Chipre Jesús atrajo a sí a quinientas personas, que en parte lo siguieron inmediatamente a Palestina, en parte se adhirieron a su enseñanza posteriormente; explica también, como veremos, por qué los evangelios no mencionan el viaje a Chipre.

1. Viaje de Jesús a Chipre

Vi a Jesús con sus discípulos en una pequeña localidad judía que se encuentra a tres horas de distancia del puerto de Ornitópolis. Con Jesús están Santiago el Menor, Bernabé, Azor y tres jóvenes de Chipre que vivían en Judea y que hacía poco que se habían acercado a Jesús. Los apóstoles y los discípulos que acompañaron a Jesús hasta aquí se han alejado ya. Judas ha sido el último en partir.

Jesús fue acogido por la comunidad judía muy festivamente, incluso los niños de las escuelas fueron a su encuentro con sus maestros. Jesús enseñó en la sinagoga, hablando en particular del cumplimiento de la promesa, tema en el que todos estaban muy interesados.

De aquí Jesús fue al puerto de Ornitópolis donde lo esperaban varios habitantes de Chipre que habían participado en la fiesta de Pascua en Jerusalén y que ahora volvían a casa. Se embarcaron cuando en el cielo brillaban las estrellas. Se había formado una pequeña flota de embarcaciones a vela y a remos, una nave más grande cargada de mercancías y animales, especialmente asnos, y diez más pequeñas con los chipriotas, Jesús con sus discípulos y otros viajeros.

Jesús rezó y bendijo todas las embarcaciones, y durante el viaje enseñó y curó a varias personas. El tiempo era espléndido y el mar estaba tranquilo; las barcas habían desatado las velas, los marineros remaban sin esfuerzo y la navegación era tan veloz que todos, marineros, judíos y paganos, exclamaron: «¡Oh, qué viaje tan feliz! ¡Esto te lo debemos a ti, profeta!» Pero Jesús les ordenó que callasen y atribuyesen todo el mérito a Dios; habló sobre el único Dios todopoderoso y sus obras y sobre la nulidad de las divinidades paganas; explicó que el tiempo estaba cercano, la salvación estaba ya sobre la tierra y también los paganos debían acoger la llamada. Sus palabras iban dirigidas a ellos en particular.

Las embarcaciones alcanzaron el puerto de Salamina al atardecer. Este puerto es amplio y seguro: las dos orillas se adentran en el mar y están reforzadas por barreras de piedras y altas empalizadas. La ciudad se encuentra tierra adentro, a una media hora de camino.

En la orilla encontraron esperándolos a muchos judíos con los vestidos de fiesta: habían visto llegar las naves y era costumbre que quien volvía de Jerusalén después de haber participado en las celebraciones pascuales fuera recibido festivamente con guirnaldas de flores y cantos.

Jesús y sus discípulos fueron acogidos por algunos ancianos judíos y conducidos a una bella terraza adornada con plantas verdes. Aquí les lavaron los pies y les ofrecieron un refrigerio. También el gobernador romano vino a rendir homenaje a Jesús.

Jesús y los discípulos fueron llevados después a un gran edificio donde pernoctaron. A la mañana siguiente el magistrado de las ciudades, un hombre de gran nobleza, vino con algunos rabinos a recoger a Jesús y lo condujo al hospital, donde curó a muchos enfermos. Tuvo después un solemne discurso en un lugar público, en el que habló de la cosecha del maná en el desierto y explicó que ahora había llegado el tiempo del verdadero maná celeste de la enseñanza y de la conversión: ahora se ofrecía un nuevo pan del cielo, y yo comprendí que hablaba del sacramento de la Eucaristía.

Después de esta enseñanza los hombres dejaron el lugar a las mujeres, judías y paganas, y Jesús se entretuvo también con ellas, hablando del único Dios omnipotente, Padre y Creador del cielo y de la tierra, de la locura del politeísmo y del gran amor de Dios por los hombres.

A continuación el magistrado de la ciudad y algunos maestros llevaron a Jesús y a sus amigos fuera del poblado donde estaban las conducciones de agua. La ciudad tenía un agua malsana. Para el aprovisionamiento del agua se habían hecho trabajos imponentes, grandes puentes, enormes contenedores, cisternas. Cada barrio de la ciudad tenía sus depósitos, en algunos era necesario bombear el agua, en otros sacarla. Las cisternas de los judíos estaban separadas. Mostraron estos aljibes a Jesús, lamentando la mala calidad del agua y expresando el deseo de que él pudiese mejorarla. Jesús dio muchos consejos, dijo que era necesario poner contenedores nuevos y explicó también cómo preparar una fuente para el bautismo.

Después todos volvieron a la sinagoga porque comenzaba el sábado. El ambiente era extraordinariamente bueno y bello, iluminado por muchas lámparas y lleno de gente; alrededor, construidas sobre las colinas circundantes, había terrazas y escalinatas de forma que desde lo alto se podía ver y escuchar todo.

La mayor parte de los puestos estaban ya ocupados por los paganos, que se encontraban tranquilamente en medio de los judíos. Jesús habló del tercer libro de Moisés, es decir, el Levítico, de los sacrificios, de las leyes y de Ezequiel. Los maestros leían uno a uno y después Jesús enseñaba explicando tan bien que todos estaban conmovidos y encantados.

Jesús habló, además, de su misión y de su cercano cumplimiento. La gente creía que era un profeta, pero pensaba también que era algo más, por ejemplo, el que debía preparar la venida del Mesías. Jesús, sin embargo, explicó que el mensajero del Mesías había sido Juan, pero sin decir que el Mesías era precisamente él. Ellos comprendieron y se llenaron de respeto y devoción.

Jesús fue después con los discípulos a la casa del magistrado en la que les ofrecieron pan con hierbas amargas; después fueron a dormir. Jesús rezó mucho, solo, durante la noche.

Jesús fue acogido con extraordinario amor en Chipre. Todos quieren estar cerca de él y rendirle honor. Aquí no hay facciones, no hay litigios. Judíos y paganos viven en amistad, aunque sus casas están en calles separadas.

A la mañana siguiente Jesús se despertó al alba como siempre y rezó largo tiempo solo. Lo mismo hicieron los discípulos. Cuando es posible, Jesús va a rezar al aire libre, a un lugar aislado. Alza los brazos al cielo y está en íntimo coloquio con el Padre. Lo he visto a menudo rezar de este modo por la mañana temprano.

Después de la oración Jesús fue de nuevo al hospital. Este hospital es un edificio circular edificado en torno a un jardín, en medio del cual hay una cisterna de agua. Esta agua es usada para lavarse, beber y cocinar; antes de usarla la ponen en grandes contenedores y la depuran echando en ella ciertos frutos. En el jardín alrededor de este estanque crecen hierbas medicinales que son utilizadas para los enfermos.

En el hospital Jesús visitó y curó a muchos enfermos, después fue a la sinagoga donde lo esperaba una gran multitud de judíos y paganos. Habló del tiempo de la gracia y del cumplimiento de las profecías de modo tan conmovedor que muchos lloraban. Invitó a todos a arrepentirse y bautizarse. La enseñanza duró de tres a cuatro horas.

Vi a Jesús ir a la nueva fuente bautismal, donde muchos hombres estaban ya trabajando, y dar consejos de todo tipo. Se habían reunido muchas personas, judías y paganas, y Jesús les habló del bautismo y de la necesidad de hacer penitencia. Enseñó el *Padre nuestro* y otras oraciones, y habló también de su misión.

En pocos días la fuente bautismal estuvo lista; Jesús fue a ella con los discípulos, bendijo el agua que desde un surtidor central descendía a unas pilas todas iguales, en las que los bautizandos entraban de pie. El que bautizaba estaba en el borde de la pila, cogía el agua y la derramaba sobre la cabeza del que venía a bautizarse, que estaba con la cabeza inclinada. Antes del bautismo vi a Jesús con un odre de cuero que había sido traído desde Judea y que contenía agua del Jordán: esta agua fue mezclada con la de la fuente y usada para el bautismo. Los bautizandos llevaban mantos blancos.

Después Jesús fue por huertos y jardines donde lo esperaban muchos paganos que deseaban bautizarse. Jesús se apartó con ellos y los preparó; después Bernabé bautizó a unos treinta.

2. La sacerdotisa pagana Mercuria

Mientras Jesús estaba con sus discípulos en su vivienda vino a él un pagano que le pidió que lo siguiera a un jardín donde lo esperaba una persona que estaba muy turbada y pedía su ayuda. Jesús y sus discípulos acompañaron al hombre y encontraron a una mujer pagana que se inclinó delante de él; Jesús dijo a los discípulos que se retirasen y preguntó a la mujer qué deseaba. Era una mujer muy bella que vivía en pecado, aun siendo sacerdotisa de la diosa. Al ver a Jesús le entró un gran desasosiego, comprendía que su vida no era correcta; no tenía una fe sencilla y se acusaba a sí misma de manera confusa y complicada.

Dijo a Jesús que había oído decir que él ayudó a Magdalena y también a Enue, la hemorroísa que apenas tocó el borde de su vestido; pedía a Jesús que la ayudase, porque no conseguía soportar ya el servicio de la diosa. Comprendía que este servicio no era justo y rogaba a Jesús que la curase; pero quizá no podía curarla porque su enfermedad no era corporal, como la de la hemorroísa. Confesó a Jesús que estaba casada y tenía tres hijos, uno de los cuales —su marido no lo sabía— era fruto de un adulterio. Tenía relaciones con el gobernador romano. Cuando el día antes Jesús habló con el gobernador, ella había mirado desde lejos, había visto una luz en torno a su cabeza y había quedado impresionada hasta el punto de perder el sentido. Cuando volvió en sí, vio con otros ojos toda su vida, que le pareció tan horrible que no tenía paz. Preguntó por él y supo de la conversión de Magdalena y la curación de la hemorroísa por algunas mujeres judías. Ahora, si era posible, pedía a Jesús que la curara. Jesús le explicó que la fe de la hemorroísa había sido muy sencilla, se había acercado a él a escondidas, había creído firmemente que si tocaba la orla de su manto se curaría, y su fe la había salvado.

La sacerdotisa pidió una vez más la ayuda de Jesús, pero él solo le dijo que tenía que renunciar a su vida escandalosa y le recordó el mandamiento divino: no cometerás adulterio. Le hizo comprender también toda la insensatez de la idolatría y se dirigió a ella con palabras tan severas y al mismo tiempo tan compasivas que ella se alejó de él llorando.

La mujer se llamaba Mercuria, era alta y bien formada y tenía unos veinticinco años. Llevaba un manto blanco, ancho y largo, que formaba una capucha en torno a la cabeza. El resto de la vestimenta era también blanco, pero con bordes variopintos. Estos tejidos de las mujeres paganas eran tan ligeros y envolventes que dejaban entrever todas las formas del cuerpo.

Esta mañana los discípulos bautizaron a muchas personas en la fuente bautismal. Jesús enseñó en diversos lugares, hablando sobre todo del pan cotidiano, del maná, del pan de vida, del único Dios.

Hoy he vuelto a ver a Mercuria, la pecadora, que iba de acá para allá por sus habitaciones, muy agitada. Llora, se retuerce las manos. Su marido, que me ha parecido un hombre tonto, y sus siervas piensan que ha enloquecido. Sin embargo ella está desgarrada por remordimientos y solo piensa cómo liberarse de sus compromisos e ir a Palestina para unirse a las santas mujeres. Tiene dos hijas de ocho y nueve años, y un hijo de cinco. Su casa está cerca del gran templo, es muy grande y está rodeada de sólidos muros, con terrazas y jardines. Alguien viene a pedirle que vaya al templo, pero ella lo echa diciendo que está enferma.

He echado una ojeada también al gran templo. Es un edificio sorprendente, lleno de columnas, salas, habitaciones y pórticos. Todos los sacerdotes viven allí y también varias mujeres. En el templo hay una estatua enorme de la diosa. Brilla como si fuese de oro, tiene el cuerpo de pez con una larga cola, el busto de mujer y cuernos en la cabeza, que parece la de una vaca. La estatua está colocada en los pedestales que se apoyan en un gran basamento, sobre el que se queman incienso y otros perfumes. En este templo se hacían muchos sacrificios, a veces también sacrificios de niños, especialmente de niños deformes. Estas monstruosidades tenían lugar en honor de la diosa...

3. ¿Por qué fue el Señor a Chipre?

Se me ha explicado por qué Jesús fue a Chipre: lo hizo para conquistar cerca de quinientas almas, judías y paganas, que en parte partieron con él, en parte lo siguieron después. Pero también he visto que los que quedaron lo han olvidado.

He quedado consternada al ver que el gran trabajo que Jesús hizo en Chipre ha tenido tan poco efecto, hasta el punto de que en los evangelios no se habla siquiera de este viaje.

La pecadora Mercuria siguió bien pronto a Jesús con sus hijos y llevó consigo muchos objetos preciosos y dinero. La he visto con las santas mujeres mientras hacía y ofrecía mucho para ayudar a la misión de Jesús. Cuando comenzó la persecución de los cristianos, antes de la conversión de Pablo, Mercuria fue asesinada.

Después de la marcha de Jesús de Chipre, muchos paganos y judíos dejaron la isla llevando consigo dinero y objetos preciosos y se marcharon a Palestina, donde gastaron cuanto habían llevado consigo; sus familiares que pensaban de forma distinta se alteraron al sentirse ofendidos y damnificados. Se acusó a Jesús de ser un embaucador y judíos y paganos estuvieron de acuerdo en declarar que no se debía hablar más de él. El gobernador con el que Jesús había hablado fue llamado a Roma y depuesto. Vinieron soldados romanos que ocuparon el puerto y no permitieron ninguna salida más. Después de la crucifixión, la memoria de Jesús se perdió completamente y se habló de él como de un rebelde y traidor, y los que todavía creían en él comenzaron a dudar y a avergonzarse. Doce años más tarde Pablo y Bernabé no encontraron aquí ninguna huella de su enseñanza, estuvieron poco tiempo, sin embargo llevaron consigo a algunas personas.

Jesús permaneció todavía algunas semanas en Chipre, visitando muchas localidades, enseñando en las sinagogas y a los paganos, bautizando y curando a los enfermos.

Al final de su estancia en la isla, acompañado por el gobernador que se había unido fuertemente a él, fue al puerto con los discípulos y algunas personas que habían decidido partir con él y se embarcó. En total, dice Ana Catalina Emmerick, aquel día dejaron Chipre veintisiete personas en tres pequeñas embarcaciones. Navegando hicieron alto en otro puerto de Chipre llamado Hepha, donde subieron a bordo otros veinte, entre amigos y discípulos.

La navegación fue buena y a la llegada fueron acogidos por varios discípulos y apóstoles. La felicidad de volver a ver a Jesús fue grande. Se organizó una rápida cena con el alimento que los discípulos habían llevado consigo; después se alejaron de la orilla juntos una media hora y se pararon en un pequeño bosque, donde pasaron la noche.

A partir del día siguiente Jesús retomó su predicación en las ciudades y en los pueblos; volvieron también las controversias con los fariseos.

4. Jesús y el sábado

Hoy he visto a Jesús ir de Sión a Naín, donde, en una posada que tiene un gran jardín, encontrará a las santas mujeres: Magdalena, Marta, Verónica, Juana de Cusa. Magdalena ya no es tan bella como lo era en tiempos, está pálida y desmejorada, tiene los ojos rojos por las lágrimas. Está silenciosa y apartada. Marta es muy activa y experta en las cosas prácticas. Juana [mujer de Cusa, administrador de Herodes] es una mujer alta, pálida, fuerte, seria y sencilla. Verónica es una persona decidida, valiente y leal. Cuando están juntas, trabajan para la comunidad y preparan ropa y comida que los discípulos y los apóstoles distribuyen después entre los pobres. Trabajan también para las sinagogas pobres.

Jesús les contó muchas cosas de su viaje a Chipre, habló también de Mercuria y dijo que pronto vendría a unirse a ellas. Después de haber hablado con las mujeres, Jesús fue a la sinagoga a clausurar el sábado y se encontró con varios enfermos que habían sido llevados allí en camillas y que, apenas lo vieron, tendieron las manos hacia él invocando su ayuda. Jesús se movió a compasión y los curó. Llegaron también varios fariseos que se enfadaron porque las curaciones se habían hecho en sábado: montaron un gran alboroto y dijeron que Jesús profanaba el sábado. Pero Jesús siguió curando a la gente y cuando acabó respondió con palabas muy severas a las acusaciones de los fariseos: ¿Estaba prohibido hacer el bien en sábado? ¿Ellos no tenían cuidado de sí mismos también en sábado? ¿Las curaciones no tenían lugar quizá para santificar el sábado? ¿No era lícito consolar a la gente? ¿Había que dejar sufrir también en sábado a las viudas y a los huérfanos que durante toda la semana estaban oprimidos y sacrificados?

Jesús echó en cara su hipocresía y la opresión de los más débiles, dijo que con la excusa de sostener la sinagoga robaban a los pobres y, además, pretendían hacer aplicar la ley según la cual esta pobre gente no podía recibir la gracia de Dios y ser curada en sábado, mientras ellos, los fariseos, comían y bebían en sábado lo que habían quitado a aquellas pobres personas. De este modo Jesús los mandó callar, y entraron en la sinagoga. Cuando entró Jesús, le llevaron el rollo de la Ley y le pidieron que la enseñase, porque lo escuchaban voluntaria pero maliciosamente y espiaban sus palabras esperando cogerlo en un error, para poder acusarlo. Jesús habló del libro de Zacarías, de la venida del Mesías, de los diezmos; habló también de la opresión de las viudas y de los huérfanos y de la falta de caridad. Los fariseos dejaron la sinagoga muy enfadados.

Jesús se dirigió después con los discípulos y algunos amigos a Cafarnaún, donde enseñó en la sinagoga. Aquí los maestros estaban en buena disposición hacia él y no lo contradijeron.

Por la tarde vi a Jesús ir hacia al noreste en dirección a Damna y pararse en una posada de propiedad de los parientes de José. En ella lo esperaban Lázaro y dos discípulos de Jerusalén que eran primos de José de Arimatea. Lázaro se encontraba en la zona desde hacía ya ocho días, se estaba ocupando todavía de los terrenos y de los edificios de Magdalena, que intentaba vender. Cuando Jesús vio a Lázaro lo abrazó. Lo hacía solo con él y con los discípulos y los apóstoles más ancianos, a los otros les daba la mano.

Después del lavatorio de pies y después de haber descansado un poco, pasearon por el jardín y se sentaron. Lázaro contó con tranquilidad la situación en Jerusalén y lo que habían hecho todos los amigos de su círculo. Jesús habló de la gente de Chipre, de los convertidos y de los que habían venido a Palestina. Jesús habló también con Lázaro de cómo acoger y hospedar a estas personas. Tenía gran confianza con Lázaro y habló largamente con él.

Lázaro es un hombre alto, pacífico y serio, muy reservado y educado y tiene un modo noble de tratar con las personas. Es rubio y en cierto modo se parece a José, el padre putativo de Jesús, pero tiene unos rasgos más decididos y marcados. José tenía algo extremadamente dulce, pacífico y abierto, y también él era rubio.

Jesús y Lázaro cenaron juntos y pasaron la noche en aquella posada.

5. Jesús visita a su Madre

Al día siguiente Jesús fue a Cafarnaún con Lázaro y los discípulos, adonde habían llegado mientras tanto las santas mujeres que se reunieron con la Santísima Virgen. Los vieron llegar pero no se movieron. Jesús entró con los vestidos recogidos, y María fue a su encuentro cubierta y con la cabeza inclinada y le tendió la mano. Él se la estrechó y la saludó afectuoso y serio. Las otras mujeres permanecieron en pie, cubiertas, en actitud reservada, y se inclinaron delante de él. Cuando Jesús se quedó solo con María, la estrechó contra el pecho consolándola y diciéndole muchas cosas; pero ella se dirigía a él como a un santo, a un profeta, como haría hoy una madre cuyo hijo se hubiese convertido en papa, obispo o rey, pero con extrema nobleza e indescriptible simplicidad. No lo abrazaba, le tendía la mano solo cuando él le tendía la suya.

Vi después a Jesús y a María comer solos. En medio de ellos había una pequeña mesa baja, Jesús se sentaba frente a su Madre. En la mesa había miel, un pez, pan, bollos y dos pequeñas jarras. Las otras mujeres estaban atareadas con la comida de los discípulos.

Jesús habló a su Madre de Chipre y de las almas que había redimido. Ella se alegró en silencio y no hizo muchas preguntas. Le habló después de lo que había sucedido durante su ausencia y, con materna solicitud, no ocultó los peligros que presentaba su futuro. Jesús respondió con mucha dulzura que ella debía aceptar los designios de

Dios; él debía llevar a cabo su misión hasta que llegase el tiempo de volver al Padre. Algunas de las santas mujeres eran invitadas por turno a participar en este coloquio sentándose con María, y Jesús enseñaba y conversaba.

6. La impresión que Jesús suscita en los fariseos y en los discípulos

Cuando pienso en la vida y en la acción de Jesús y de los suyos, me siento invadida por la certeza de que si viniese a nosotros hoy encontraría muchos más obstáculos que en aquel tiempo. ¡Con qué libertad pueden moverse, enseñar, curar él y sus discípulos! Aparte de los fariseos, que son duros y soberbios, no hay obstáculos, y los mismos fariseos no saben con quién tienen que vérselas. Saben bien que es el tiempo de la promesa, es tiempo de que se cumpla lo que dijeron los profetas; ven en él algo irresistible, sagrado, maravilloso. ¡Cuántas veces los he visto sentados estudiando los profetas y las Escrituras antiguas, y nunca se han querido rendir porque ellos esperaban a alguien totalmente distinto y pensaban que el Mesías debía ser su amigo y compañero, no alguien como Jesús!

También muchos de los discípulos pensaban que él debía tener una fuerza misteriosa y creían que un día subiría al trono de Jerusalén, sería el santo rey de un pueblo devoto y ellos tendrían buenos puestos en su reino. Jesús no los saca por ahora de este convencimiento. Otros tienen una visión más espiritual, pero no se les ocurriría nunca pensar en la humillación de la cruz.

Pocos actúan solo por amor y entusiasmo.

7. Preocupaciones de los parientes y de los amigos de Jesús

Se reunieron entretanto los parientes y amigos de Jesús que, como ya había ocurrido anteriormente, le rogaron que fuese prudente, porque estaban acechados por peligros. La tensión aumentaba y los fariseos estaban siempre enojados con él. Jesús respondió como de costumbre y los invitó a escuchar la enseñanza que impartiría en Caná. Llegado a esta ciudad visitó a muchas personas, se entretuvo con los niños y los bendijo, y curó a algunos enfermos.

En el centro de la ciudad de Caná había una colina que el padre de la esposa había rodeado con una viña; en la colina se erigió un bello asiento y desde él Jesús enseñó delante de las mujeres, de sus parientes, de los discípulos y de muchas personas amigas de Caná, un lugar donde tenía muy pocos enemigos.

Habló de su misión y de su cumplimiento, explicó que no había nacido para llevar una vida cómoda y alegre y de cómo era inútil esperar de él cosas distintas de las previstas por la voluntad del Padre. Habló más claramente que nunca diciendo que era el que se esperaba desde hacía tiempo; dijo que solo pocos lo reconocerían y que, cumplida su misión, volvería al Padre. Pidió con gran amor y seriedad que no rechazasen la salvación en el tiempo de la gracia. Recordó las palabras de los profetas y su enseñanza fue tan maravillosa y conmovedora que la gente decía entre sí: «¡Este es más que un profeta! ¡Nadie en Israel ha hablado nunca así!»

8. Parábolas

Las visiones del tercer año de enseñanza de Jesús comprenden también varias parábolas, entre las cuales están la de la dracma perdida y la del hijo pródigo. Las parábolas aparecían visiblemente en Ana Catalina Emmerick bajo la forma de imágenes que ella después describía con todo detalle a Clemens Brentano.

La dracma perdida y encontrada. — Vi una casa y dentro de la casa una mujer judía. Había oscuridad en esta mujer y también en torno a ella, que estaba turbada e inquieta. Llegó un hombre, ella fue a su encuentro y apenas él le habló, ella se encontró con una lámpara encendida en la mano. Era como si él le hubiere llevado la luz, como si fuese Jesús o un mensajero suyo.

Cuando el hombre se marchó, la mujer puso la lámpara en el centro de la casa. Entonces se hizo la luz y ella misma fue más luminosa, más pura, casi transparente. Tomó una escoba y barrió por todos los rincones de la casa yendo hacia el centro donde estaba la lámpara, recogiendo polvo e inmundicia. Entonces se inclinó y con los dedos buscó entre el polvo una moneda toda reluciente; e inmediatamente ella misma y la casa se hicieron todavía más luminosas.

Llegaron otras mujeres, ella mostró la moneda refulgente y todas fueron felices y alabaron a Dios.

Estas imágenes me han parecido símbolos del despertar a través de una buena guía espiritual.

El hijo perdido y encontrado. — Vi una antigua familia judía, con casa, siervos y ganado. En esta casa vi a un padre anciano y a sus dos hijos, el más joven arrogante y descortés, el mayor siempre cercano al padre y muy obsequioso con él. Sin embargo el mayor no me agradaba, tenía demasiada seguridad, se ocupaba únicamente de dar gusto al padre. Vi al hijo menor pedir insistentemente su parte de la herencia, y cuando la recibió se marchó, dejando al padre triste y consternado, y al hermano contento. Vi al hijo perdido irse en dirección a las montañas.

No había recibido la bendición del padre, y lo vi caer cada vez más bajo, en una región llena de niebla y pantanos, con muchas casas en las que se jugaba, se bailaba y se frecuentaban malas mujeres; él iba de una casa a otra, cada vez más hacia abajo, en regiones cada vez más oscuras. De la última casa lo echaron, pobre y desesperado. Lo vi andar por un bosque donde pastan los cerdos, y sentarse en un tronco de árbol, triste y con la cabeza entre las manos. Después miró en torno, alzó los ojos al cielo, cayó de rodillas, y yo pensé: gracias a Dios, ahora está de rodillas. Lo vi después volver a casa de su padre, y el padre corrió a su encuentro porque deseaba mucho estrecharlo entre sus brazos.

El hijo se puso de rodillas, el padre lo hizo levantar, lo abrazó y llamó a los siervos, que inmediatamente le llevaron ropa, zapatos y un anillo. Estaban contentos y deseosos de ayudarlo. Se mató un ternero, se invitó a unas personas y se hizo un banquete a la manera judía. Los invitados cantaban himnos, tocaban flautas y todos estaban contentos.

El hijo mayor, que estaba en los campos, oyó el ruido de la fiesta, fue a casa, preguntó a un siervo, el padre salió y el hijo, pálido de rabia y de envidia, le hizo unas preguntas que el padre respondió. Después se sentó a la mesa, con la cabeza inclinada.

El hijo mayor es como los escribas y fariseos, que se ponen aparte llenos de rabia y no comparten la alegría por el hijo perdido y encontrado.

9. Curación de los diez leprosos. La adúltera

Jesús iba andando hacia Samaría cuando vinieron a su encuentro diez leprosos que vivían juntos en una cabaña. Con gritos e invocaciones le pidieron que los curara. Jesús se detuvo; los discípulos prosiguieron su camino. Los leprosos se acercaron a Jesús, más o menos deprisa según lo que sus condiciones les permitían, e hicieron círculo en torno a él. Jesús los tocó a todos y les ordenó que fueran a presentarse a los sacerdotes, para que constataran su curación y fueran readmitidos en la vida de la comunidad; después prosiguió su camino.

Los leprosos se alejaron por direcciones distintas. La curación no fue instantánea, pero enseguida fueron capaces de caminar, y se vieron completamente curados al cabo de una hora, quizá porque no merecían curar antes. Jesús, mientras tanto, fue llamado por un padre que tenía una hija enferma y se dirigió rápidamente a su casa. Justo por este sendero secundario lo alcanzó uno de los leprosos, un samaritano, que conmovido por la curación recibida había vuelto para darle gracias. Se echó a tierra delante de Jesús, que exclamó: «¿No quedaron limpios los diez? Los otros nueve, ¿dónde están? ¿No ha habido quien volviera a dar gloria a Dios sino este extranjero?» Y dirigiéndose a él dijo: «Levántate y vete; tu fe te ha salvado!»

Después este hombre se hizo discípulo suyo.

Poco tiempo después, Jesús estaba enseñando a la gente cuando se le acercaron unos fariseos que tenían consigo una mujer sorprendida en adulterio. La pena por esta culpa era la lapidación, y los fariseos, para probar a Jesús, le preguntaron qué pensaba. Jesús apenas los miró y respondió: «Aquel de vosotros que esté sin pecado, que le arroje la primera piedra». Los fariseos no supieron qué replicar, sintieron vergüenza y uno tras otro se alejaron, dejando libre a la mujer. Entonces Jesús se dirigió a ella y le dijo: «Mujer, ¿dónde están? ¿Nadie te ha condenado?» «Nadie, Señor», respondió. «Tampoco yo te condeno —añadió Jesús— Vete, y en adelante no peques más». Y la mujer se alejó como incrédula, llena de reconocimiento y arrepentimiento.

10. Muerte y resurrección de Lázaro

Vi a Jesús en una pequeña localidad de Samaría. Con él estaban las tres Marías: la Santísima Virgen, su prima más anciana, María de Helí, con su hija, María de Cleofás. Viene un mensajero de Lázaro que le ruega que vaya a Betania, pero Jesús no va; va, por el contrario, a celebrar el sábado a un lugar que dista una jornada de camino de Betania. Enseña en una gran sinagoga, que tiene dos pisos y está llena de gente. Enseña en el piso de arriba, pero baja también al piso de abajo. Le llevan muchos niños para que los bendiga y enfermos para que los cure. Jesús habla de los samaritanos y de los levitas, de la importancia de Jerusalén, cuenta la parábola de la dracma perdida y la del hijo pródigo.

Después vuelve al lugar en el que lo esperan las santas mujeres con los apóstoles y los discípulos, y aquí reciben la noticia de la muerte de Lázaro.

Estuve en Betania y vi que Lázaro había muerto. Había sido embalsamado y envuelto en vendas a la manera judía, a continuación el cuerpo fue llevado a la sepultura. Después de su muerte las hermanas dejaron la casa, fueron a una propiedad suya en las cercanías de Izreel, donde Jesús y la Sagrada Familia habían estado a menudo. Creo que esperan aquí la venida de Jesús.

Vi después a Jesús en camino hacia esta propiedad de Lázaro. Magdalena fue a su encuentro y le dijo que Lázaro había muerto: ¡si hubiera estado presente, su hermano no habría muerto! Jesús dijo que no había llegado todavía el momento y que estaba bien que Lázaro hubiese muerto. Dijo después a Marta y a Magdalena que no tocasen las cosas del hermano: él volvería a su casa en unos días. Al día siguiente las hermanas volvieron a Betania y Jesús prosiguió su camino hacia En Gannim, donde enseñó en la sinagoga. Los discípulos y los apóstoles, mientras tanto, murmuraban pues estaban asombrados de que Jesús no fuera inmediatamente a Betania.

Entre la localidad en la que se encontraba Jesús y Betania había grandes prados, campos y extensiones de terreno sin cultivar. Jesús atravesó lentamente estos lugares con sus discípulos, parándose a menudo para hablar a la gente y enseñar.

Cuando llegaron a Betania Lázaro había muerto ya hacía ocho días. Lo habían dejado fuera de la tumba durante cuatro días con la esperanza de que Jesús viniese y lo despertase, pero después lo metieron en el sepulcro. Con las hermanas se encontraban ahora muchos hombres y mujeres de Betania y de Jerusalén, que lloraban al muerto. Al atardecer María, la mujer de Zebedeo, fue a casa de Marta, que estaba con las otras mujeres, y les dijo al oído que el Señor estaba llegando.

Entonces Marta fue con ella detrás de la casa, donde Magdalena estaba sentada sola bajo un árbol y le dijo que Jesús se encontraba cerca. Vi entonces a Magdalena que iba a su encuentro con la mujer de Zebedeo.

Cuando estuvo cerca, Magdalena cayó a sus pies y dijo: «Señor, si hubieras estado aquí, no habría muerto mi hermano». Después entraron en la casa, todos lloraban y también Jesús se puso triste y lloró. Una vez que Jesús y los apóstoles descansaron un poco, se puso a enseñar, y vi que algunos de los presentes murmuraban diciendo que no había querido mantener con vida a Lázaro. Oí al Señor, conmovido y turbado, hacer un largo discurso sobre la muerte.

En las primeras horas de la mañana fueron a la tumba de Lázaro. Con Jesús estaban Mateo y Juan, las hermanas y muchas otras personas. Había una gran confusión, un bullicio casi como el que hubo en la crucifixión de Jesús. El lugar de la sepultura distaba un cuarto de hora de la casa de Lázaro y estaba rodeado de un muro. El sepulcro de Lázaro no estaba lejos de la entrada: una puerta daba a un largo pasillo que penetraba en la colina, a cuyos lados se abrían varios cuartos cerrados por puertas. Lázaro estaba sepultado en el primer cuarto. Aberturas en lo alto daban luz al local. A la derecha de la puerta la pared estaba excavada y formaba un nicho cerrado por una gruesa piedra: aquí había sido colocado el cadáver de Lázaro.

Jesús, los apóstoles y algunas personas emparentadas con Lázaro entraron en el sepulcro; Magdalena, Marta y las otras mujeres permanecieron fuera de la puerta. Se había reunido, mientras tanto, mucha gente que empujaba por todas partes para ver lo que iba a suceder.

Jesús dio orden a los apóstoles de quitar la piedra. Enseguida Marta dijo a Jesús que Lázaro llevaba sepultado cuatro días y ya olía; pero Jesús ordenó a los apóstoles que quitaran también la tapa del ligero ataúd en el que yacía el cadáver; después dirigió los ojos a lo alto, rezó en voz alta, hasta que exclamó con voz fuerte: «¡Lázaro, sal fuera!»

A esta llamada el cadáver se sentó y la gente que estaba fuera y que había oído las palabras de Jesús presionó todavía más para echarse hacia adelante y ver lo que sucedía. Pero el Señor dijo a los apóstoles que mantuviesen alejada a la gente y ellos echaron a todos fuera.

Los apóstoles que estaban junto a la tumba quitaron el sudario del rostro de Lázaro, que apareció como aletargado, le liberaron las manos y los pies de las vendas, y recibieron de fuera un manto. Cuando Lázaro salió de la tumba, vacilando como una sombra, le pusieron el manto sobre las espaldas y él fue hacia el Señor como un sonámbulo, pasó por delante de él y salió fuera. Las hermanas y las demás personas, no atreviéndose a tocarlo, se echaron atrás como si se encontrasen frente a un fantasma y cayeron rostro a tierra.

Entonces Jesús salió detrás de él del sepulcro y le cogió las manos, después se dirigieron hacia su casa. La multitud era grande, pero en esta atmósfera surrealista cundía entre la gente un cierto miedo, de tal forma que al séquito de personas que acompañaban a Jesús y a Lázaro no le costó mucho abrirse camino. Lázaro, con aspecto todavía cadavérico, iba siempre vacilante. Jesús caminó junto a él, los otros lo seguían, llorando y sollozando, invadidos de muda y angustiosa admiración.

Llegaron a la zona de jardines y bosquecillos; aquí hicieron una parada y Lázaro se echó por tierra delante de Jesús como uno que va a ser acogido en una orden religiosa. Jesús habló un poco, la gente que presionaba fue echada para atrás, después se dirigieron a la casa de Lázaro, que distaba un centenar de pasos, y entraron en un gran comedor.

Jesús, Lázaro y los apóstoles permanecieron solos. Los apóstoles se pusieron en círculo en torno a Jesús y a Lázaro. Entonces Lázaro se arrodilló delante del Señor, que le puso la mano derecha en la cabeza y echó su aliento sobre él siete veces. Vi una especie de niebla oscura salir de Lázaro. Jesús entonces consagró a Lázaro a su servicio, lo purificó de toda relación con el mundo y el pecado y lo reforzó en los dones espirituales. Habló todavía largo tiempo con él y le dijo que lo había despertado para que lo sirviese. Le dijo también que debería sufrir grandes persecuciones por parte de los judíos.

Hasta este momento Lázaro había permanecido envuelto en las telas fúnebres. Pero ahora fue a quitárselas y a vestirse, y solo entonces las hermanas lo abrazaron; en efecto, hasta aquel momento había tenido un aspecto cadavérico que suscitaba espanto.

Vi también que su alma, después de haber salido del cuerpo, había ido a un lugar silencioso, crepuscular, privado de sufrimiento, y que allí había contado a los justos —José, Joaquín, Ana, Zacarías, Juan...— lo que el Redentor hacía en la tierra.

Cuando Jesús echó el aliento sobre él, Lázaro recibió los siete dones del Espíritu Santo y fue completamente liberado de todo lo que era terreno. Él recibió estos dones antes que los apóstoles porque a través de su muerte había conocido grandes secretos, había visto otro mundo, había resucitado de entre los muertos y era capaz de recibir estos dones. Lázaro tiene una gran importancia y guarda en sí un gran misterio.

Mientras tanto, habían preparado la comida y todos se sentaron a la mesa. Lázaro se sentó al lado de Jesús, que impartió muchas enseñanzas. Después de haber comido, las mujeres se unieron a los hombres para escuchar a Jesús. En torno a la casa se escuchaba un gran rumor y agitación, vinieron muchas personas de Jerusalén, llegaron también algunos guardias que rodearon la casa. Pero Jesús ordenó a los apóstoles despedir a la gente y a los guardias, y habló hasta que se encendieron las lámparas. Después dijo a los discípulos que a la mañana siguiente iría a Jerusalén con dos apóstoles. Le avisaron de los peligros que podría encontrar en la ciudad, pero él respondió que no lo reconocerían porque no se manifestaría públicamente.

Vi después que todos durmieron un poco apoyados en las paredes de la sala.

11. Jesús en Jerusalén

Antes del alba Jesús fue de Betania a Jerusalén con Juan y Mateo, que se habían vestido de modo un poco distinto de lo acostumbrado. Dieron la vuelta a la ciudad y llegaron por una vía secundaria a la casa en la que después tuvo lugar la última cena. Allí permanecieron todo el día y también la noche siguiente, secretamente y en silencio. Jesús habló mucho con los amigos de Jerusalén que se habían reunido allí y los confirmó en la fe.

Vi también una reunión de fariseos y sumos sacerdotes a propósito de Jesús y de Lázaro. Oí, entre otras cosas, que temían que Jesús pudiese despertar a todos los muertos, en cuyo caso habría una verdadera revolución. ¡Esta hipótesis me pareció ridícula y necia!

Hacia el mediodía hubo en Betania un gran tumulto. Si Jesús hubiese estado allí, habría sido lapidado. Lázaro tuvo que esconderse y los apóstoles se fueron secretamente en direcciones diversas. Todos los amigos que Jesús tenía en Betania se escondieron. Pero pronto volvió la tranquilidad, porque pensaron que nadie tenía el derecho de hacer mal a Lázaro.

Jesús se había quedado toda la noche en la casa sobre el monte Sión. Antes de que se hiciese de día dejó Jerusalén con Mateo y Juan y se dirigió hacia el Jordán, al que llegó en torno a mediodía. Por la tarde los apóstoles provenientes de Betania lo alcanzaron y pasaron la noche juntos bajo un gran árbol.

12. Jesús prepara un viaje a la tierra de los Reyes Magos y a Egipto

Oí a Jesús decir que pronto emprendería un viaje y que los apóstoles y los discípulos debían separarse de él; les dijo también en qué localidades debían enseñar y en cuáles no debían enseñar, y en qué lugar se reencontrarían después. Añadió que donde no fuesen bien acogidos, deberían sacudirse el polvo de sus sandalias.

Jesús tiene la intención de hacer un largo viaje: irá a Betsaida y después al sur, hacia Maqueronte, la fortaleza donde fue decapitado Juan; irá después a la tierra donde viven los madianitas, con los cuales estuvo una vez Moisés; después irá a Egipto y a Heliópolis, donde vivió de niño[1]: allí viven algunas buenas personas, sus compañeros de in-

[1] De la estancia de la Sagrada Familia en Heliópolis se habla ya en el citado libro de A. C. Emmerick, *Vita della santa Vergine Maria,* p. 117 ss.

fancia y de juegos, que no lo han olvidado y que han preguntado siempre cuándo volvería. Jesús irá también donde bautizó Juan, y al desierto en el que él mismo fue tentado por el demonio. Dijo también que estaría ausente cerca de tres meses. Finalmente, encontraría de nuevo a los suyos en el pozo de Jacob, cerca de Sicar; pero quizá podrían encontrarlo también antes porque a la vuelta pasaría por Judea.

A la mañana siguiente Jesús se puso en camino en dirección a la tierra de Abrahán y de los tres reyes. Algunos discípulos se fueron a casa, otros se habían dividido para enseñar en varias localidades.

En Jerusalén el tumulto a causa de Lázaro fue enorme. Jesús se quiso alejar para ser olvidado: con el tiempo el convencimiento de la realidad del milagro realizado predispondría a muchos a la conversión. En los evangelios no se habla de este viaje, porque ningún apóstol estaba con Jesús; quizá no todos sabían dónde había ido.

El Señor hizo este viaje acompañado de tres jóvenes, pasando por caminos secundarios y pernoctando a menudo con los pastores. Esta gente es buena y sin malicia, admira a Jesús y lo quiere. Él les cuenta las parábolas que ya ha narrado en Judea y ellos lo escuchan con gusto.

13. María y los amigos de Jesús en aquel periodo

Vi que, a causa de la maldad de los judíos, la situación se había vuelto muy peligrosa para los amigos de Jesús. Los fariseos están muy enojados por la resurrección de Lázaro, gracias a la cual muchas personas se han acercado al Señor, y persiguen por todas partes a sus amigos. Lázaro se mantiene en general escondido en los sótanos de su casa y los amigos de Betania y de las localidades vecinas no se atreven a salir de las suyas. Vi a nobles señores de Jerusalén llevarles a escondidas el alimento en pequeñas cestas. La Madre de Jesús no se atreve a salir de casa por la tarde porque gente mala la emprendería a pedradas.

En los últimos días vi también a Judas. Solo él está alegre y arrogante ante los fariseos, charla y les dice que conoce bien a Jesús y que su intención es hablarle seriamente y hacerlo desistir de sus empresas. Estas charlas son muy peligrosas. Vi a menudo a María ponerlo en guardia, pero él toma todo a la ligera y ríe. Sin embargo, aparentemente es compasivo y muy servicial. Verlo así me irrita, pero también suscita en mí compasión, porque sé que ya desde el nacimiento ha sido maldito.

14. Visita de Jesús a la región de los Reyes Magos

Por motivos de espacio, del gran viaje de Jesús a la tierra de los Reyes Magos y a Egipto solo hablaremos de la visita a los santos reyes que a su nacimiento vinieron a rendirle homenaje a Belén.

El viaje a la tierra de los Reyes Magos, como el de Chipre, indican la apertura de Jesús a los paganos y su deseo de conquistarlos para la verdadera fe.

Jesús, acompañado de tres jóvenes discípulos nuevos, dejó Jerusalén moviéndose en dirección sureste hasta llegar en la vigilia del sábado cerca de un pozo no lejos del cual había varias tiendas de pastores. Pasaron la noche al aire libre junto a este pozo; a la mañana siguiente fueron al-

canzados por los pastores a los que Jesús preguntó si pertenecían a las familias de los que treinta y tres años antes habían sido guiados por una estrella para rendir homenaje al Rey de los Judíos recién nacido.

Ellos respondieron que sí, y entonces el Señor reveló que él era ese Rey de los Judíos que ahora venía a visitarlos. Los pastores le mostraron enseguida gran amor y veneración, y con piedras y follaje le prepararon rápidamente un asiento sobre el que Jesús se sentó. Contó muchas parábolas bellas y ellos lo escucharon con alegría y confianza, y rezaron con él. Por la tarde prepararon para él y los discípulos una tienda y ofrecieron una sencilla cena de pan, fruta y miel. Jesús bendijo el alimento y comió con ellos. Los pastores eran cerca de cuarenta.

A la mañana siguiente Jesús les impartió otras enseñanzas y después se puso de nuevo en camino hacia la tierra de los Reyes Magos. El viaje fue largo y por el camino se alimentaron de higos y bayas, y bebieron de los pozos que encontraron. Mientras tanto, Jesús instruía a los nuevos discípulos y les contaba muchas cosas.

Caminaron dos días, y en la última parte del viaje atravesaron desiertos de arena y de rocas. Finalmente llegaron a un torrente rodeado de prados y comenzaron a divisar tiendas usadas como casa. Andando encontraron campos de trigo, verdes colinas, viñas, rosales. Los habitantes de aquella región se mostraron muy abiertos y Jesús les pidió noticias de aquellos hombres estudiosos del firmamento que en un tiempo siguieron una estrella; le respondieron que en general vivían muy apartados, pero a su vuelta de la visita al Rey de los Judíos recién nacido habían hecho construir una gran pirámide para la oración en el lugar donde por primera vez se había visto la estrella, y en torno a esta una ciudad hecha de tiendas. Dijeron también a Jesús que Mensor, el más anciano, gozaba todavía de buena salud. Teokeno, el segundo, a causa de la edad ya no podía caminar, mientras Sair, el tercero, había muerto unos años antes y fue colocado en una pirámide sepulcral. Su cuerpo estaba todavía incorrupto y cada año, con ocasión de la aparición de la estrella, iban todos a la pirámide, la abrían y rendían homenaje al difunto rey.

Estas personas enviaron después mensajeros a la ciudad hecha de tiendas donde vivía Mensor, que distaba un par de horas de camino, para anunciar la próxima visita de Jesús, que ellos consideraban un enviado de aquel Rey de los Judíos.

Vi a los mensajeros llegar ante Mensor y los preparativos que se hicieron para acoger a Jesús. Vi el lugar donde vivían los reyes: la tienda principal se parece a un castillo, tiene un pavimento de piedras y un segundo piso de paredes transparentes. En todo el entorno de la tienda se han extendido pesados tapices. Alrededor de este edificio hay muchas otras tiendas, todas unidas por senderos de piedra y adornadas de imágenes de todo tipo, sobre todo estrellas y flores. En torno a las tiendas hay jardines y prados, arbustos de laurel y mirto y abundantes fuentes de agua.

Vi que apenas llegó la noticia de la visita de una persona, que creían que era un enviado del Salvador, todos se pusieron en movimiento para recibirlo como si fuese el mismo Salvador. Vi que los notables y sacerdotes aconsejaban al viejo rey. Prepararon vestidos para ofrecerlos como don, se adornaron las calles y prepararon coronas de flores. Vi que el Señor y los discípulos se dirigían hacia la ciudad de tiendas y que el anciano rey Mensor iba al encuentro del invitado sobre un hermoso camello de ricos paramentos, con un séquito de una veintena de hombres jóvenes y ancianos, algunos de los cuales habían formado parte de la caravana que fue a Belén a honrar al Rey de los Judíos recién nacido. El cortejo cantaba una melodía festiva que oí entonar también durante el viaje a Belén.

El rey Mensor era el más anciano de los que llevaron ofrendas al niño Jesús, su piel era oscura y cubría su cabeza con un alto sombrero redondo adornado de una cinta blanca. Llevaba puesto un manto blanco recamado en oro.

El cortejo llegó a una plaza sombreada por árboles y adornada con una fuente; en ella el anciano rey descendió del camello y esperó al Señor que estaba llegando. Cuando el Señor estuvo cerca, el anciano rey, apoyado en dos personas, fue a su encuentro; tenía en la mano un largo bastón adornado de oro, que terminaba en punta con un cetro. En cuanto vio a Jesús tuvo una intuición interior, como había tenido frente a la cuna cuando se había puesto de rodillas delante del recién nacido. Alargó el bastón a Jesús y se arrodilló delante de él.

Jesús lo cogió de la mano y lo hizo levantar. Fueron después bajo los árboles y ofrecieron a Jesús fruta y agua fresca enriquecida con zumo. El anciano rey era inmensamente cordial y humilde, y preguntó por el Rey de los Judíos: creía, en efecto, que Jesús era su mensajero y no sabía explicar su emoción interior.

Después de una breve estancia en este lugar, el cortejo se encaminó hacia la ciudad; Mensor quería que Jesús se sentase en el camello, pero Jesús no quiso hacerlo y por eso el anciano rey fue el que se montó de nuevo. A Jesús le reservaron muchos honores, fue acogido con música y cantos y en su honor se ofreció una comida durante la que se sirvieron aves asadas, miel, pan y fruta.

El anciano rey contó después cómo él y sus amigos vieron la estrella. Esta estrella era una antigua promesa a su gente; la habían visto por primera vez quince años antes del nacimiento de Jesús y después cada cinco años. En la estrella veían imágenes que se referían a la vida de Jesús: la primera vez una Virgen con un cetro en una mano y en la otra una balanza sobre la que estaban puestos una paloma y una espiga de trigo. La última vez vieron a un niño dentro de un pesebre y a José y María junto a él; habían visto también una cosa que se refería a la redención y supieron que un día Jesús vendría a ellos. En la estrella vieron asimismo una cruz y una montaña. No solo Mensor vió estas cosas, sino también otros reyes astrónomos; y así, cuando apareció la estrella de Jesús y en un sueño recibieron la invitación para ir a rendir homenaje al recién nacido, se enviaron recíprocamente mensajeros e hicieron los preparativos para el viaje. La estrella se fue acercando cada vez más a ellos y los precedió. En sueños recibieron también la indicación de no pasar por donde Herodes a la vuelta, sino de volver a casa por otro camino.

El Señor impartió enseñanzas y al final dijo que él no era el enviado de Jesús, sino Jesús mismo, ante lo cual todos se echaron a tierra llorando de emoción. El anciano rey lloraba de modo particularmente intenso por el amor y la alegría, y no conseguía dominarse. No comprendían como él quiso acercarse a ellos, pero Jesús dijo que había venido tanto para los paganos como para los judíos, que estaba aquí para todos los que creyeran en él. Ellos entonces expresaron la intención de dejar su tierra y de seguirlo a Judea, pero Jesús explicó que su reino no era de este mundo y añadió que perderían la fe y se enojarían si viesen como sería maltratado y despreciado por los judíos. Pero ellos no comprendieron estas palabras.

Al día siguiente, acompañado solemnemente por los sacerdotes, Jesús visitó su templo, donde lo esperaban también las mujeres, curiosas de ver al Señor. El templo formaba parte del castillo y estaba constituido por una pirámide con base cuadrangular. Le mostraron a Jesús una cuna que había sido construida una vez que el rey había vuelto de Belén; la cuna era de oro y dentro, sobre una manta roja como la de Belén, yacía un niño también de oro; el niño tenía las manos cruzadas sobre el pecho y las piernas vendadas hasta más allá de la cintura. La cuna era el único objeto que se encontraba en el templo, que por lo demás contenía solo un largo rollo sujeto a una pared, donde estaban reproducidas sus escrituras sagradas. Había también un viejo altar cercano a la cuna, con un recipiente de agua bendita y un hisopo.

Llevaron después a Jesús a la pirámide donde se encontraba la tumba del difunto rey Sair y de su familia. Los cuerpos yacían sobre camillas y estaban vestidos de blanco, los rostros semicubiertos y las manos desnudas y blancas. Creo que la piel estaba completamente marchita. Los sacerdotes esparcieron incienso y el anciano rey Mensor lloraba como un niño. Jesús se acercó al cuerpo del rey Sair, le tocó las manos, lo bendijo y habló largamente de la muerte.

Jesús visitó también a Teokeno, el rey que vivía todavía pero que por la edad ya no podía caminar; este monarca era el más blanco de piel de los tres reyes y vivía en un alojamiento del castillo hecho de tiendas. Jesús le preguntó cuál había sido la fe del rey Sair y Teokeno respondió: «Señor, desde que rendimos honor al Rey de los Judíos y hasta su muerte, Sair deseó siempre con palabras y con hechos que le sucediese según la voluntad del Rey de los Judíos...»

Los festejos en honor de Jesús duraron tres días, al cabo de los cuales Jesús impartió importantes enseñanzas y bendijo simbólicamente el pan y el vino. Muchos paganos e idólatras se convirtieron y Jesús curó a muchas personas.

Cuando Jesús dejó la ciudad de las tiendas fue acompañado por un cortejo semejante al que le había recibido. El anciano rey Mensor no quería que Jesús se fuera, le ofreció todo lo que poseía, puso a sus pies la corona real. Jesús tomó solo el pan y el zumo y se puso en camino con los discípulos. El rey Mensor, los sacerdotes y muchas otras personas lo acompañaron andando durante un buen rato...

Ana Catalina Emmerick cuenta, más tarde, que Jesús visitó la ciudad de Ur, donde fue acogido con grandes honores, para después retomar el camino hacia Egipto, donde visitó Heliópolis, la ciudad en la que había vivido largo tiempo con sus padres después de haber dejado Palestina a causa de Herodes; se hizo reconocer y en esta ciudad le reservaron también una acogida festiva, sobre todo por parte de los que lo recordaban de niño. Jesús enseñó también muchas cosas a los habitantes de aquella ciudad.

Finalmente, después de otras paradas en tierra egipcia, Jesús emprendió el camino de retorno, alcanzó Judea, atravesó Jericó y llegó al atardecer al pozo de Jacob. Ahora estaba acompañado de dieciséis personas que se habían uni-

do a él durante el viaje. En el pozo encontró, como habían acordado, a los apóstoles y a los discípulos con los que estaba citado.

En el pozo de Jacob Jesús impartió una enseñanza muy importante, hablando de los sufrimientos que debía afrontar y que estaban ya cerca, de la ingratitud de los judíos y de la ruina que se abatiría sobre ellos. Faltaban tres meses para su padecimiento.

En los días siguientes Jesús encontró a su Madre y a las santas mujeres, a Lázaro, a Marta y Magdalena, enseñó en Nazaret y en Cafarnaún, curó enfermos y liberó poseídos.

Después se puso en camino hacia Betania.

15. Jesús vuelve a Betania

Cuando Jesús se disponía a partir, vinieron a él tres discípulos secretos de Jerusalén que le preguntaron cómo había estado ausente tanto tiempo sin que se supiese nada de él. Le dieron también una mala noticia: los jefes de los sacerdotes y los fariseos tenían intención de poner espías en torno a Jerusalén para arrestarlo cuando se acercase. Jesús entonces, en compañía de dos de ellos, se puso en camino y viajando toda la noche llegó a una finca de Lázaro, en la que había una especie de castillo fortificado en el que ya se sabía que se encontraba Lázaro. La localidad estaba entre Betania y Belén. Vi a Jesús llegar cuando estaba amaneciendo y llamar a la puerta del muro circundante. El mismo Lázaro fue a abrir y condujo enseguida a Jesús a una sala en la que se encontraban José de Arimatea y otros discípulos.

En los días siguientes se unieron a Jesús Andrés, Tomás, Zaqueo y otros discípulos de Jerusalén y de Betania, y también Judas. Con este había hablado la Virgen María muy seriamente, advirtiéndole que estuviera tranquilo, que prestase atención y que no se metiese en todo.

Vi a Jesús visitar pequeñas localidades en las cercanías, enseñar, bendecir a los niños, curar enfermos. Después se dirigió con Lázaro a Betania, donde ya se encontraban las santas mujeres.

16. Jesús en Jerusalén. Últimas semanas antes de Pascua

Esta tarde el Señor fue desde Betania al Templo. Su Madre lo acompañó una parte del camino y él la preparó para su pasión diciéndole que se acercaba el tiempo en que se cumpliría la profecía de Simeón: una espada te atravesará el corazón. Él sería traicionado sin piedad, sería arrestado, golpeado y ajusticiado como un malhechor, y ella asistiría a todo esto. Jesús habló largamente con su Madre y ella no lograba explicárselo.

Hoy, después de que los judíos dejaran el Templo, Jesús trasmitió en este lugar una enseñanza pública muy seria. Todos los apóstoles estaban en Jerusalén y habían llegado al Templo por diferentes caminos. Jesús habló en un espacio en forma de semicírculo en el que hay muchos asientos y gradas para los oyentes: el mismo en el que había hablado cuando tenía doce años. Se encontraban muchas personas escuchándolo. En realidad su pasión ya ha comenzado, porque está interiormente muy dolorido por la maldad humana.

Al día siguiente, después de que los fariseos acabaran sus ceremonias, Jesús habló de nuevo en el Templo.

En la ciudad hay muchos discípulos y apóstoles, la mayoría se aloja en Betania, en casa de Lázaro, que ha vuelto a su hogar, donde se encuentra también la Virgen María.

En los días siguientes el Señor enseñó también en el Templo acompañado de pocos apóstoles, y siempre cuando los fariseos no estaban presentes. Habló a menudo de un campo descuidado que hay que tratar con mucho cuidado para no arrancar el trigo bueno con las malas hierbas...

Jesús ha estado hoy todo el día en Betania con sus amigos. Lo he visto también en el patio de la casa, a la sombra de algunos árboles, hablar con su Madre una vez más de sus futuros sufrimientos.

Ahora Jesús va a Jerusalén. Lo veo enseñar en el Templo cuando los fariseos ya han salido; estaban muy irritados y habían cerrado las puertas del Templo para que no pudiesen entrar más personas. Enseñó hasta el atardecer hablando con gran sencillez para que todos pudieran comprender.

Al día siguiente vi a Jesús hablar en el Templo; impartió enseñanzas muy serias y dijo que varios de los presentes no creían en él, pero lo buscaban solo por los milagros que realizaba; dijo también que en la hora decisiva estos lo abandonarían. Cuando acabó de decir estas cosas, muchos se fueron y en torno al Señor quedaron cerca de cien personas. Lo vi llorar por esto, mientras volvía a Betania.

Lázaro no está casi nunca presente, rara vez se muestra en público.

En estos días Jesús habla mucho con los apóstoles y los discípulos y les dice que deberán difundir el Evangelio también en tierras muy lejanas habitadas por paganos.

Hoy ha vuelto al Templo con treinta discípulos, y los fariseos se han tenido que apartar. Jesús ha hablado con mucha decisión contra ellos, que estaban escuchando a escondidas; ha dicho que sus sufrimientos estaban cerca. Después volvieron a Betania.

Hoy ha hablado durante cuatro horas en el Templo delante de sus discípulos y de todos los que querían escucharlo. El Templo estaba lleno. Jesús repitió muchas de las anteriores enseñanzas y dio muchas explicaciones. Habló también de la curación del hombre paralítico en la piscina de Betesda y explicó por qué lo había curado en sábado. En su enseñanza de hoy ha revelado cuál sería su suerte y ha añadido que muchos discípulos lo abandonarían. Ha dicho que entraría en el Templo triunfante y después se quedaría con ellos quince días más. No dijo que entraría cabalgando sobre un asno, y la gente pensó que llegaría con gran pompa, con caballos y camellos.

Este discurso suscitó gran estupor; los discípulos no comprendieron siquiera el sentido de los «quince días»: pensaban en un tiempo mucho más largo. Pero Jesús repitió: «¡Tres veces cinco días!» Muchos arrancarían ramas de los árboles para echarlas por tierra a su paso, otros extenderían sus mantos en el camino delante de él... Todo esto lo vi en imágenes, mientras Jesús hablaba.

Después de estas enseñanzas de Jesús en el Templo se produjo una gran agitación entre los escribas y los fariseos, que tuvieron una reunión en casa de Caifás, durante la cual se decidió que nadie debería acoger a Jesús y a sus discípulos. Pusieron espías en las puertas de la ciudad, pero Jesús permaneció escondido en Betania en casa de Lázaro.

Hoy he visto a Jesús, Pedro, Juan, Santiago, Lázaro, la Santísima Virgen y otras dos mujeres en casa de Lázaro, en las estancias subterráneas donde Lázaro se había escondido después de haber resucitado. Estas estancias, que se encontraban debajo de la parte posterior de la casa, estaban bien ordenadas y tenían alfombras en el suelo y cómodos asientos.

Jesús dijo a los apóstoles que al día siguiente haría su entrada en Jerusalén; después mandó a buscar a los otros apóstoles que se alojaban en las posadas de Betania y en otros lugares, y cuando estuvieron todos juntos habló largamente con ellos y yo vi que se ponían muy tristes. Jesús se mostró cordial con el traidor Judas y, aún más, le dio el encargo de convocar a los discípulos. A Judas le gustaban estos encargos, porque le gustaba mucho representar papeles de cierta importancia.

17. Entrada triunfal de Jesús en Jerusalén

Esta mañana temprano Jesús ha encargado a dos discípulos que fueran a Jerusalén, sin pasar por el camino habitual, sino por un caminillo secundario que atraviesa campos y huertos cercados. Debían preparar el recorrido y abrir los senderos obstruidos. Cerca del pueblo de Betfagé, por el que cruzaba el sendero, verían una asna pastar con su pollino: atarían el asna a la valla y si alguien les pedía explicaciones debían decir que el Señor lo quería así. Ellos debían preparar el camino hasta el Templo y después volver a él.

He visto entonces a estos dos jóvenes salir, abrir las vallas y quitar del camino todos los obstáculos. La casa cerca de la cual estaban pastando los dos asnos era una gran posada que tenía delante un patio y una fuente. Los asnos pertenecían a personas que los dejaron allí mientras iban al Templo de Jerusalén. Los discípulos ataron el asna y el pollino quedó libre. Los he visto después preparar el sendero hasta el templo y quitar todos los obstáculos. Y como los discípulos preguntaron a Jesús cómo había elegido el camino secundario, él respondió que lo hizo para evitar riesgos inútiles: era necesario ser previsores, pensar en todo con tiempo y no dejar nada al azar; por este motivo había mandado atar el asna anteriormente.

Los dos discípulos, mientras tanto, desataron el asna y, rodeados de muchas personas, esperaban a que el Señor se acercase con sus acompañantes.

Jesús, entonces, preparó el cortejo. A los apóstoles les dijo que, a partir de aquel momento y después de su partida de este mundo, tendrían que dirigir a toda la comunidad, y los puso de dos en dos delante de él. Pedro era el primero e inmediatamente detrás de él estaban los que después difundirían mayormente el Evangelio. Los últimos antes de Jesús eran Juan y Santiago el Menor.

Cuando los dos discípulos vieron acercarse el cortejo, fueron al encuentro de Jesús con los dos animales. Los discípulos pusieron sobre el asna los mantos y capas que habían cogido de la casa de Lázaro, cubriendo al animal de modo que solo quedaban vivibles la cabeza y la cola.

Jesús se puso un vestido de fiesta que un discípulo había llevado consigo, hecho de lana blanca con un amplio cinturón; después, los dos discípulos ayudaron a Jesús a montar en el asna. El pollino quedó libre y trotó siempre detrás de la madre.

Los apóstoles y los discípulos portaban ramos de palma cogidos en el huerto que acababan de atravesar. Cuando el cortejo estuvo ordenado todos se movieron cantando; la Virgen María, que de costumbre se mantenía aparte, era la primera detrás de Jesús.

En Jerusalén, mientras tanto, los mercaderes y las personas a las que los discípulos habían dicho que tenían que despejar el Templo porque llegaría el Señor, comenzaron inmediatamente a adornar con alegría el camino con frondas, flores y frutos. Los amigos de Jesús que habían sido avisados por los discípulos enviados a Jerusalén, innumerables extranjeros y judíos que estaban viniendo a la ciudad para la fiesta —todos los caminos bullían de viajeros— y muchos judíos que escucharon el último discurso de Jesús, se amontonaban en la parte de la ciudad por la que el Señor iba a pasar. Se encontraban también muchas personas que oyeron hablar del despertar de Lázaro, en los lejanos países donde vivían, y deseaban ver a Jesús. Cuando se difundió la noticia de que se estaba acercando, todos fueron a su encuentro. El camino que une Betfagé con Jerusalén pasaba por el monte de los Olivos, que no era tan alto como aquel en el que se asentaba el Templo, pero desde allí este aparecía visible en toda su grandeza. El camino hasta Jerusalén era muy agradable y discurría entre huertos y jardines.

Los apóstoles y los discípulos que estaban en torno a Jesús cantaban jubilosos y el pueblo iba a su encuentro desde la ciudad. Llegaron, sin embargo, vestidos con sus túnicas solemnes, muchos jefes de los sacerdotes que pararon a los apóstoles, que se quedaron desconcertados y no supieron qué decir. Los sacerdotes entonces se dirigieron a Jesús y le preguntaron el por qué de aquel largo cortejo y cómo no prohibía a su gente armar tanto alboroto.

Él respondió que, si sus amigos callaban, las piedras del camino comenzarían a hablar.

Entonces los sacerdotes se retiraron; pero convocaron consejo y enviaron personas a espiar lo que Jesús iba a hacer.

La gente seguía rompiendo ramos y esparciéndolos por el camino, y extendía también sus vestidos; los niños y los jóvenes dejaron las escuelas e hicieron fiesta en medio de la multitud.

Jesús derramaba lágrimas de emoción y los apóstoles lloraron también cuando dijo que muchos, que ahora se alegraban y hacían fiesta, pronto lo ignorarían y, además, uno de ellos lo traicionaría. Miró la ciudad y lloró, porque pronto sería destruida.

Cuando llegó a la puerta, el júbilo se hizo aún mayor y le llevaron muchos enfermos. Jesús se paraba a menudo, descendía del asna y curaba a todos sin distinción. Entre la gente estaban también muchos de sus enemigos, que gritaban y hacían ruido.

En las cercanías del Templo los caminos estaban adornados de manera todavía más suntuosa. El trayecto de la puerta de la ciudad al Templo, que normalmente se recorría en una media hora, duró cerca de tres horas a causa de la gran multitud.

Los judíos cerraron todas las casas y la puerta de la ciudad, de tal forma que cuando Jesús bajó del asna delante del Templo y los discípulos quisieron retirarla, tuvieron que esperar hasta la tarde antes de poder salir de la ciudad.

Por la tarde, la puerta de Jerusalén fue abierta de nuevo. Las mujeres marcharon enseguida a Betania. Jesús y los apóstoles las siguieron más tarde. Cuando en la oscuridad el Señor entró en el patio con los apóstoles, Magdalena le lavó los pies y se los secó con una tela que tenía sobre el hombro. Había preparado para todos una ligera comida. Mientras comían, Magdalena se acercó al Señor y derramó ungüento perfumado sobre su cabeza. Vi que Judas, pasando al lado, refunfuñaba y ella le respondía que no haría nunca lo suficiente para dar gracias al Señor por lo que había hecho por ella y por su hermano.

Después de la comida Jesús enseñó durante un poco de tiempo, a continuación él y los apóstoles durmieron unas horas.

Hoy, cuando Jesús ha ido a Jerusalén con los apóstoles y los discípulos, tenía hambre. A mí, sin embargo, me parecía que en realidad tenía hambre de la conversión de los judíos; deseaba que sus sufrimientos pudieran ser superados, porque sabía lo grandes que serían y los temía. Por el camino pasó al lado de una higuera y, habiendo visto que no tenía fruto sino solo hojas, la maldijo: que se secase y no diese fruto nunca más. La higuera se secó enseguida. Y como los discípulos se maravillaban, les dijo que, si hubieran tenido fe, no solo hubieran podido hacer ellos también lo que él había hecho, sino que podrían pedir a las montañas que se precipitasen al mar, y se precipitarían.

Después lo vi subir al Templo y vi las ramas de árbol y las flores de la fiesta de ayer amontonados a los lados del camino. Los mercaderes se reunían de nuevo delante del Templo y se estaban colocando en los primeros atrios. Llevaban sobre las espaldas cajas que después colocaban sobre los caballetes que tenían: vendían montones de monedas unidas para formar cadenas y brazaletes. Eran de todos los colores; no creo que se tratase de dinero: eran pequeñas monedas ornamentales que llevaban encima. Había también grandes cestas llenas de pájaros y, en uno de los atrios, terneros y otros animales. Vi a Jesús expulsar a todos estos comerciantes y, como se resistían, se quitó el cinturón, lo retorció y con él los echó fuera.

Después Jesús comenzó a enseñar; estaba muy consternado y cuando alzó los ojos hacia lo alto con las manos juntas, un rayo luminoso descendió sobre él y se oyó algo así como un trueno: la gente miró hacia lo alto y se puso a susurrar; pero Jesús siguió hablando. Después dejó el asiento, se acercó a los discípulos y, mezclándose con la multitud, dejó el Templo.

Cuando Jesús hablaba, los discípulos le ponían encima un manto blanco que llevaban consigo y cuando descendía del asiento se lo quitaban; así, vestido como los demás, podía esconderse más fácilmente entre la gente.

18. Magdalena rinde honor a Jesús

Jesús, muy turbado, volvió a Betania con los apóstoles. Cuando enseñaba en el Templo, los judíos tenían la orden de cerrar sus casas y estaba prohibido ofrecerle a él y a sus discípulos cualquier tipo de comida.

Cuando entró en casa, Jesús estaba más sereno y todo estaba listo para la cena. Magdalena, preocupada por las fatigas del Señor, fue a su encuentro a la entrada de la casa. Llevaba un hábito de penitente y un velo negro sobre los cabellos sueltos. En cuanto vio a Jesús se echó a sus pies y con sus cabellos le limpió el polvo; lo hizo delante de todos, y alguno se enfadó.

Al final de la cena Magdalena, empujada por el amor, por la gratitud y por el arrepentimiento, se acercó de nuevo al Señor, abrió un pequeño frasco de perfume y derramó su contenido en los pies de él, que después secó con los propios cabellos. Inmediatamente después dejó la sala.

Algunos de los presentes se irritaron por este gesto, especialmente Judas, que trató de instigar también a Mateo, Tomás y Juan Marcos. Pero Jesús tuvo palabras de excusa y comprensión por el amor de Magdalena.

Ella realizó muy a menudo gestos como estos, que en el Evangelio solo se recuerdan una vez.

19. Primer gesto traidor de Judas

Después de la cena y de haber recitado juntos las oraciones, los apóstoles y los discípulos se dividieron y se alejaron. Sin embargo, Judas, lleno de rabia, corrió por la noche a Jerusalén. Preso de envidia y de avidez, atravesó el monte de los Olivos, llegó a la casa de Caifás e intercambió unas palabras con él en el atrio. Lo vi apresurarse hacia la casa de Juan Marcos, como si llegase como los otros discípulos que a menudo pernoctaban allí. Este fue el primer gesto de su traición.

20. Jesús enseña en el Templo

Al día siguiente Jesús fue de nuevo al Templo.

En Jerusalén había en aquellos días muchísimos extranjeros que acudían al Templo para recibir enseñanza y participar en los ritos, por la mañana temprano y por la tarde. Jesús habló en la pausa entre estas dos sesiones. Hablaba de pie, sin sentarse nunca.

Mientras hablaba, se le acercaron algunos jefes de los sacerdotes y escribas que le preguntaron con qué autoridad hacía todo esto. Jesús respondió: «También yo os voy a preguntar una cosa; si me contestáis a ella, yo os diré a mi vez con qué autoridad hago esto».

Dijo, pues: «El bautismo de Juan, ¿de dónde era, del cielo o de los hombres?» Se pusieron a reflexionar y decían: «Si decimos: "Del cielo", nos dirá: "Entonces, por qué no le creísteis? Y si decimos: "De los hombres", tenemos miedo a la gente, pues todos tienen a Juan por profeta». Por eso respondieron a Jesús diciendo que no lo sabían. Jesús, entonces, les dijo: «Tampoco yo os digo con qué autoridad hago esto».

Después Jesús se dirigió a la gente que lo estaba escuchando con respeto y contó una parábola: «Un hombre tenía dos hijos. Llegándose al primero, le dijo: "Hijo, vete hoy a trabajar en la viña". Y él respondió: "No quiero", pero después se arrepintió y fue. Llegándose al segundo, le dijo lo mismo. Y él respondió: "Voy, Señor", y no fue. ¿Cuál de los dos hizo la voluntad del padre?»

«El primero», respondió la gente.

Y Jesús dijo: «Los publicanos y las rameras llegan antes que vosotros al Reino de Dios. Porque vino Juan a vosotros por camino de justicia y no creísteis en él, mientras que los publicanos y las rameras creyeron en él. Y vosotros, ni viéndolo, os arrepentisteis después, para creer en él».

Más tarde Jesús contó de nuevo la parábola del hombre que plantó una viña y la confió a los viñadores. En el momento de la vendimia envió a sus siervos a retirar la cosecha, pero los viñadores los mataron. El dueño entonces mandó a su hijo pensando que lo respetarían, pero lo mataron también. Entonces el dueño hizo morir a aquellos malvados y dio la viña a otros viñadores para que a su debido tiempo le entregasen los frutos. Después Jesús recordó las Escrituras: «La piedra que los constructores desecharon, en piedra angular se ha convertido», y añadió: «Por eso os digo: Se os quitará el Reino de Dios para dárselo a un pueblo que rinda sus frutos».

Jesús se identificaba a sí mismo con el hijo asesinado e identificaba con los asesinos a los jefes de los judíos, que comprendieron que hablaba de ellos y con gusto lo habrían arrestado enseguida, pero no se atrevieron a hacerlo porque la multitud tenía de él una alta consideración, y los vi reunirse y decidir prestar gran atención a lo que decía y por eso mandaron a escucharlo a gente de mucha confianza que hiciese preguntas trampa, entre otras la pregunta sobre la resurrección.

He visto, en efecto, que hoy cada palabra suya era inmediatamente espiada y lo mismo ocurrió al día siguiente, cuando Jesús enseñó en Betania.

Después Jesús fue al Templo. Vi a cinco hombres, emparentados con algunos discípulos y conocidos de Jesús, pero coaligados con los fariseos y en parte también siervos de Herodes, que instigados por los fariseos se acercaron a Jesús para preguntar si debían pagar el tributo al emperador romano. Jesús les dijo que le mostraran la moneda y uno de ellos tomó de su bolsa una moneda amarilla, grande como un tálero prusiano. Jesús la miró y preguntó de quién era la imagen. Respondieron: «Del César». Entonces Jesús dijo: «Pues lo del César devolvédselo al César, y lo de Dios a Dios». Ellos se quedaron sorprendidos y se alejaron sin replicar.

Jesús enseñó después aspectos bellísimos sobre el Reino de Dios y dijo entre otras cosas que el Reino de Dios se parece a un hombre que echa la semilla de una planta que, una vez nacida, crece hasta hacerse muy grande. Contó también la parábola de las bodas reales diciendo: «El reino de los cielos es semejante a un rey que celebró el banquete de bodas de su hijo. Envió a sus siervos a llamar a los invitados a la boda, pero no quisieron venir. Es más, algunos de ellos agarraron a los siervos, los escarnecieron y los mataron. Se airó el rey y, enviando sus tropas, dio muerte a aquellos homicidas y prendió fuego a su ciudad. Después dijo a los siervos que invitasen al banquete a todos los que encontrasen por las calles, y de esa forma bien pronto la sala se llenó de comensales. Porque muchos son llamados, mas pocos escogidos».

Se acercaron después a Jesús algunos fariseos —que no admiten la resurrección de los muertos— a interrogarlo sobre la resurrección. A propósito de una mujer que había tenido siete maridos, muertos todos uno tras otro, le preguntaron cuál de los siete sería su marido después de la resurrección. Jesús respondió que, después de la resurrección, no se toma mujer ni marido, porque la nueva condición será distinta de la actual y que Dios —que se ha llamado a sí mismo «el Dios de Abrahán, el Dios de Isaac y el Dios de Jacob»— es el Dios de los vivos y no de los muertos. Y todos se quedaron estupefactos por sus enseñanzas.

21. Jesús recrimina a los fariseos

Jesús ha permanecido hoy seis horas en el Templo. Durante la mañana ha hablado una vez más del Reino de Dios, diciendo que él y el Padre son una sola cosa y que pronto volvería al Padre. Le preguntaron entonces cómo, si él y el Padre son una sola cosa, tiene necesidad de volver al Padre. Habló entonces de su misión ante la humanidad y dijo que quien, a través de él, sea capaz de superar la propia humanidad caída, irá también al Padre.

Habló de manera tan conmovedora que los apóstoles estaban entusiasmados y gritaban: «¡Señor, queremos difundir tu reino hasta los confines del mundo!...»

Por la tarde vinieron muchos fariseos y escribas, y se congregó tal multitud en torno a Jesús que los discípulos no lograban acercarse a él. Jesús hizo un discurso durísimo y muy severo contra ellos, acusándolos de ser guías ciegos, de vejar al pueblo excluyéndolo del reino de los cielos, de ser hipócritas y semejantes a sepulcros blanqueados, en apariencia limpios y bellos, pero por dentro llenos de gusanos y podredumbre. Los acusó también de derramar sangre inocente, de ser los asesinos de los profetas, y añadió estas palabras que no están recogidas en los evangelios: «Por ahora no lograréis prenderme, porque mi hora no ha llegado todavía».

Inmediatamente después los fariseos, llenos de rabia y envidia, dejaron el Templo y Jesús volvió a Betania cuando ya había oscurecido.

22. Disputa con Pedro y enseñanzas a los apóstoles

Al día siguiente, después de haber rezado largo rato, Jesús dijo que estaba por cumplirse el tiempo en que el Hijo del hombre sería traicionado. Entonces Pedro intervino muy enérgicamente, preguntando por qué hablaba como si ellos quisieran traicionarlo; ¡aunque pudiera creer que uno de fuera pudiese traicionarlo, él se hacía garante de todos los apóstoles, seguro de que ninguno de ellos alzaría un dedo contra el Señor! Dijo estas cosas con mucho ímpetu, como una persona tocada en su honor. Pero Jesús, con tanta decisión como no lo he visto nunca con sus amigos, respondió a Pedro: «Quítate de mi vista, Satanás».

Dijo también que si la gracia y su oración no los hubieran sostenido, habrían caído todos; y repitió que, cuando llegara la hora, todos lo abandonarían. Uno solo entre ellos no vacilaría, pero también él huiría y después volvería: se refería a Juan, que cuando Jesús fue arrestado huyó perdiendo el vestido[2]. Todos terminaron muy desconcertados por estos discursos, solo Judas estaba alegre, sonreía y se mostraba servicial como siempre.

Interrogaron una vez más a Jesús sobre su reino y él respondió de manera extremadamente fascinante. Dijo que tenía que volver al Padre y enviarles el Espíritu, que vendría del Padre y de él mismo, y solo entonces lo comprenderían todo. Habló también de que llegaría un tiempo difícil, y habría sufrimientos y agitaciones como cuando una mujer afronta los dolores del parto. Habló también de la belleza del alma humana que ha sido creada a imagen de Dios, y lo bello que es salvar y conducir a las almas a la morada a la que están destinadas. Recordó la cantidad de veces que ellos lo habían comprendido mal y lo disponible que él había estado con ellos: del mismo modo deberían comportarse ellos con los pecadores después de su retorno al Padre. Y como Pedro le dijo que había estado

---

[2] «Un joven le seguía cubierto solo de un lienzo; y le detienen. Pero él, dejando el lienzo, se escapó desnudo»: episodio propio del Evangelio de Marcos (14, 51-52), donde, sin embargo, no se da nombre al personaje, dejando en la incertidumbre su identificación.

también a menudo muy severo con ellos, Jesús explicó la diferencia entre la severidad justa y la errónea.

Enseñó estas cosas hasta el anochecer; después dijo que debían descansar tranquilamente una vez más, porque pronto angustia e insomnio los atormentarían en medio de persecuciones y peligros. Cuando acabó de hablar, todos dijeron: «Señor, con qué rapidez han pasado esta cena y esta velada». Jesús había enseñado de manera maravillosa, desde hace mucho tiempo no lo había oído hablar con tanta claridad...

23. La ofrenda de la viuda

Hoy es el día de las ofrendas en el Templo para los que quieren purificarse para las fiestas pascuales. Vinieron los fariseos con intención de ocupar el lugar donde Jesús estaba enseñando, pero encontrándolo ya allí, se irritaron en gran medida. Querían expulsarlo, pero los apóstoles lo rodearon. Los primeros en entregar la propia ofrenda en el lugar específico fueron los hombres y después las mujeres. La última en llevar la ofrenda era una pobre viuda. No fue posible ver lo que ofrecía, pero Jesús sabía lo que había dado y dijo a los discípulos que ofreció más que cualquier otro, porque dió todo lo que poseía y le hubiera servido para procurarse el alimento de aquella jornada.

24. Jesús predice la destrucción del Templo. Jesús, Judas y los fariseos

Al volver al Templo, durante el camino, un discípulo alabó la belleza del Templo, pero Jesús dijo que no quedaría de él piedra sobre piedra. Después fue con los discípulos al monte de los Olivos, donde se sentó y uno de ellos le preguntó cuándo tendría lugar esa destrucción. Entonces Jesús respondió hablando de desórdenes que vendrían en su nombre, de las dificultades y de las persecuciones que tendrían que afrontar. Dijo también que aparecerían falsos profetas que engañarían a muchos y concluyó diciendo: «Pero el que persevere hasta el fin, ese se salvará».

El Templo, visto desde el monte de los Olivos, era extraordinariamente bello al sol de la tarde, apenas se podía sostener la mirada: entre las piedras del muro se habían insertado piedras centelleantes de color rojo oscuro y amarillo. El Templo de Salomón tenía más oro, pero este resplandecía por todas partes.

Los fariseos, muy irritados con Jesús, tuvieron consejo durante la noche y decidieron poner personas para espiarlo. Esperaban también que Judas diese pronto señales de vida, de no ser así tendrían dificultades para conseguir sus objetivos. Desde aquella tarde, en efecto, Judas no había vuelto a estar con ellos.

Los fariseos deseaban volver a ver al traidor, sin embargo Jesús dijo con claridad que anhelaba ardientemente que el traidor se arrepintiese y volviese sobre sus pasos. Mientras Jesús decía estas cosas, Judas escuchaba sonriendo. Jesús invitó también a los apóstoles a no esforzarse por las cosas terrenas, porque serían destruidas; no debían, por el contrario, olvidar a su prójimo y tenían que ser abiertos y sinceros con los demás.

Hizo también una referencia al acto de Magdalena que había derramado aquel precioso ungüento sobre él y alguno había refunfuñado (inmediatamente después Judas había dado el primer paso hacia la traición), y con palabras veladas dio a entender que la próxima vez que Magdalena repitiese aquel gesto, la traición se realizaría definitivamente.

Al día siguiente Jesús habló en el Templo, en presencia de los fariseos, de su retorno al Padre, y dijo que había venido para poner fin al dominio del pecado sobre el hombre. El dominio del pecado había comenzado en un jardín, y en un jardín terminaría: en un jardín, en efecto, pondrían las manos sobre él.

Reprochó a los fariseos por haber tenido la intención de matarlo antes del despertar de Lázaro de entre los muertos; pero él se había alejado para que todo llegase a su tiempo. Habló de un asesinato y de una resurrección; e indicó también el sitio donde tendría lugar la resurrección. Los fariseos, con toda su rabia y su miedo, no obtendrían lo que deseaban.

Dijo también que él era la salvación de la humanidad, el que la liberaría del poder del pecado.

25. Jesús enseña por última vez en el Templo

Jesús ha estado hoy todo el día en el Templo y ha podido enseñar sin que nadie lo molestase.

Ha dicho que, antes de irse, daría todo lo que tenía. No poseía dinero ni bienes, pero quería dejar a los suyos la fuerza y el poder recibidos del Padre; quería establecer con ellos una unión que duraría hasta el final de los tiempos, una unión más íntima que la actual. Quería unirlos entre ellos como miembros de un único cuerpo. Habló de muchas cosas que quería hacer con ellos, de tal forma que Pedro, con la esperanza de que Jesús se quedase más tiempo, habló diciendo que, si verdaderamente quería hacer todas estas cosas con ellos, se quedase en su compañía hasta el final de los tiempos.

Jesús entonces, sin citar la última cena, anunció algunas cosas que se referían a ella: quería celebrar con los suyos la última Pascua. Pedro preguntó dónde; Jesús respondió que lo diría a su tiempo. Después de esta última Pascua volvería al Padre. Pedro preguntó, además, si llevaría consigo a su Madre, que tanto amaba a todos, y Jesús declaró que ella se quedaría con ellos quince años más.

Cuando Jesús dejó el Templo al atardecer, dijo que con ese cuerpo no entraría más. Habló de modo tan conmovedor que todos los apóstoles y discípulos se echaron a tierra, lamentándose y llorando. También lloró Jesús. A Judas, sin embargo, no lo vi llorar, pero tenía miedo. En esos últimos días ha estado muy inquieto; Jesús no le ha dirigido la palabra.

Cuando Jesús atravesó con los apóstoles y los discípulos el atrio del Templo donde pueden estar también los paganos, encontró a muchos que lo esperaban para dirigirse a él. Jesús les dijo que en adelante deberían dirigirse a los apóstoles y a los discípulos: a estos les daría todos sus poderes.

Vi después a Jesús rehacer en sentido contrario todo el camino que había recorrido el día de su triunfo; a menudo, triste y serio, se volvía a mirar el Templo. Por la tarde llegó a Betania, a casa de Lázaro, donde lo esperaban las mujeres. En la tarde siguiente mandó preparar una rica cena en la casa de Simón [el leproso[3]].

---

[3] Llamado así porque había sido curado de la lepra por Jesús: cfr. Mt 26, 6 ss; Mc 14, 3 ss; Lc 7, 40 ss.

Aquel día hubo en Jerusalén mucha tranquilidad; los fariseos no habían estado en el Templo, se reunieron en consejo y estaban preocupados porque Judas no se dejaba ver todavía.

Vi muchas personas buenas en Jerusalén muy preocupadas: creo que se enteraron de lo que había dicho el Señor a través de los discípulos. Vi a Nicodemo, José de Arimatea, los hijos de Simón y otros muy consternados.

El día después se reunieron muchos discípulos en casa de Lázaro. Judas no estaba presente, se ocupaba de la cena que tendría lugar en casa de Simón. Magdalena fue a Jerusalén a comprar bálsamo.

María, a la que hoy Jesús había hablado de su muerte cercana, estaba indeciblemente triste. María de Cleofás la acompañaba y la consolaba. También habló Jesús a los discípulos de su muerte y de las correspondientes consecuencias. Dijo asimismo que uno, que él conocía bien y que debería estarle agradecido, lo vendería a los judíos. Habría preguntado: «¿Qué queréis darme, y yo os lo entregaré?» En aquellos tiempos, cuando uno compraba un esclavo, se le decía el precio; sin embargo, Jesús sería vendido al precio que los judíos ofrecieran: se le daría, por tanto, un trato más humillante que el reservado a los esclavos. Los discípulos lloraron amargamente y Jesús los confortó con palabras afectuosas. Vi a menudo a los discípulos comportarse con Jesús de manera más dulce y delicada que los apóstoles: al no estar tan a menudo con él, eran más humildes.

Esta mañana Jesús ha enseñado a los apóstoles muchas cosas, pero ellos no han comprendido todo, por eso Jesús les ha sugerido que tomaran nota de lo que no comprendían: cuando les enviase su Espíritu, se acordarían y comprenderían. Vi entonces que Juan y otros tomaban nota.

Mientras Jesús enseñaba, Magdalena llegó de Jerusalén con el bálsamo que había comprado: el más precioso que pudo encontrar. Era color madreperla y estaba contenido en recipientes semejantes a pequeñas urnas, que Magdalena llevaba dentro de una bolsa escondida bajo el manto. Cuando llegó a Betania encontró a Judas, que le dirigió la palabra y estaba de mal humor.

En Jerusalén Magdalena había oído decir que los fariseos habían decidido arrestar a Jesús y matarlo: pero no ahora, a causa de los muchos forasteros y especialmente debido a los paganos que estaban muy ligados a él.

Jesús ha hablado hoy con sus discípulos y con su Madre: a ella le ha dicho que sufriría junto a él todos los terribles sufrimientos de su muerte y después viviría quince años más.

Las mujeres estaban en casa de Simón y ayudaban a preparar la cena. Judas había comprado todo, había abierto la bolsa pensando para sí que esa misma tarde la tendría nuevamente llena. Compró verduras de todo tipo, dos corderos, pescado, fruta, miel y otras cosas más. La cena estaba preparada en un espacio abierto detrás de la casa, que fue adornada con flores y hojas verdes.

Cuando todo estuvo listo, Simón y su siervo fueron a recoger a Jesús, a los apóstoles y a Lázaro. Entraron en casa por una puerta posterior: en Betania había muchos forasteros que querían ver a Lázaro y había un gran movimiento. La gente notó que se habían comprado muchas cosas y esto suscitaba indudable curiosidad.

Jesús se sentó en el centro de la mesa; fue él el que partió el cordero y el que distribuyó los trozos. Después del cordero vinieron tres peces grandes y otros pequeños. A continuación, aves, panales, verdura y fruta. Todos rezaron antes de comenzar a comer.

Las mujeres, cerca de ocho, se sentaban en una mesa separada, Magdalena frente a la Santísima Virgen. Cuando acabó la cena, Jesús comenzó a hablar y los apóstoles se dispusieron a escuchar con gran atención. También Simón, que servía la mesa, se paró para escuchar. Magdalena se había puesto de pie, llevaba un manto ligero blanco y azul, los cabellos sueltos estaban cubiertos con un velo. Con el ungüento en la mano se acercó a Jesús, se echó a tierra, le quitó las sandalias y derramó el bálsamo sobre sus pies. Después los secó con sus cabellos y le puso de nuevo las sandalias. Jesús interrumpió su discurso, y como los otros se habían irritado por el gesto de Magdalena dijo: «Dejadla. ¿Por qué la molestáis?» Después habló en voz baja con ella. Entonces Magdalena se puso detrás de Jesús y derramó el precioso bálsamo sobre sus cabellos, de tal forma que el perfume se difundió por toda la sala. Los apóstoles murmuraban; incluso Pedro estaba contrariado. Magdalena comenzó a llorar, se cubrió y se dirigió a su mesa; mientras pasaba delante de Judas, este la paró y con descortesía le reprochó el gasto diciendo que con el dinero gastado para comprar aquel precioso bálsamo, habría podido dar una limosna a los pobres. Pero Jesús intervino diciendo: «Ha hecho lo que ha podido. Se ha anticipado a embalsamar mi cuerpo para la sepultura».

Magdalena se alejó muy triste, la cena había sido perturbada por las críticas de los apóstoles. Jesús habló todavía un poco, después todos se levantaron.

26. Judas pacta con los jefes de los sacerdotes y con los fariseos

Judas estaba lleno de rabia y consideraba que no podía soportar más aquella situación. Sin hacerse notar se quitó la vestimenta festiva e hizo creer que se alejaba para poner aparte los restos de la cena para los pobres. Se dirigió, por el contrario, velozmente a Jerusalén. Lo vi correr hacia la casa donde después Jesús sería ofendido e insultado. Los jefes de los sacerdotes y los fariseos estaban todavía reunidos. Judas no entró en la sala de las reuniones, pero dos de ellos salieron a hablar con él. Cuando dijo que quería entregar a Jesús, y preguntó cuánto estaban dispuestos a darle, ellos se pusieron muy contentos y fueron a pedir consejo a los otros. Después llegó uno de los fariseos y ofreció treinta denarios de plata. Judas quiso cogerlos enseguida, pero no quisieron dárselos; ya había estado con ellos una vez, dijeron, y después durante mucho tiempo no se había dejado ver; antes debía entregar a Jesús y después pagarían. Concluyeron el acuerdo con un apretón de manos. Judas, añadieron, debía indicarles dónde y cuándo, pero ahora él tenía prisa por irse para no despertar sospechas. Prometió que les informaría con más precisión, pero todo podría suceder al día siguiente. Después corrió a Betania, se puso su vestido y estaba de nuevo con los otros.

La descripción del día siguiente y de la última cena se encuentra en el libro La passione del Signore nelle visioni di Ana Catalina Emmerick [Edizioni San Paolo 2004; 20115, 206 pp. (trad. esp., *La amarga pasión de Cristo,*

Ed. Planeta, Barcelona 2004, 255 pp.)], *el primer volumen que Clemens Brentano compuso después de la muerte de la monja a partir de lo que había escrito durante años estando a la cabecera de su cama de enferma; en él se cuenta detalladamente todo lo que ocurrió desde el jueves por la tarde hasta el domingo de Pascua.*

ÍNDICE DE LUGARES

con referencias al mapa geográfico de Palestina
(según la grafía de la Biblia, ed. CEI
—Conferencia Episcopal Italiana— 2008)

1. Adamá, E 7
2. Arimatea, C 7
3. Belén, D 8
4. Betania (de Judea), D 8
5. Betesda (o Betzata): *piscina en Jerusalén*
6. Betfagé, D 8
7. Betharampta Livias, E 7-8
8. Bet Jorón, C 8
9. Betsaida, E 4
10. Betulia, D 5
11. Bienaventuranzas, monte de las, E 3-4
12. Cabul, D 4
13. Cafarnaún, E 3-4
14. Caná, D 4
15. Carmelo, monte, C 4
16. Chesbon, F 8
17. Cuarentena, monte de la, E 7-8
18. Daberat, D 4-5
19. Damna, D 4
20. Dibón, F 9
21. Dotán, D 6
22. Efraín, D 7
23. Egipto
24. Elalé (o Eleale), F 7
25. Endor, E 5
26. Engadí, D-E 9
27. En Gannim, D 5
28. Enón, E 6
29. Esdrelón, llanura de, D 5
30. Gadara, D-E 4
31. Galilea, C-E 3-5
32. Garizín, monte, D 6
33. Gofna, D 7
34. Guibeá, D 8
35. Hebrón, D 9
36. Heliópolis: *ciudad de Egipto*
37. Hepha: *puerto en la isla de Chipre*
38. Herodium (o Herodion)
39. Izreel, D 5

40. Jacob, pozo de: *cerca de Sicar*, D 6
41. Jericó, E 8
42. Jerusalén, D 8
43. Jordán, E 1-8
44. Judea, B-E 7-9
45. Libna, C 8-9
46. Livias (v. Betharampta Livias), E 7-8
47. Magdala, E 4
48. Maqueronte, E 9
49. Mar Muerto, E 8-11
50. Meroz, D 6
51. Naín, D 5
52. Nazaret, D 4
53. Ofra, E 5
54. Olivos, monte de los: *al este de Jerusalén*
55. Ono, C 7
56. Ornitópolis, D 1
57. Queriyyot, D 10
58. Quibsáin, D 6
59. Quisón, rio, C 4
60. Ragaba, F 6
61. Salamina: *ciudad en la isla de Chipre*
62. Salim, E 5
63. Samaria (región), C-E 5-7
64. Samaria (ciudad), D 6
65. Séforis, D 4
66. Seleucia, F 3
67. Sicar, D 6
68. Siquén, D 6
69. Silo, D 7
70. Sión, monte: *al norte de Jerusalén*
71. Suf, C 7
72. Tabor, monte, D-E 4
73. Tiberíades, E 4
74. Tierra Santa: *la Palestina bíblica*
75. Tiro, D 2
76. Tobor: *localidad no identificada*
77. Ur: *antigua ciudad en la baja Mesopotamia (actual Iraq)*.
78. Valle de Zabulón, C-D 3-4
79. Yutá, C 10

TOPOGRAFÍA EN LA ÉPOCA DE JESÚS

Mapas y planos geográficos de:

—Palestina
—Jerusalén
—Templo

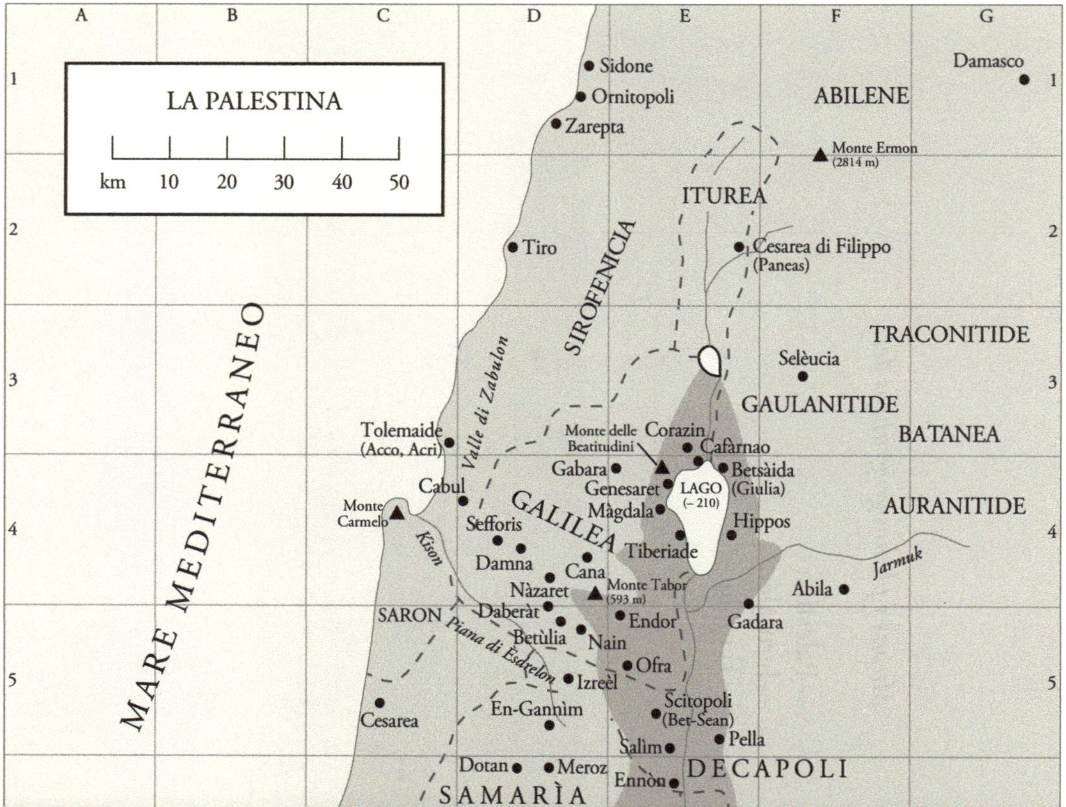
LA PALESTINA
km 10 20 30 40 50
A B C D E F G
1 2 3 4 5
MARE MEDITERRANEO
Sidone
Ornitopoli
Zarepta
Tiro
SIROFENICIA
ABILENE
Damasco
Monte Ermon (2814 m)
ITUREA
Cesarea di Filippo (Paneas)
TRACONITIDE
Selèucia
GAULANITIDE
BATANEA
AURANITIDE
Tolemaide (Acco, Acri)
Valle di Zabulon
Monte delle Beatitudini
Corazin
Cafàrnao
Betsàida (Giulia)
Gabara
Genesaret
LAGO (– 210)
Màgdala
Hippos
Tiberiade
Cabul
Monte Carmelo
GALILEA
Sefforis
Kison
Damna
Cana
Nàzaret
Monte Tabor (593 m)
Abila
Jarmuk
Gadara
SARON
Daberàt
Endor
Piana di Esdrelon
Betùlia
Nain
Ofra
Izreèl
Cesarea
En-Gannìm
Scitopoli (Bet-Sean)
Pella
Salìm
Dotan
Meroz
Ennòn
DECAPOLI
SAMARÌA

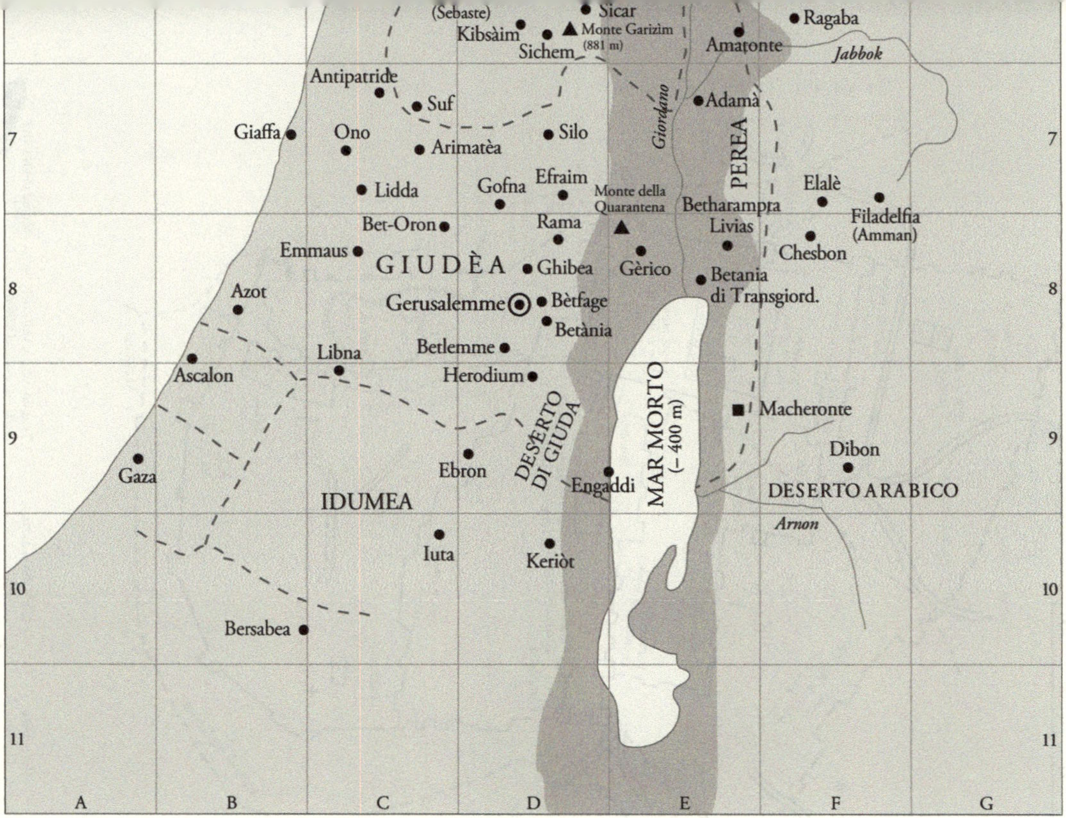
(Sebaste)
Sicar
Kibsàim
Sichem
Monte Garizim (881 m)
Ragaba
Amatonte
Jabbok
Antipatride
Suf
Giordano
Adamà
Giaffa
Ono
Arimatèa
Silo
PEREA
Lidda
Gofna
Efraim
Monte della Quarantena
Betharampra
Elalè
Filadelfia (Amman)
Bet-Oron
Rama
Livias
Chesbon
Emmaus
GIUDÈA
Ghibea
Gèrico
Betania di Transgiord.
Azot
Gerusalemme
Bètfage
Betània
Betlemme
Libna
Ascalon
Herodium
DESERTO DI GIUDA
MAR MORTO (– 400 m)
Macheronte
Dibon
Gaza
Ebron
Engaddi
DESERTO ARABICO
IDUMEA
Arnon
Iuta
Keriòt
Bersabea
A
B
C
D
E
F
G
7
8
9
10
11

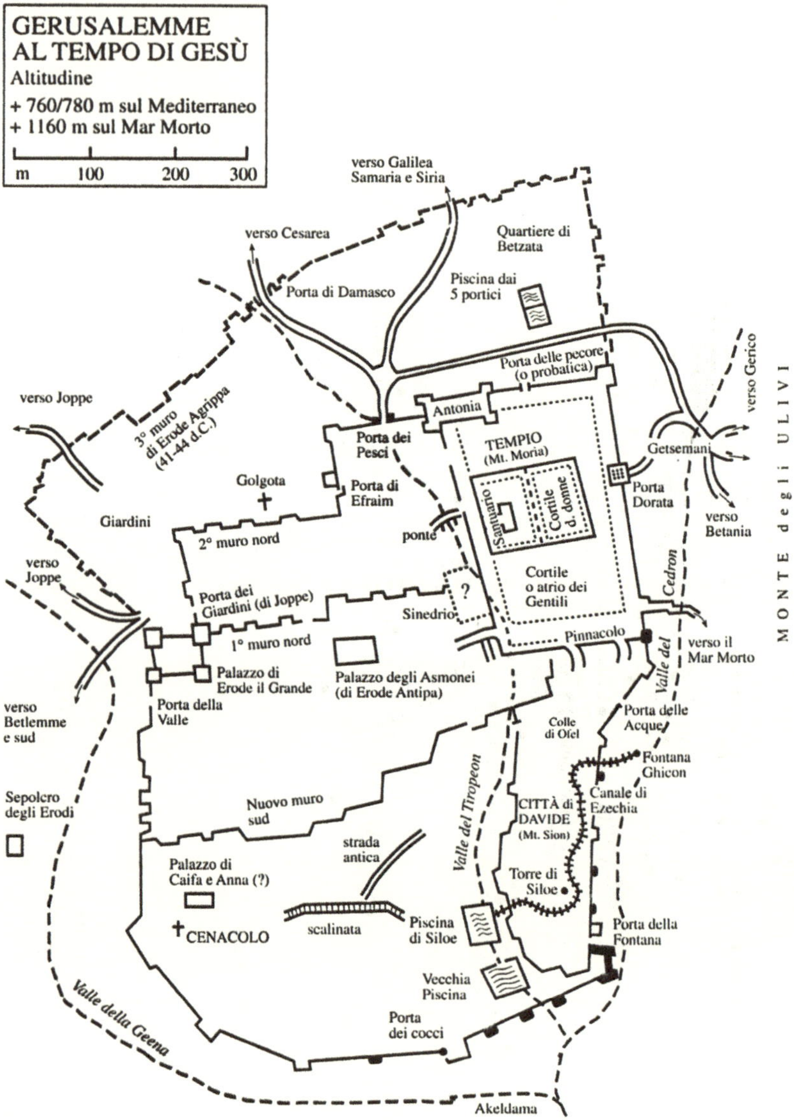
GERUSALEMME
AL TEMPO DI GESÙ
Altitudine
+ 760/780 m sul Mediterraneo
+ 1160 m sul Mar Morto
m 100 200 300
verso Galilea
Samaria e Siria
verso Cesarea
Quartiere di
Betzata
Piscina dai
5 portici
Porta di Damasco
verso Genico
MONTE degli ULIVI
Porta delle pecore
(o probatica)
verso Joppe
3° muro
di Erode Agrippa
(41-44 d.C.)
Antonia
Porta dei
Pesci
TEMPIO
(Mt. Moria)
Getsemani
Golgota
Porta di
Efraim
Santuario
Cortile
d. donne
Porta
Dorata
verso
Betania
Giardini
2° muro nord
ponte
Cedron
verso
Joppe
Porta dei
Giardini (di Joppe)
?
Sinedrio
Cortile
o atrio dei
Gentili
Pinnacolo
verso il
Mar Morto
1° muro nord
Valle del
Palazzo di
Erode il Grande
Palazzo degli Asmonei
(di Erode Antipa)
verso
Betlemme
e sud
Porta della
Valle
Colle
di Ofel
Porta delle
Acque
Fontana
Ghicon
Valle del Tiropeon
Canale di
Ezechia
Sepolcro
degli Erodi
Nuovo muro
sud
CITTÀ di
DAVIDE
(Mt. Sion)
strada
antica
Palazzo di
Caifa e Anna (?)
Torre di
Siloe
CENACOLO
scalinata
Piscina
di Siloe
Porta della
Fontana
Vecchia
Piscina
Valle della Geena
Porta
dei cocci
Akeldama

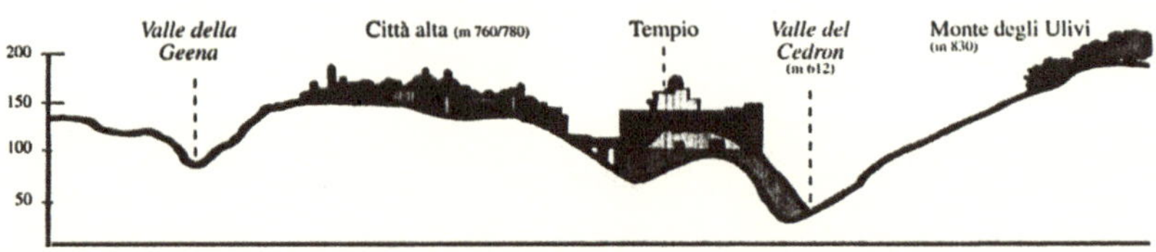
Valle della
Geena
Città alta (m 760/780)
Tempio
Valle del
Cedron
(m 612)
Monte degli Ulivi
(m 830)
200
150
100
50

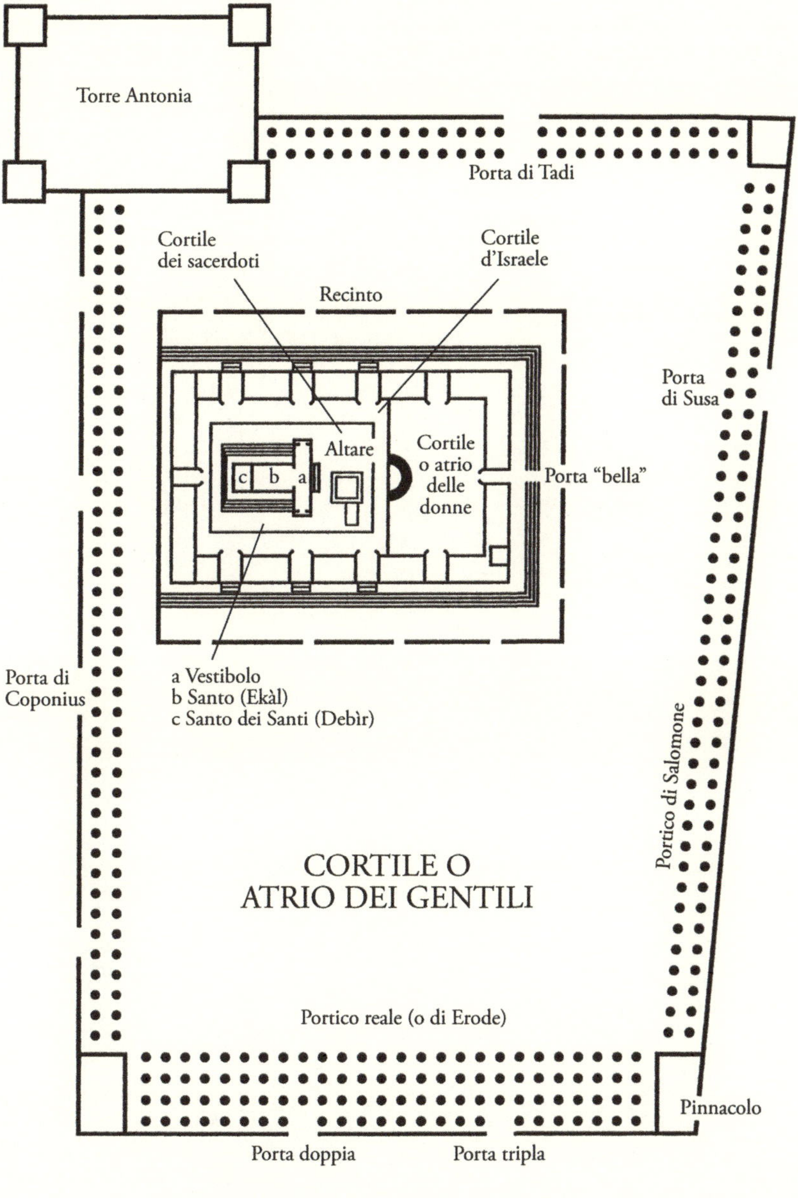

PIANTA DEL TEMPIO DI GERUSALEMME AL TEMPO DI GESÙ

ÍNDICE

EDICIONES CRISTIANDAD, S. A.
José Ortega y Gasset 40 — 7. izq.
28006 Madrid

Teléfono: 91 781 99 70
Fax: 91 781 99 77
www.edicionescristiandad.es
info@edicionescristiandad.es